區塊鏈（修訂版）

U0081885

通識課 50 講

大數據 × 比特幣 × 通證經濟 × 去中心化金融

王峰，鄧鵬，沈沖 編著

◎ 區塊鏈到底是什麼？
◎ 區塊鏈能拿來做什麼？
◎ 區塊鏈和我究竟有什麼關係？

克服「知識的詛咒」，掌握關鍵概念，凡人也能走近區塊鏈！

最全面、最深入的區塊鏈入門書籍
以圈外人、「小白」都能聽懂、理解的思路和語言
一本書解釋清楚何謂區塊鏈以及其核心、運行機制！

目錄

前言　區塊鏈很難懂，但理解區塊鏈的意義卻很簡單

第 1 章　比特幣的來世今生

第 1 講　比特幣和騰訊的 Q 幣一樣嗎？ …………………………… 012

第 2 講　你聽說過價值 1 億美元的披薩嗎？ ……………………… 017

第 3 講　為什麼委內瑞拉民眾爭著購買比特幣？ ………………… 023

第 4 講　藏身十多年無人知曉，比特幣創始人到底是誰？ ………… 029

第 5 講　當一名比特幣礦工是怎樣的體驗？ ……………………… 035

第 6 講　為什麼股神巴菲特說比特幣是金融行業的「老鼠藥」？ … 041

第 7 講　被宣布死刑 300 次之後，比特幣為什麼還沒死？ ………… 047

第 8 講　比特幣就是區塊鏈嗎？ …………………………………… 054

第 2 章　區塊鏈到底是什麼

第 9 講　為什麼說區塊鏈是一部「信任的機器」？ ……………… 062

第 10 講　人手一冊的區塊鏈帳本是什麼東西？ ………………… 067

目錄

第 11 講　每天燒掉上千萬的算力大戰到底在爭什麼？……………… 072

第 12 講　從《九陰真經》到區塊鏈的加密算法 …………………… 077

第 13 講　大話區塊鏈的共識機制（上）…………………………… 083

第 14 講　大話區塊鏈的共識機制（下）…………………………… 088

第 15 講　公有鏈、私有鏈、聯盟鏈，誰才是真正的區塊鏈？……… 094

第 16 講　如果有了區塊鏈，火燒赤壁的歷史將不復存在？………… 099

第 17 講　好市多（Costco）超市的「通證經濟」學 ……………… 105

第 18 講　這個被稱作 V 神的「90 後」，憑什麼身家超過馬雲？…… 112

第 19 講　被譽為區塊鏈 3.0 的「柚子」是什麼來頭？ …………… 118

第 20 講　85 萬枚比特幣被盜的「Mt. Gox 事件」是怎麼回事？…… 124

第 21 講　沒有老闆存在的公司，還能正常運轉嗎？……………… 130

第 22 講　量子電腦投產之時，就是比特幣終結之日？…………… 136

第 23 講　為什麼人口不到 50 萬的馬爾他要做區塊鏈世界的中心？… 142

第 3 章　你真的了解 Facebook 的 Diem 嗎

第 24 講　Facebook 為什麼要推出 Diem？…………………………… 150

第 25 講　Diem 會顛覆銀行系統嗎？………………………………… 156

第 26 講　支付寶和微信會效仿 Diem 推出自己的數位貨幣嗎？…… 161

第 27 講　為什麼許多國家的央行會對 Diem 憂心忡忡？…………… 167

第 28 講　Diem 會引起加密數位貨幣市場的大洗牌？ ················ 173

第 4 章　為什麼區塊鏈首先是一場金融革命

第 29 講　摩根大通推出摩根幣的背後，打的是什麼算盤？ ········· 180

第 30 講　上線 9 天使用者破千萬的「相互寶」，到底有什麼魔力？ ··· 187

第 31 講　為什麼那斯達克交易所考慮用區塊鏈改造傳統證券業務？ ··· 191

第 32 講　區塊鏈技術能讓 P2P 網貸平臺「爆雷」事件無處遁形嗎？ ··· 197

第 33 講　登記資本只有人民幣 30 元的小公司也能快速貸到款？ ··· 203

第 34 講　去中心化金融（DeFi）會帶來一場傳統金融的革命嗎？ ··· 207

第 5 章　區塊鏈會如何改變各行各業

第 35 講　分散式儲存市場會出現阿里巴巴這樣的龐然大物嗎？ ······ 214

第 36 講　一隻看不見摸不著的電子貓，憑什麼賣 13 億元？ ········ 220

第 37 講　出租家用電動充電樁，會是一門好生意嗎？ ··············· 225

第 38 講　有了區塊鏈發票，「貼貼貼的日子」一去不復返？ ········ 230

第 39 講　怎樣做才能讓問題疫苗徹底消失？ ························· 234

第 40 講　匯集萬物感知的「潘朵拉星球」真的可能存在嗎？ ········ 239

第 41 講　蜘蛛人和綠巨人浩克的故事可能因為區塊鏈而重寫？ ······ 245

第 42 講　用區塊鏈社交工具能免費發訊息，零廣告還讓你賺錢？ ··· 251

目錄

第 43 講　用數位貨幣重建被燒毀的巴黎聖母院可行嗎？ ……………… 257

第 44 講　如何讓「不知知網」的翟博士們別再成漏網之魚？ ……… 263

第 45 講　區塊鏈能幫助我們徹底遠離毒奶粉、地溝油和瘦肉精嗎？… 268

第 6 章　區塊鏈和我有什麼關係

第 46 講　為什麼說區塊鏈行業創業是用一輩子的信用去下注？ …… 276

第 47 講　區塊鏈投資項目讓人眼花繚亂，我該怎麼選？ …………… 283

第 48 講　「談鏈愛」的上市公司，哪家實際價值更高？ …………… 289

第 49 講　為什麼中國大媽殺入區塊鏈，卻屢屢被傳銷騙子們盯上？… 295

第 50 講　拿每月收入的 1% 買比特幣，比存養老金更可靠？ ……… 301

參考文獻

前言

區塊鏈很難懂，但理解區塊鏈的意義卻很簡單

雖然 2017 年就有許多人建議我看看區塊鏈，但當時我本人對人工智慧和虛擬實境技術發展的興趣遠遠大於區塊鏈，尤其是人工智慧在電腦視覺和電腦聽覺領域的進展令我興奮。從應用的角度看，我覺得彼時的區塊鏈僅僅停留在概念上，而忽略了區塊鏈技術在金融領域的重大顛覆，低估了比特幣。

如今，還有很多人如同當年的我一樣，對區塊鏈懵懂甚至無感，身邊也不時會有朋友問起：區塊鏈到底是什麼？區塊鏈能做點什麼？區塊鏈和我有什麼關係？

區塊鏈作為分散式資料儲存、點對點傳輸、共識機制、加密算法等技術的整合，是密碼學、電腦科學、經濟學等多學科的交叉融合。如果向一個「小白」這樣解釋區塊鏈，猜想他一定會更雲裡霧裡，區塊鏈似乎還真不是一個投資人或程式設計師幾句話就能簡單解釋清楚的。

很多人可能聽說過比特幣，但對區塊鏈還知之甚少。其實，關於區塊鏈的定義，仁者見仁，智者見智。但是，無論是狹義談比特幣的點對點分散式帳本體系，還是廣義談區塊鏈的共識機制、智慧型合約等，區塊鏈技

術能夠有效解決信任問題、重構信任機制的特徵，已經得到了業界廣泛認可。

2015 年 10 月 31 日，英國《經濟學人》週刊以「The Trust Machine」作為封面主題，認為區塊鏈的影響力遠不只於加密數位貨幣，它讓彼此之間沒有建立信任關係的人們達成合作，而無須透過中立的中央權威機構，區塊鏈是建立信任的機器。

如果說蒸汽機釋放了人們的生產力，電力解決了人們的基本生活需求，網際網路徹底改變了資訊傳遞的方式，那麼區塊鏈作為構造信任的機器，可能會徹底改變整個人類社會價值傳遞的方式，推動資訊網路進入價值網路時代。

比特幣和區塊鏈越來越多的進入我們的現實世界，它們在一步一步的改變著我們原有的很多不可動搖的觀念。有的人不信，不屑；有的人觀望，躊躇；更有很多人在透過努力，見證和實踐區塊鏈時代的到來。

在 2018 年創立火星財經之初，我就帶著一個極大的使命感：讓更多的一般人走近區塊鏈，了解區塊鏈，進而能有機會參與區塊鏈，創新區塊鏈。希望火星財經能夠連接人與人對區塊鏈的認知，幫助更多對區塊鏈好奇、計劃學習甚至加入這個行業的人獲得更多的區塊鏈知識。

大家千萬不要覺得自己對網際網路有充分的認知，在電腦、基礎數學、應用數學等專業領域有多厲害，如果不換腦筋、不調整過去的認知，那麼一定會被區塊鏈這個新時代甩掉。思考停滯不前，固化自己的思維，刻舟求劍，才是最大的風險。

Made to Stick 一書中曾提到過一個概念：「知識的詛咒（The Curse of Knowledge）」，簡單的講，就是我們一旦知道了某件事，就無法想像

這件事在未知者眼中的樣子。

可能是受到「知識的詛咒」效應影響，在知識教育領域，常常會出現類似的問題，如某些專家或業內人士對某件事情或某個知識了解得越多，把它教授或分享給其他人的難度就越大。

如今有不少區塊鏈業內同行都在積極扮演區塊鏈布道者的角色，市面上也有不少區塊鏈的科普讀物，客觀的說，大部分都做得很專業，但能克服「知識的詛咒」，用圈外人或者「小白」都能聽懂、能理解的思路和語言解釋清楚區塊鏈的核心要義者，其實鳳毛麟角。

而火星財經團隊創作本書的初衷，就是希望能夠填補區塊鏈知識市場的這個空白，幫助讀者在學習、了解區塊鏈的路上走得更輕鬆、更從容。

在大江大河的區塊鏈世界，縱使你是一條小溪，只要願意流淌，只要願意融入，就有機會在區塊鏈領域做出價值。這個價值是不是最大我不確定，但是不參與可能就沒有價值。

區塊鏈的未來已來。

火星區塊鏈及共識實驗室發起人
王峰

第 1 章
比特幣的來世今生

第 1 講
比特幣和騰訊的 Q 幣一樣嗎？

很多人並不是第一次聽到比特幣，但卻不能清晰的說出它的概念，所以這裡選擇一個參照物——騰訊的 Q 幣，透過對比的方式，來幫助大家了解和認識比特幣。那麼，比特幣和騰訊的 Q 幣一樣嗎？

大家應該都聽過 QQ 這個聊天軟體。Q 幣，也叫 QQ 幣，按照騰訊的官方介紹，Q 幣是「用於電腦使用者使用騰訊網站各種增值服務的種類、數量或時間等的一種統計代碼。Q 幣可以用來購買騰訊所有線上服務、遊戲道具及點券（見圖 1-1）」。

根據唯物主義辯證法，在認識事物的時候，我們既要看到事物相互區別的一面，又要看到事物相互連結的一面。對於比特幣和騰訊的 Q 幣來說，兩者既有相似之處，也有不同的地方。

那麼，比特幣和 Q 幣有什麼相似之處呢？

首先，兩者都可以稱為虛擬幣。因為它們不是現實存在的事物，只限於網際網路上的應用而產生，所以它們最大的共同點就是「虛擬」，既看不到，也摸不著。

其次，比特幣和 Q 幣都有公開的價格。如今，你可以花人民幣一元去購買一枚 Q 幣；而按照 2020 年 1 月 6 日的行情，要 5 萬元人民幣才能換得一枚比特幣。二者雖然價格不同，但都需要花費真金白銀才能得到，它們都有公開的市場價格。

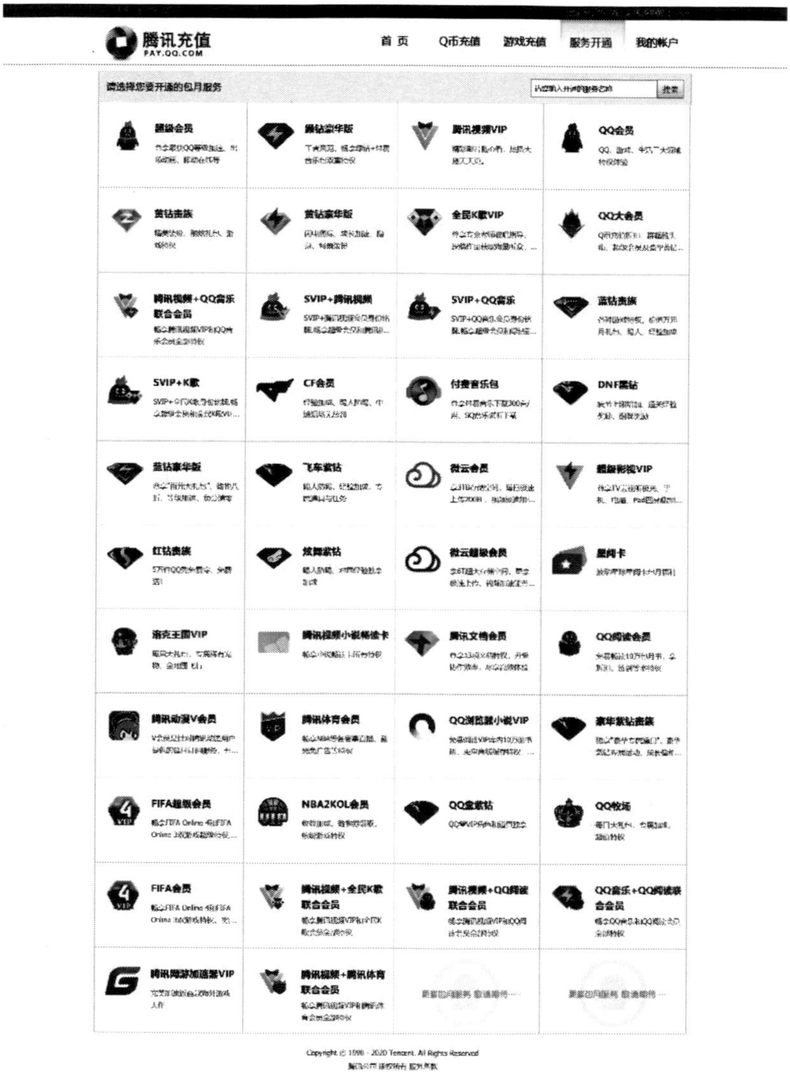

▲圖 1-1　部分支援使用 Q 幣儲值及兌換的業務 [1]

1　摘自騰訊官網資料。

第 1 章　比特幣的來世今生

　　再次，比特幣和 Q 幣都可以兌換商品。現在的 Q 幣可以兌換的商品主要集中在騰訊公司的相關產品上。有人總結過，Q 幣有五大用途：一是號碼服務；二是 QQ 秀；三是 QQ 遊戲；四是 QQ 交友；五是 QQ 賀卡。舉個例子，現在 QQ 上那些嫵媚迷人、嬌巧可愛、英俊瀟灑的形象，都是使用者購買 Q 幣後，在 QQ 秀商城中裝點出來的。

　　而由於比特幣被接受的程度越來越高，很多網路公司，包括實體銷售商也都支援使用者用比特幣購買其產品。在今天的美國，Uber、達美樂披薩、星巴克等都開始為使用者提供比特幣的支付服務，用比特幣叫車、買披薩或咖啡，已經成為一股新消費潮流。

　　說完了比特幣和 Q 幣的相似之處，再來看看它們有哪些區別。

　　在我看來，比特幣和 Q 幣最大的區別就是發行方式的不同。

　　Q 幣的發行：所有的決定權力屬於騰訊公司。Q 幣的發行資料和相關資訊全部由騰訊公司掌握，所有的資料儲存只有騰訊公司自己才能查看和分析，其他人沒有任何參與和查看資料的權利。也就是說，騰訊公司想發行多少 Q 幣、發行價格多少、 Q 幣可以購買什麼產品等，全部由騰訊公司說了算。

　　一句話總結，騰訊公司就是 Q 幣的中心化的發行機構。

　　再來看比特幣的發行：它沒有集中的發行方。那你可能會問了：比特幣從哪裡來呢？其實是透過完成特定的運算任務，才能獲得一定數量的比特幣，也就是我們俗稱的挖比特幣。所以，比特幣可以由任何一個人生產。根據比特幣的生產規則，它的總量是恆定的 2,100 萬枚，現存比特幣的數量越多，未來挖出比特幣的難度將會越大，到目前為止，比特幣已經被挖出了總量的 80%，預計到 2140 年，比特幣總量將達到上限 2,100 萬

枚。而且，比特幣所有的來往、交易等資料完全都在區塊鏈的網路中儲存，比特幣使用者可以透過區塊鏈瀏覽器等查看資料。比特幣的資料儲存不依賴於任何一臺伺服器或某個人，完全是自行管理。

一句話概括，比特幣是一種去中心化的數位資產，沒有發行主體。

發行方式的不同造成了比特幣和 Q 幣在價值屬性方面也有很大差異。

Q 幣為什麼能值人民幣 1 元？它的價值來源於人們對騰訊公司的信任。隨著騰訊產品做得越來越出色，Q 幣能兌換到更多更好的產品和服務，人們對它的信任會越來越強，Q 幣就可以保值甚至增值。同樣道理，如果騰訊業務開始走下坡路，這種信任也會下降，Q 幣的價值必然縮水。試想一下，如果沒有人用 QQ 了，沒有人玩 QQ 遊戲了，你還會花錢購買 Q 幣嗎？

那憑什麼一枚比特幣值好幾萬元呢？比特幣從誕生時，它的定位就是一種完全透過點對點技術實現的電子現金系統，它使得線上支付能夠直接由一方發起並支付給另外一方，中間不需要透過任何金融機構。儘管目前全世界很多國家並沒有明確比特幣作為貨幣的屬性，但比特幣在數位貨幣市場中的硬通貨地位早已被市場所確立。此外，比特幣已經可以在全球範圍流通，它的價值受到供需影響，由浮動的市場價格決定。當然，比特幣並沒有任何機構和個人為它背書，未來它的價值要被大眾更廣泛的認可，還有更長的路要走。

所以，雖然比特幣和 Q 幣都是被人為創造的虛擬幣，但兩者有著根本性的不同。

總結一下：比特幣採用去中心化的生產方式，人人可以參與挖礦生產比特幣，市場接受程度決定了比特幣的價值；而 Q 幣則是以騰訊公司為

中心主體推出的產品，由騰訊公司對 Q 幣的價值負責。

最後，留一個思考題：為什麼沒有人發行、沒有人背書的比特幣，其價格卻比人民幣幾萬億元市值的騰訊公司發行和背書的 Q 幣高那麼多呢？

延伸閱讀：Q 幣和比特幣有哪些不同

Q 幣和比特幣的區別如圖 1-2 所示。

區別	Q 幣	比特幣
發行主體	騰訊公司	無發行主體，由全體礦工透過算力競爭共同發行
信用背書	騰訊公司背書、人們基於對騰訊的信任而認可 Q 幣的價值	沒有任何組織或個人為比特幣背書，人們基於對比特幣背後加密算法的信任及其理念而認可比特幣的價值
記帳方式	由騰訊公司負責統一記帳	全體礦工透過算力競爭，在一輪競爭中勝出的礦工獲得記帳權，由全體共同驗證記帳資訊的準確性，並同步（備份）完整帳本資訊
應用場景	Q 幣只能在騰訊體系內部流通和使用	比特幣獲得全球的廣泛認可，微軟、星巴克等全球知名公司都接受比特幣付款，比特幣具有全球流通的屬性

▲ 圖 1-2　Q 幣和比特幣的區別

第 2 講
你聽說過價值 1 億美元的披薩嗎？

在上一講裡，我們比較了比特幣和 Q 幣的相同與不同之處，可能有一點讓你留下了深刻印象——一枚比特幣的價格達到了人民幣 5 萬元。但是，如果我們把時間軸拉長，在 10 年前，比特幣剛剛誕生時面臨的卻是一個無人問津的場面。

下面跟大家分享一個真實的故事：用 1 萬枚比特幣購買披薩的來龍去脈。

2010 年 5 月 18 日中午 12 點 35 分，一位網名為拉斯洛（Laszlo）的程式設計師在比特幣論壇（Bitcoin Forum）發了一個求助貼文，大致內容是：「我喜歡吃披薩，希望能使用 1 萬枚比特幣來換取披薩，披薩可以是商店購買的，也可以是你自製的，但是我需要你將披薩送到我的家門口。」

當天下午，在拉斯洛發出請求的 6 小時後，他才收到一位網友關於詢問郵寄披薩地址的回覆。然而，在拉斯洛回信後，這個網友卻再也沒有了回音。

雖然用 1 萬枚比特幣換披薩的這個文章在論壇上陸陸續續的得到了很多網友的圍觀，但文章發出去 3 天了，並沒有什麼具體的進展，有的只是一些人對於拉斯洛行為的嘲諷。拉斯洛為此回文：「是沒有人想幫我買披薩嗎？我提供的比特幣金額是不是太低了？」

在拉斯洛發出這個回文後不久，一位使用者留言稱：「在美國，使用信用卡進行線上預訂是一件十分便捷的事情，如果你餓了，應該考慮用其

他方式來購買披薩。」面對「為何使用 1 萬枚比特幣來購買披薩」的疑問，拉斯洛回答：「我只是覺得，如果我可以用比特幣支付披薩，那是一件很有意思的事情。」

在經歷 4 天的等待後，5 月 22 日下午 7 點 17 分，拉斯洛發出了一個交易成功的貼文：「我只想報告，我成功的用 1 萬枚比特幣購買了披薩！」

至此，這項以 1 萬枚比特幣來換取披薩的壯舉，也最終在經歷 4 天零 6 小時 42 分後畫上了完滿的句號。

按照比特幣約 10,000 美元的單價來計算，當年拉斯洛相當於花費了 1 億美元，約合人民幣 7 億元來購買披薩，而這披薩也因此被稱為史上最貴的披薩。

可能你會問，為什麼當時沒有人願意接受比特幣作為支付方式？我們現在能熟練使用銀行轉帳、微信轉帳或支付寶轉帳等，如果用比特幣支付，應該也很方便吧？這個問題其實就要討論到比特幣的轉帳和交易環節，它可能比你想像的要複雜一些。

在日常生活中，我們都有自己的銀行帳戶，轉帳是在銀行帳戶之間進行的。同樣的道理，比特幣轉帳就是把比特幣從一個比特幣位址轉移到另一個比特幣位址上的過程。

比特幣位址是一串由字母和數字組成的 26 ～ 34 位的字符串，第一次看到它，很多人會以為是亂碼。其實，比特幣位址就是個人比特幣帳戶，相當於個人的銀行提款卡卡號。在下載支援比特幣的數位錢包，或者在數位資產的交易平臺註冊帳號後，都可以獲得個人比特幣位址。

但是，比特幣轉帳是沒有固定第三方進行確認的。比特幣是一種點對

點的電子現金系統，更直接的說，是一個節點對另一個節點交易。每筆交易由發起方向周圍的網路節點進行廣播，節點收到之後，再廣播給自己周圍的節點，最終擴散至全網。如果想要轉帳比特幣給別人，你需要在比特幣錢包或交易平臺中輸入你的比特幣位址、接收方位址、轉帳金額和手續費金額，確定支付後，交易資訊會在比特幣網路進行全網廣播。比特幣礦工每隔 10 分鐘，會將比特幣網路中沒有被記帳的交易打包進一個區塊，這就完成了一次交易確認，此時，比特幣才會轉到對方帳戶。

需要說明的是，比特幣轉帳也是需要手續費的，但這筆手續費是交易者付給礦工的費用，目的是激勵礦工競爭記帳，為比特幣網路正常運轉提供足夠的算力，從而確保比特幣網路的安全。

不過，比特幣轉帳的手續費並不高。以銀行間轉帳手續費為例，它一般是按照轉帳金額的一定比例收取，如跨行轉帳手續費約為 5‰；異地轉帳的手續費為 1‰到 1% 不等；跨國轉帳除了支付以上手續費外，每筆還須支付人民幣 50 ～ 200 元的電匯費。

而區塊鏈本身是全球化的，沒有跨國的概念，且區塊鏈資產之間的轉帳手續費與轉帳金額無關，它是按照字節進行收費。以比特幣轉帳為例，一筆普通交易約占 250 字節，手續費約為 0.001 ～ 0.0015 個比特幣（幾十元人民幣）。

講過比特幣轉帳和交易的原理後，相信你可能仍會嘀咕：「哎，還需要下載錢包，還需要註冊帳戶，帳戶居然還是一堆數字和字母組成的字符串，這也難怪比特幣剛誕生時，說服一個人接收比特幣換取兩份披薩有那麼多困難。」但俗話說，萬事開頭難，一個新生事物從興起到逐漸被接受，的確需要一個漫長的過程。如今，很多人在開發技術和工具，提高比

特幣支付和使用的便捷性，相信過不了多久，大家用比特幣支付時，會像微信、支付寶一樣方便。

回過頭來，再說說當時用比特幣交易天價披薩的兩位仁兄，他們現在過得還好嗎？

買到「天價披薩」的程式設計師拉斯洛（見圖 1-3），如今 37 歲了，依然在佛羅里達州一家線上零售公司做程式設計師，這和他 8 年前花費 1 萬比特幣購買披薩時的職業完全一致。他在 2018 年 5 月接受採訪時曾說：「在今天看來，也許人們覺得我很愚蠢，但當時的情況非常好。我認為沒有人能夠知道它會像現在這樣起飛，所以我並不後悔交換 1 萬枚比特幣來換取披薩。」而接收了 1 萬枚比特幣的那位熱心網友傑瑞米（Jeremy），他並沒有把 1 萬枚比特幣這筆天價的財富一直留在手中，他後來回憶說：「我當時把這筆 25 美元的投資變成了一場價值幾百美元的旅行，並在最多時曾擁有 4 萬枚比特幣。」但經歷過此番事件後，傑瑞米從一個其他行業的普通人，變成了一名加密數位貨幣的愛好者，並且樂在其中。

▲ 圖 1-3　拉斯洛和他的孩子近照

　　不管怎麼說，披薩事件成了很多人眼中比特幣第一次擁有價值的起點，拉斯洛和傑瑞米因為參與了 1 萬枚比特幣換取披薩，而被永遠寫入了比特幣發展的歷史。後來，每年的 5 月 22 日被很多人稱為「比特幣披薩日」。

　　透過本節課程，你一定對比特幣的交易和轉帳機制有了一些新的認識，如果感興趣，可以試著創建一個比特幣錢包。也許，若干年後回憶起來，這會是你開啟加密數位世界的一個新的起點，值得永久紀念。

延伸閱讀：用 1 萬枚比特幣換兩份披薩的原始貼文

　　2010 年 5 月 18 日，美國佛羅里達州傑克遜維爾市一名叫拉斯洛・漢耶茲（Laszlo Hanyecz）的電腦程式設計師在比特幣論壇 BitcoinTalk 上發文（見圖 1-4）：原貼文內容翻譯：

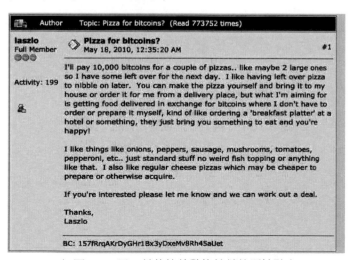

▲ 圖 1-4　用 1 萬枚比特幣換披薩的原始貼文

第1章　比特幣的來世今生

　　我想用 1 萬枚比特幣買兩個披薩，最好是兩個大尺寸的，這樣我還能留下一些第二天接著吃。我比較喜歡留下點披薩當零食吃。當然你也可以自己做一個披薩送過來或者在我家附近訂一個送過來，我希望用比特幣來支付，這有點像飯店的早餐拼盤或者其他東西，他們替你送吃的過來，你會很開心。

　　我喜歡洋蔥、辣椒、香腸、蘑菇、番茄、義式臘腸等食材，只加一些平常的食材就可以，不要奇怪的魚類或者其他亂七八糟的東西。最好再來點起士，雖然這樣不便宜。

　　如果你感興趣，請告訴我，我們可以達成協議。

謝謝，

拉斯洛

第 3 講
為什麼委內瑞拉民眾爭著購買比特幣？

　　在前面兩講裡，我們談到了比特幣的基本概念、轉帳及交易機制，那麼，比特幣究竟能做些什麼？現在能用到比特幣的地方，你又了解多少呢？接下來，我想跟大家介紹一個地方——委內瑞拉，我們一起看看比特幣在委內瑞拉究竟發生了什麼事？

　　委內瑞拉是位於南美洲北部的國家，它的國名「Venezuela」源自義大利文「小威尼斯」之義，自然條件得天獨厚，有著風和日麗的舒適氣候以及一望無際的熱帶海灘，再加上豐富的石油儲量，讓生活在這裡的人民幸福指數極高。然而，這一切的美好都覆滅在了 2018 年委內瑞拉日趨嚴重的經濟危機中。

　　2018 年，委內瑞拉全國的通貨膨脹率高達 1,698,488%，很多一般民眾也都變成千萬富翁、億萬富翁，但卻比過去更窮了，日子也更難過了，因為玻利瓦幣的實際購買力嚴重下降（見圖 1-5）。例如，當地最低薪資勉強只夠買 1 公斤肉；如果用現金購買商品，則不得不用推車運錢才能買到半盒雞蛋。委內瑞拉政府後來甚至發行了面額為 10 萬的玻利瓦幣，但黑市的兌換價格卻還不到 50 美分。很具有諷刺意味的是，一些委內瑞拉人開始把面值幾百萬的委內瑞拉鈔票編織成手提包賣，竟然還能賣到幾美元的價格。

　　然而，比特幣等加密數位貨幣的興起，為委內瑞拉帶來了不一樣的變化。根據 2019 年 3 月世界知名科技雜誌《連線》報導，高聳的通脹率使

▲ 圖 1-5　與一捲衛生紙等值的玻利瓦幣

得委內瑞拉成了一個有趣的數位貨幣實驗室，在這裡，比特幣等加密數位貨幣既是真正的貨幣，也是財產保值的可行途徑。

　　《連線》雜誌還描述了這樣一個場景：胡安・平托（Juan Pinto）是委內瑞拉人，在電影院的售票櫃臺前排隊時，他拿出手機，將一定數量的比特幣兌換成足以支付電影票的委內瑞拉玻利瓦幣。平托住在委內瑞拉，但沒有保留任何本國貨幣。三年前，這位 29 歲的年輕人辭去了機械工程師的工作，並將自己的職業生涯貢獻給了數位貨幣，他說自己「愛上了這項技術」。

　　目前，比特幣主要在委內瑞拉的中上層社會流動。那些擁有大學學位

並且通常擁有多個護照的人，或者擁有多個國外銀行帳戶的人，很多都是比特幣的擁有者和使用者。

從委內瑞拉的故事裡，我們可以看到，比特幣省去了人們對政府和銀行的需求，並讓生活在亂世之中的人把控制權掌握在自己手中。所以有人說，比特幣作為一種終極安全財產，因為匿名性，不會被審查、不會被凍結、不會被剝奪、不會被強制繳稅、不會被強制變賣、不會被限制使用，是你的就永遠是你的，走到世界任何一個地方，都隨身攜帶，並且隨時都可以使用。不誇張的說，比特幣在人類歷史上第一次用技術方式，保證了私有財產神聖不可侵犯。

還有人打比方，把比特幣稱作數位貨幣世界裡的「黃金」，我認為此話並不誇張。俗話說「盛世古董，亂世黃金」，黃金是傳統的避險資產，但黃金的擁有和貯存成本太高，特別是在亂世，保存黃金是個高危險的任務。和黃金總量有限一樣，比特幣總量恆定 2,100 萬枚。雖然比特幣由於龐大的遐想空間，存在極大的爭議，在短期出現了遠遠超過黃金的波動幅度和泡沫，但從長期來看，比特幣和黃金一樣會保值增值。

所以，對於委內瑞拉這樣法幣大量濫發導致法幣嚴重貶值的國家，資產避險和價值儲存可能就是比特幣最大的用途。

2019 年 8 月，比特幣市值超過 2,100 億美元，這僅次於俄羅斯盧布的全球流通市值。如果把比特幣看作一個「國家」發行的貨幣，比特幣已超過巴西、加拿大、墨西哥、澳洲、韓國等國家的貨幣市值，成為世界上第十一大貨幣。

除了價值儲存和資產避險以外，目前比特幣的主要用途還包括支付匯款、資訊公開等。

第1章　比特幣的來世今生

　　拿支付匯款來說，比特幣作為依託於網際網路存在的數位貨幣，只要有網路的地方，都可以像收發電子郵件一樣，以極低的成本收發比特幣。目前，比特幣付款可在數秒內，經全網廣播到達任何一個國家。相比較而言，跨國刷卡、跨國匯款不僅手續費較高，而且資金往往需要數天的時間才能到達。

　　比特幣支付的低成本和便捷性，吸引了全球近 15,000 家商家接受比特幣支付。有媒體稱，比特幣作為世界共同支付媒介的趨勢正在逐漸形成。

　　在美國，Uber、達美樂披薩、星巴克、美國最大的咖啡飲品銷售商 Dunkin' Donuts、聯合利華旗下個人護理產品公司 Schmidt's Naturals 等，均開始為使用者提供比特幣支付服務。在日本，包括家電連鎖賣場 Big Camera、丸井 ANNEX 百貨等在內的多家日本公司，已經開始支援使用比特幣付款了。如今，你走在東京銀座商圈，可以進行比特幣和日圓兌換的比特幣交易機已經開始出現在街頭，民眾可以自己在機器上進行買進、賣出等操作，只要掃描手機中安裝的比特幣錢包，即可掃碼完成交易。

　　資訊公開，也是比特幣的重要用途之一。

　　比特幣的每一筆交易雖然匿名，但都經過全網廣播，所有交易都是人人可見的。也就是說，人人都可查看某一比特幣位址的所有歷史交易，並且這些交易是絕對無法偽造的，這在某些情況下，會成為特別有用的特性。

　　例如，慈善機構使用比特幣位址來募捐資金，不需要慈善機構主動公開帳目，人人都可以自行查看此位址的所有歷史帳目。全球最大的私人非

營利組織聯合之路、美國綠色和平組織、全球慈善組織拯救兒童會、美國紅十字會等國際慈善組織，都已經開始接受比特幣捐贈。2013 年中國四川蘆山地震後，比特幣首次在中國成為捐贈物，一基金成為中國第一個接受比特幣捐贈的非政府組織。

回顧比特幣十多年的價格走勢，從零開始到最高等值一盎司黃金，雖有炒作和泡沫的成分，但價值決定價格，比特幣的價格一定是圍繞著價值上下波動，而價值又取決於用途。在未來，隨著比特幣應用場景的多元化，比特幣的價值有很大機率會繼續保持成長。

最後留兩道計算題：如果未來比特幣的市值等於黃金的市值，那麼比特幣的市值應該是 7.7 萬億美元，一枚比特幣的價格應該是多少呢？比特幣的市值如果等於流通中的美元的市值，那麼比特幣的市值應該是 1.5 萬億美元，此時一枚比特幣的價格又應該是多少呢？

延伸閱讀：委內瑞拉比特幣的週交易量屢創新高

隨著委內瑞拉惡性通貨膨脹的持續，比特幣交易再創新高（見圖 1-6）。截至 2019 年 8 月 31 日的前一週內，在交易所 Local Bitcoins 上，僅比特幣交易量就達到了 1,140 億玻利瓦，遠高於此前一週 770 億玻利瓦的紀錄。此外，玻利瓦交易的每週高點突顯了委內瑞拉貨幣的疲軟，委內瑞拉 2019 年 7 月的年通貨膨脹率接近 265,000%。

▲ 圖 1-6　玻利瓦幣與比特幣交易量統計（2013 年 10 月 12 日—2019 年 8 月 10 日）
（引自火星一線〈委內瑞拉上週比特幣交易高達 1,140 億玻利瓦，再創新高〉）

第 4 講
藏身十多年無人知曉，比特幣創始人到底是誰？

　　在前面幾講裡，透過對比特幣的價值、特徵、交易等內容的講解，比特幣可能不再那麼神祕了，而且對比特幣的認識越深入，你會越發讚嘆比特幣的設計新穎精妙。

　　比特幣有一位靈魂人物──中本聰（Satoshi Nakamoto），也就是傳說中的比特幣的發明人。這個人很不簡單，他創立了比特幣系統，一個市值曾超過千億美元的市場。中本聰想透過比特幣完成對世界全新貨幣系統的一場偉大實驗，這個設想不得不說是劃時代的，有人甚至要求提名中本聰作為諾貝爾經濟學獎的候選人。

　　回溯歷史，中本聰最早曾在一封與社群其他人員溝通的郵件裡這樣寫道：我從 2007 年開始設計比特幣。從某一刻開始，我確信這世上存在一種不依賴信用的貨幣，我無法阻止自己去思考它。

　　2008 年 10 月 31 日，中本聰公開了比特幣白皮書──〈比特幣：一種對等式的電子現金系統〉（見圖 1-7），這篇技術論文詳細介紹了中本聰的猜想：透過利用點對點網路，創造一個無須依賴中間機構的電子交易系統。

　　這裡還要說一下比特幣誕生時的時代大背景：2008 年美國次貸危機爆發。次貸危機的成因其實相當複雜。但在當時，美國民眾普遍把責任歸結為華爾街的貪婪以及美國政府的愚蠢。由於對華爾街和政府的不信任，

Bitcoin: A Peer-to-Peer Electronic Cash System

Satoshi Nakamoto
satoshin@gmx.com
www.bitcoin.org

Abstract. A purely peer-to-peer version of electronic cash would allow online payments to be sent directly from one party to another without going through a financial institution. Digital signatures provide part of the solution, but the main benefits are lost if a trusted third party is still required to prevent double-spending. We propose a solution to the double-spending problem using a peer-to-peer network. The network timestamps transactions by hashing them into an ongoing chain of hash-based proof-of-work, forming a record that cannot be changed without redoing the proof-of-work. The longest chain not only serves as proof of the sequence of events witnessed, but proof that it came from the largest pool of CPU power. As long as a majority of CPU power is controlled by nodes that are not cooperating to attack the network, they'll generate the longest chain and outpace attackers. The network itself requires minimal structure. Messages are broadcast on a best effort basis, and nodes can leave and rejoin the network at will, accepting the longest proof-of-work chain as proof of what happened while they were gone.

▲ 圖 1-7　〈比特幣：對等電子現金系統〉論文節選

很多人把目光投向比特幣——一種完全獨立於政治力量和大金融家的電子貨幣。可以說，美國次貸危機讓比特幣的關注度得到了空前提升。

　　進一步引爆比特幣輿論熱潮的是「維基解密」事件。2010 年 11 月 28 日，維基解密發表了幾十萬份美國國務院與美國駐外大使館之間聯絡的文傳電報，其中大部分都是保密級別的文件。此舉引發美國政府震怒，不僅攻擊了維基解密的網站使其癱瘓，更向各大金融機構，包括銀行、信用卡支付機構甚至 PayPal 施壓，要求封鎖維基解密的創始人朱利安‧亞桑傑（Julian Assange）和維基解密的相關金融帳戶。

第 4 講　藏身十多年無人知曉，比特幣創始人到底是誰？

陷入困境的亞桑傑透過 Twitter 向世界求援，稱願意接受比特幣作為資金來源，讓人意想不到的是，維基解密竟然奇蹟般的依靠收到的比特幣援助度過了這次危機。

然而，中本聰卻並不樂意看到這種情況。他在論壇上發了個文章抗議道：「比特幣系統還很不成熟，亞桑傑所帶來的對於比特幣的關注，會摧毀比特幣。」

2010 年 12 月 12 日，在發表了抗議維基解密的貼文一週後，中本聰發表了他在論壇上關於比特幣的最後一個貼文，談論了一些最新版本的更新。隨後，中本聰開始慢慢降低回覆郵件的頻率，直到完全停止。自此，中本聰與大眾失聯了。

中本聰失聯後，我們才發現對中本聰幾乎是一無所知。我們不知道中本聰是男是女、多大年紀、哪國人，不知道「中本聰」這個名字是不是真名，甚至不知道中本聰是一個人還是一個組織。在網路如此發達的今天，這幾乎是一件不可想像的事情。但是中本聰做到了，並且一直維持到了今天，至今還沒有人能夠揭開他的身分之謎。

中本聰為什麼能夠隱藏得如此之好？這得回到他最初現身的地方——「密碼學論壇」。1992 年，以提摩太・梅（Timothy May）為發起人，美國加州幾個不安分的物理學家和數學家聚在了一起，並創建了一個「密碼龐克」小組，以捍衛未來數位世界的公民隱私，議題包括追求一個匿名的獨立數位貨幣體系。中本聰就是這個小組中的一員。

中本聰使用種種加密手法，使自己成為一個完全匿名的人，他和任何人交流都使用特殊的加密網路，哪怕是與最親密的夥伴交流，中本聰也會對通訊郵件進行加密。與此同時，在其來往郵件中，中本聰還對語言詞

第 1 章　比特幣的來世今生

彙、寫作風格、作息規律等進行有意誤導，這使得其個人資訊與個人蹤跡更加神祕莫測。

　　那麼，中本聰到底是誰？我蒐集了以下幾位比較可疑的候選人，大家可以自己做個判斷。

　　第一位，多利安・中本聰（Dorian Satoshi Nakamoto）。2014 年，美國《新聞週刊》記者莉亞・古德曼（Leah McGrath Goodman）聲稱，他找到了中本聰。這位名為多利安・中本聰的男子是一個 65 歲的日裔美國人，畢業於加州州立理工大學，擁有物理學學士學位，當時住在洛杉磯附近聖貝納迪諾山腳下。然而，隱身三年後，中本聰本尊現身 P2P Foundation 網站，他發文回應稱：「自己並不是多利安・中本聰。」

　　第二位，哈爾・芬尼（Hal Finney）。哈爾・芬尼曾參與過比特幣早期籌備工作，他在 1990 年代有一項非常重要的發明叫「可重複使用的工作量證明」，而工作量證明是比特幣技術的核心算法。此外，哈爾・芬尼患有嚴重的漸凍症，不得不在 2011 年年初退休，而這與中本聰公開退出論壇的時間非常接近。哈爾・芬尼最後因為病痛在 2014 年去世。如果他真的是中本聰，也只能留給後人去發現了。

　　還有人說「中本聰」是個化名，Nakamoto Satoshi 是中道（Nakamichi）、摩托羅拉（Motorola）、三星（Samsung）、東芝（Toshiba）的組合。

　　也有人提出，中本聰可能不是一個人，而是一個有著神祕目的的神祕團體，它可能是 Google 上的一個群組或是美國國家安全局。

　　還有線索認為，中本聰是一個受過編寫程式語言訓練的學者。某位研究者稱，中本聰寫作的注釋風格，在 1980 年代末和 1990 年代初十分流行。

無數人跳出來自稱是「比特幣之父」，但又被無數次證明純屬惡作劇或騙局，最終，真正的中本聰巧妙的躲過了一切試圖尋找他的目光。

如果從2008年10月31日白皮書公布算起，比特幣走過了十餘年歷程，而中本聰公開參與比特幣工作的時間不過兩年，充其量陪伴比特幣五分之一的時間。然而，在中本聰消失後，比特幣依靠社群自治卻能保持穩定運行多年。

比特幣之所以可以如此穩定的運行，我認為其中一個重要原因在於，它是以區塊鏈這種全新、強大的底層技術作為支撐的。這裡面的細節我先不展開，留在後面章節對比特幣的運行機制做更深入的解讀。

如今，「中本聰」這個神祕的領袖，為比特幣帶來的更多的是象徵意義，但這種去領袖化的先例以及自治社群化運行的經驗，已經成為區塊鏈項目的應用典範。

也許，在區塊鏈世界裡，比特幣不需要中本聰，因為這裡的每個人都認可和擁護比特幣，比特幣成了每一個人的信仰，因為「We are all Satoshi（人人都是中本聰）。」

延伸閱讀：比特幣的白皮書主要在講什麼？

以下為〈比特幣：一種對等式的電子現金系統〉中文譯本的「摘要」部分，可以在最短時間內了解這份白皮書的內容梗概：

「本文提出了一種完全透過點對點技術實現的電子現金系統，它使得線上支付能夠直接由一方發起並支付給另外一方，中間不需要透過任何金融機構。雖然數位簽名（digital signatures）部分解決了這個問題，但

是如果仍然需要第三方的支援才能防止雙重支付（double- spending），那麼這種系統也就失去了存在的價值。我們在此提出一種解決方案，使現金系統在點對點的環境下運行，並防止雙重支付問題。該網路透過隨機散列（hashing）對全部交易加上時間戳記（timestamps），將它們合併入一個不斷延伸的基於隨機散列的工作量證明（proof- of- work）的鏈條作為交易紀錄，除非重新完成全部的工作量證明，否則形成的交易紀錄將不可更改。最長的鏈條不僅將作為被觀察到的事件序列（sequence）的證明，而且被看作是來自 CPU 運算能力最大的池（pool）。只要大多數的 CPU 運算能力都沒有打算一起合作對全網進行攻擊，那麼誠實的節點將會生成最長的、超過攻擊者的鏈條。這個系統本身需要的基礎設施非常少。資訊盡最大努力在全網傳播即可，節點（nodes）可以隨時離開和重新加入網路，並將最長的工作量證明鏈條作為在該節點離線期間發生的交易的證明。」

第 5 講
當一名比特幣礦工是怎樣的體驗？

本講我們聊聊比特幣挖礦的故事。

你也許聽說過號稱「中國電子第一街」的深圳華強北，日客流量有 50 萬人次，它可是中國國內電子產品流通的主要樞紐。每天來自天南海北前來採購的客戶絡繹不絕，市場裡人擠人，人貼人，要想趴到某個櫃臺前看看玻璃板下面的機器，很多時候都需要費一番力氣。

2017 年年底到 2018 年年初，很多華強北店鋪的租金比之前翻了一倍，但是依舊擋不住大家的熱情，其中的原因，並不是手機和電腦市場變得更暢銷了，而是許多先前賣電腦、手機的商家開始轉行賣比特幣等加密數位貨幣的礦機。伴隨著加密數位貨幣市場的水漲船高，華強北幾乎一夜之間，搖身一變，由「中國電子第一街」變成了「中國礦機第一街」。

市場最熱銷的時候，一臺白卡 B 礦機的價格炒到人民幣 14 萬元，當時官網價格才人民幣 3 萬多元；螞蟻 S9 礦機的價格也是從人民幣 1 萬多元炒到人民幣 2 萬多元，而且還沒有現貨，只能先買期貨。熙熙攘攘的客戶中，有大量來自俄羅斯、印度、韓國以及日本客戶的身影，而且不少來自國外的礦機買手基本上都是 100 臺起訂。

你肯定會好奇的問，礦機是什麼？挖礦到底挖的是啥？曾經聽到的比特幣礦場、礦池又都是什麼意思？

這裡先舉個例子：假設我拿出一張 100 元人民幣作為獎勵，凡是追蹤

第 1 章　比特幣的來世今生

了火星財經社群帳號的人，都可以透過評論來猜這張人民幣的編號的後兩位數字，誰能猜中，我就把這張 100 元人民幣送給誰。

如果是一個人，想盡辦法自己猜，猜中獨享這 100 元，就是個人挖礦；如果覺得光靠自己一個人，怎麼猜也猜不到，那可以考慮出錢召集一些人一起來猜，這就是礦場；等猜中之後，根據猜測的次數，按比例分配這 100 元，這就是礦池。

當然，以上只是一個很簡單的類比，比特幣的挖礦也是同樣道理。

比特幣挖礦只需要記住一個核心：簡單的說其實就是求解數學題，但是這道數學題的求解不是靠什麼技巧，而是直接使用運算能力去破解。根據比特幣的設計機制，每隔一段時間，比特幣系統會在系統節點上生成一個隨機代碼，網路中的所有電腦都可以去尋找這個代碼。誰只要一找到，就會產生一個區塊，隨即得到一枚比特幣，這個過程就是比特幣挖礦。

你可能會覺得，比特幣一直這樣挖下去會越來越多，從整體上看，豈不是會越來越不值錢，直到變得像路邊的石頭一樣多而一文不值。

這一點，偉大的中本聰先生在設計比特幣時就考慮到了。他固定了比特幣的總量，並設計了一套機制：第一枚比特幣出現後，前 4 年一共將產生 10,500,000 枚比特幣，每隔 4 年產出數額減半，在第 4 年至第 8 年，會產生 5,250,000 枚比特幣，在第 8 年至第 12 年，則只產生 2,625,000 枚比特幣，後面依次遞減，到最後，總共產生的比特幣數量為 2,100 萬枚，日後不再增長。

這就好比有一個裝了 2,100 萬枚金幣的寶庫，要想將裡面的金幣裝到自己口袋裡，需要利用電腦，按照一定的算法找到一組符合規律的數字，這些數字就是打開寶庫大門的鑰匙，打開一次大門，就有一些金幣掉出

來。而且，這些金幣具有一定的價值屬性，可以在全球市場自由流通。

　　所以，「挖比特幣，就是挖金礦」這話一點不假。挖金礦的好事，誰也不想被落下。但別急著去挖，如今比特幣挖礦已經走過四個階段，個人挖礦的難度越來越大，想在比特幣金礦中淘到金，並沒有想像中那麼簡單。

　　最早期的比特幣挖礦：個人隨便用臺舊電腦跑個程式，就能得到比特幣，當時主要使用的是 CPU 的運算能力。中本聰就是用他家裡的電腦 CPU，挖出了世界上第一枚比特幣。那時的個人挖礦似乎不費吹灰之力，就像在淘金潮的最初期，一個淘金者在盤中盛上礦石，灌點溪水，用力晃動幾下，閃亮的金粒就會呈現於盤底。

　　那個時候，你只需要有一臺能連上網路的電腦，下載一個比特幣錢包，就可以進行挖礦了。用一臺個人電腦，每天挖出幾百、上千枚比特幣很容易，於是也就有了前面提到的程式設計師用 1 萬枚比特幣買披薩的故事。但最早大家不是很在意，挖出比特幣都沒有及時保存，甚至很多被挖出的比特幣被刪除而永久消失了。

　　很快，進入到比特幣挖礦的第二階段。拿淘金做類比，在這個階段，為了加快處理礦石，更快更好的篩選出金粒，淘金行業出現了溜槽，可以大大提高細粒金的回收率。這個階段的比特幣挖礦，也逐漸進入到 GPU（顯示卡）挖礦的黃金時期。2016 年前後，受大量使用者購買顯示卡進行挖礦的影響，市面上高性能顯示卡缺貨嚴重，顯示卡價格大漲，一卡難求，讓很多購買顯示卡玩遊戲的電腦玩家叫苦不迭。

　　在淘金的第三個階段，人們開始使用高壓水槍衝擊含金礫石，形成砂漿，準備進一步篩分礦物。比特幣挖礦的第三個階段，則開始出現 FPGA

（現場可程式化邏輯閘陣列）挖礦，也就是開發出一種半客製化電路進行挖礦，它的挖礦效率比 CPU 和 GPU 更高。

　　如今，比特幣挖礦進入第四個階段，個人挖礦已經完全沒有競爭力了，出現了各種大型的礦場和先進的機器設備。在這個階段，由於首款專用於比特幣挖礦的積體電路 ASIC 晶片的出現，比特幣挖礦也變成了一個需要大量資金投入的大型工程。下面，我們來看一個比特幣礦場（見圖 1-8）的例子。

　　坐落在內蒙古的銀魚礦場是中國最大的比特幣礦場之一。在這裡，你會看到很多頭戴安全帽的工作人員，以及來來往往的水泥車和貨車，它看起來更像是個貨真價實的淘金礦場。礦場包含 4 個大型倉庫，每個長約 150 公尺，寬約 20 公尺，相當於半個足球場的大小。礦場經營者說，每個倉庫需要花 15 天的時間來建設，然後還要花 10 天的時間部署礦機。更讓人吃驚的是，這個礦場單是電費的開銷，每個月就要超過 100 萬美元。

▲ 圖 1-8　比特幣礦場實景

　　那麼，花費這麼大人力和物力去建設礦場，真的有必要嗎？挖礦的意

義到底是什麼？就是為了獲得比特幣嗎？在我看來，這種觀念或想法可能太過片面。

挖礦給人的第一感覺就是挖，其實在整個系統中，挖不是關鍵，維護系統的正常運轉才是關鍵。對於沒有中心化機構監管的比特幣系統而言，挖礦獲得比特幣只是個獎勵，重要的目的是透過運算來確保比特幣的正常交易，防止重複支付，簡單的說，就是防止有人作惡或作弊。

所以，挖礦重點不在挖，而是維護，只有在維護好系統的前提下，才可能產出比特幣，才會得到比特幣的獎勵，簡而言之，比特幣是給那些維護系統的人，也就是給礦工的獎勵。

就像銀行的員工一樣，每個人都在負責一項或多項資料業務的管理，實際上是每個人用汗水和努力，保證了整個銀行系統的穩定運行。比特幣挖礦的意義，大致也是如此。

透過本節課程，你一定對比特幣挖礦有了一些了解。最後留一個思考題：透過比特幣挖礦，維護了比特幣系統的穩定，它和各國央行建立各種系統（電子系統、銀行網點系統等）來維持法幣正常流通的機制一樣嗎？

延伸閱讀：一般人學習了解區塊鏈，不如直接從比特幣挖礦開始

以下內容節選自 2020 年 2 月 27 日，火星區塊鏈及共識實驗室發起人王峰在火星雲礦千人線上發表會的發言實錄：

「要了解和認識區塊鏈，發現其中更好的投資機會，與其開會到處聽講座，不如自己從比特幣挖礦開始。

「業界很多人認為，挖礦其實是一種中長期定投。這是一個很好的比

喻，就像大部分人做不了自己的對沖基金，不如堅定的選擇優質資產做長期投資。一定意義上，所謂『挖礦比炒幣更划算』就是這個道理。

　　「提及挖礦，連我們自己從事多年網路的人在早些時候都有一籌莫展之感，要把硬體算力、電力功耗、營運維護服務成本和比特幣價格波動的關係搞清楚，對於不在挖礦圈子裡和那些毫無技術背景的人來說，確實不是很容易。你很容易發現，早期挖礦的都是一些從事電腦和網路技術工作的極客，還有那些學習新東西很快的高手。此外，礦機、礦場、礦池以及營運維護都是需要有人指點的。透過挖礦，一般人才能很好的理解分散式、區塊、POW 共識機制和信用機器的具體意義。

　　「我們提供的火星雲礦（編者注：www. mclouds. io），看上去是一個比特幣礦機電商平臺，但是實際上我們打通了礦機型號選擇、購買、礦場安裝、礦池報塊統計、營運維護以及後臺管理的一條龍服務，業界又把這個統稱為雲端算力。我們之所以沒有起名叫火星雲端算力，是因為我們發現今天的雲端算力市場前期引導沒有做好，加上很多虛假雲端算力此消彼長，有的僅僅是一個xx幣的金融衍生品交易，並沒有真正的實體礦機給你。」

第 6 講
為什麼股神巴菲特說比特幣是金融行業的「老鼠藥」？

　　關於比特幣的來龍去脈，相信你學完了前面幾講，應該有一個比較模糊和初步的印象了。對於比特幣的價值和未來發展方向，眾說紛紜，有人看好，有人觀望，有人唱衰。在唱衰的人群裡，不乏「股神」巴菲特（Warren Buffett）和他的老搭檔查理・蒙格（Charles Munger），以及微軟的比爾蓋茲（Bill Gates）等知名人士。

　　巴菲特被稱為美國「股神」，是一位世界級的投資大師。巴菲特自2000 年起，每年拍賣一次與他共享午餐的機會，最高曾經拍賣到 345 萬美元。但外界較少關注的是，巴菲特本人和比特幣的積怨已久。

　　早在 2014 年，當大多數人還不知比特幣為何物時，巴菲特便已經開始討伐比特幣。在接受採訪時，他勸所有人遠離比特幣：「它基本上只是一種幻影，是轉移資金的一種途徑。」如果有人提到比特幣具有龐大的內在價值，巴菲特會把它聽成一個笑話。

　　2017 年 11 月，巴菲特在《富比士》雜誌上刊文稱，比特幣是「不折不扣的泡沫」（見圖 1-9），認為「它根本就沒有意義，這東西居於監管之外，居於控制之外，無論是美聯準還是其他國家的央行，都無法監測。我對這件事根本就不相信。我認為它遲早要徹底崩盤。」

　　2018 年，在波克夏・海瑟威公司股東大會上，90 歲的巴菲特稱加密數位貨幣不會有好下場，比特幣本身沒有創造任何東西，「你全部指望的，

▲ 圖1-9　巴菲特認為比特幣是「不折不扣的泡沫」

不過是下一個買家以更高價接盤」。巴菲特的老搭檔查理‧蒙格甚至說，應該像躲瘟疫一樣避免比特幣。幾天後，比爾蓋茲接受美國 CNBC 電視臺採訪時說：「作為一類資產，比特幣沒有產生任何東西，所以你不該指望它會漲。它純粹是『博傻理論』那一類的投資，有機會做空它。」

　　比爾蓋茲說到的「博傻理論」，指的是在股票、期貨市場等資本市場中，人們之所以完全不管某個東西的真實價值，而願意花高價購買，是因為他們預期會有一個更大的笨蛋，會花更高的價格從他們那裡把它買走。通俗的講，「博傻理論」實際上就是大家經常說的「擊鼓傳花」。在比爾蓋茲心裡，比特幣就是一場「擊鼓傳花」的遊戲而已。

　　為什麼巴菲特、蒙格、蓋茲這三位美國上流社會的頂層菁英都對比特幣嗤之以鼻？在《王峰十問》節目中，王峰曾經和硬幣資本聯合創始人老貓聊過這個問題，老貓的一些見解很值得我們思考。這裡我也和大家做個分享。

巴菲特鄙視比特幣，究其原因，是由於其擁有美國富國銀行和 J. P. 摩根公司股東的身分，使他出於利益考慮，選擇站隊到比特幣的對立面。

回過頭來看，巴菲特過去做過兩件重要的事情，一舉奠定了他投資大師的地位。第一件事情是 34 歲的他在 1964 年收購波克夏公司，第二件事情是 1988 年投資可口可樂公司。在這兩件事情面前，他的其他投資可以忽略不計。所以，特定時代有特定的機會，也沒有必要神化巴菲特。如果把他合適的投資年齡放在日本的泡沫期，也許就是投資失敗的典型。

雖然現在巴菲特的波克夏公司股票市值是 2,220 億美元，比特幣的市值還不到 1,000 億美元，不足波克夏公司市值的一半，但是，很多人把比特幣看作未來全球最大的金融系統的股票，比特幣的這場世界貨幣實驗如果成功，那麼對傳統金融行業是個重大的挑戰。

如果有朝一日，比特幣市值超過波克夏公司的股票市值，對於坐享傳統金融行業紅利的波克夏的投資者來說，可能會出現信心的潰敗，巴菲特的神話將不復存在。這才是巴菲特氣急敗壞的原因。

雖然比特幣的出現讓巴菲特、蓋茲等大人物嗤之以鼻，但同時也讓很多大人物看到了孕育的新機會。這其中，為比特幣搖旗吶喊最有力的當屬矽谷風投教父提姆‧德雷珀（Tim Draper）。

德雷珀是美國風險投資傳奇家族的第三代傳人，從 1985 年開始，他創建了德豐傑（DFJ）風險投資基金。Google CEO 艾瑞克‧史密特（Eric Schmidt）曾經這樣評價他：「如果你想從矽谷人身上吸取經驗教訓，你不可能獲得比德雷珀家族更完善的一手資料。」德雷珀投資了 150 家科技企業，包括 Hotmail、百度、 Skype，德豐傑基金也是特斯拉與 SpaceX 的早期投資者。

第 1 章　比特幣的來世今生

德雷珀認為:「人類正在大跨步進入一個全新的時代, 過去是鐵器時代、機器時代、網際網路時代, 現在是比特幣時代。這次浪潮比歷史上任何一次都大, 它是全球性的。」他一直都很看好比特幣, 在 2014 年的一場拍賣中, 德雷珀一舉買入了約 4 萬枚比特幣。之後, 比特幣價格輪番暴漲, 最高時創下了 2 萬美元的單價。但德雷珀並沒有賣掉自己的比特幣, 他依然十分看好這種新興資產的長期前景。甚至, 他還曾預測, 到 2022 年, 比特幣的價格將達到 25 萬美元。

再來看看另一位大人物對比特幣的態度, 他是華爾街的傳奇人物——摩根大通的董事長兼執行長傑米・戴蒙 (Jamie Dimon)。摩根大通是美國最大的金融服務機構之一, 管理的總資產有 2.5 萬億美元之多, 能駕馭這樣的金融龐然大物的人, 自然非等閒之輩。

在 2017 年, 傑米・戴蒙就公開批判了比特幣, 他說:「比特幣泡沫將比鬱金香泡沫更糟糕。它不會有好的結局, 有人會因它而喪命。」說完還補充一句, 他會解僱任何被發現的參與交易比特幣的交易者, 因為比特幣是「愚蠢的」。

但是, 一年之後, 傑米・戴蒙對比特幣的態度有了 180°大轉彎, 他對自己一年前公開發表過的對比特幣的那一番言論表示後悔:「我一直認為, 當比特幣規模變得真的很大時, 各國政府都會感受到。與其他人相比, 我只是有一種不同的觀點罷了。」

像提姆・德雷珀、傑米・戴蒙等支持比特幣的名人還有很多, 如推特 CEO 傑克・多西 (Jack Dorsey)、特斯拉 CEO 伊隆・馬斯克 (Elon Musk)、蘋果公司聯合創始人史蒂夫・沃茲尼克 (Stephen Wozniak)、PayPal 聯合創始人彼得・提爾 (Peter Thiel) 等。在這場傳統金融與比特幣

新經濟觀念之間的較量中，這些人和反對比特幣的人群形成了鮮明的對比。

　　每個人對世界的認知不盡相同，當然不可能所有人都會認同比特幣，世界也正是因為不同而精彩。或許，比特幣成了新、舊投資觀念的一道分水嶺，至於誰對誰錯，還是交給歷史做評判吧。

　　最後，說一則趣事。有國外網友透過對比看空比特幣與看好比特幣的菁英的年齡資料，得出了一個結論：看好比特幣的菁英們平均年齡為 56.6 歲，而不看好比特幣的菁英人群平均年齡為 69.3 歲，平均年齡相差 13 歲。這能說明什麼問題呢？我想，還是留給你思考吧。

延伸閱讀：矽谷風投教父提姆・德雷珀為何要投資比特幣

　　億萬富翁提姆・德雷珀（Tim Draper）是一位傳奇的風險投資家，集「矽谷風投教父」、「冒險大師」等光環於一身。他創辦的德豐傑（DFJ）投資基金是全球著名的風險投資公司，曾投資特斯拉、Hotmail、Overture、Skype 等知名企業。

　　他還是堅定的比特幣信仰者和持有者，曾入圍富比士加密貨幣富豪榜。2014 年，他成功預言比特幣價格將在三年內達到 1 萬美元。2018 年，他再次預言：比特幣會在 2022 年達到 25 萬美元。

　　以下內容節選自 2018 年 5 月《富比士》雜誌（Forbes）對德雷珀進行的採訪實錄。

　　《富比士》：2014 年，是什麼原因讓你決定投資比特幣的？

　　提姆・德雷珀：2004 年，一位朋友告訴我一款叫作《傳奇》的遊戲，據說每個人都在玩。當時，這款遊戲非常紅，它給了我這樣一種感覺——

第 1 章　比特幣的來世今生

我們生活在「虛擬世界」裡。這位朋友告訴我，他正在用法幣買一把虛擬劍給他兒子，以此在遊戲中獲得優勢。這讓我認為我們可以建立一個基於虛擬世界的整體經濟。

（《富比士》注：2011 年，德雷珀第一次了解到比特幣。他的啟蒙老師是 CoinLab 執行長瓦賽納斯（Peter Vessenes）。對方宣稱比特幣是一種新型貨幣，可以用來儲值和支付，不僅僅是一個推動電玩遊戲進步的「簡單發明」。）

我知道這是一個龐大的機會，最終支持了一家名為 CoinLab 的比特幣公司。我投資該公司以獲得比特幣，該公司最終用 ASIC 來挖礦，因此我們能夠以更便宜的價格獲取比特幣。

當時比特幣從 6 美元上漲到 36 美元。我們開採比特幣，然後將其存放在當時世界上最大的比特幣交易所之一——Mt. Gox 交易所上。後來的事情大家都知道，Mt. Gox 倒閉了，我們失去了所有的比特幣。我原本以為，比特幣將一蹶不振，但 Mt. Gox 被駭客攻擊當天，比特幣僅下跌 15%，然後在第二天上漲。當時，我想：哇，最大的交易所剛剛崩潰，而比特幣還在繼續前進。這讓我意識到，這個世界確實需要比特幣。

然後，我立即抓住了這個機會。當時美國法警局正在拍賣沒收的比特幣，總共有約 19 個競標者，在他們當中，大多數人的出價都低於市場價格。於是，我以高於市場價的報價獲得了拍賣的全部 9 筆比特幣。當我買下這些比特幣之後，比特幣價格很快從 632 美元直接下滑到 180 美元。但是，我相信自己的眼光，經過分析，我做出預測，比特幣在 3 年內將達到 10,000 美元。不知何故，3 年內比特幣真的飆升至 10,000 美元。突然之間，我成了有遠見的人。

第 7 講
被宣布死刑 300 次之後，比特幣為什麼還沒死？

　　我們在前面介紹過，比特幣實質是一種虛擬貨幣，但同時，可以在全球自由流通的比特幣也具有了市場賦予的價格。伴隨比特幣價格的起起落落，比特幣的真實價值也一直受到極大的爭議。在比特幣誕生的十多年中，它被社會各界名人、知名媒體詆毀和看空，質疑比特幣是龐氏騙局、泡沫論等評論比比皆是。甚至早在 2011 年 6 月 20 日，美國知名的《富比士》雜誌就寫道：「比特幣已死。」更有人統計過，到現在為止，比特幣已經被宣布死刑 319 次了。

　　但問題來了，為什麼被宣布死刑 319 次後，比特幣還沒死？

　　先不急著回答這個問題，我們先回顧一下，比特幣價格所經歷過的三次重要的浪潮。

　　第一次，2011 年 4 月至 6 月，比特幣價格從 0.75 美元飆升至 30 美元，漲幅高達 40 倍，比 2009 年比特幣剛誕生時的 0.0076 美元更是漲了 4,000 多倍。然而，從當年 6 月到 11 月，比特幣價格又從 30 美元跌至 2 美元，跌幅高達 93%。

　　第二次，從 2013 年年初到年末，短短一年的時間，比特幣價格從 13 美元漲到 1,147 美元，漲了 87 倍，相比誕生時的價格，漲幅達到 15 萬倍。接下來，從 2013 年年末到 2015 年年初，依舊是差不多一年的時間，比特幣價格從 1,166 美元跌至 170 美元。

第三次，也就是 2017 年年底，比特幣更迎來了有史以來最大程度的暴漲，從 789 美元漲到 19,878 美元，漲幅達到 24 倍之多，相比誕生時的價格，更是漲了 262 萬倍。到 2018 年年底，比特幣價格又從近 2 萬美元跌至 3,000 多美元。

近 11 年來比特幣的活躍位址數如圖 1-10 所示。

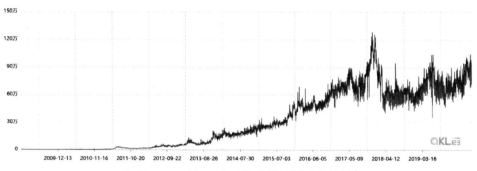

▲ 圖 1-10　近 11 年來比特幣的活躍位址數[1]

比特幣經歷過的三次大漲大跌，堪稱三次「自由落體式的泡沫破裂」，讓無數投機者傾家蕩產，也讓比特幣屢屢成為席捲全球輿論的熱門關鍵字。比特幣為什麼可以成為「打不死的小強」？究其根本原因在於，比特幣的某種價值一直被社會認可。

經濟學大師熊彼得（Schumpeter）說過一句話：「如果一個人不掌握歷史事實，不具備適當的歷史感或所謂歷史經驗，他就不可能指望理解任何時代的經濟現象。」

1　活躍位址數（Active Addresses）反映了每日網路中參與轉帳等事項的位址數量，可以用於衡量網路的活躍度，若活躍位址數較高，說明網路活躍度較高，鏈上生態較為完善；資料取自 QKL123。

第 7 講　被宣布死刑 300 次之後，比特幣為什麼還沒死？

　　站在歷史的角度，現在是 2020 年，比特幣已經產生並運行了十多年，這期間，世界發生了什麼事？

　　我們看一組資料：2018 年年末，中國 M2（廣義貨幣）指標值為人民幣 182.67 萬億元，是 2008 年年末人民幣 47.5 萬億元的 3.8 倍。換句話說，如果你在 2008 年年末、2009 年年初，把人民幣 1 萬元鎖在保險箱裡，到 2018 年元旦拿去買房子，只能買到約九年前四分之一的面積，原因就是這些年市場中的鈔票多了近四倍，你的錢不知不覺貶值了。雖然這樣計算不太準確和科學，但十年前和今天，同樣是 100 元，在超市裡分別能買到多少東西，你肯定有切身的體會吧。所以很多中國大媽去搶購黃金，希望能夠做資產保值，但黃金也面臨同樣的問題，有細心人計算過，黃金的相對購買力也已經下降到一百年前的十分之一不到。

　　當然，根據經濟學理論，在政治穩定、對外開放的情況下，一個國家要實現經濟發展，是必然會發生通脹的。從較長時間看，不只是中國，絕大多數國家的貨幣購買力都會出現貶值的現象。20 世紀初，美元貨幣供應量只有 70 億，如今流通中的美元總面額，已經是當時的 1,900 倍。

　　或許有人要說了，要想抵禦通貨膨脹，我們買房子、買黃金就行了，為什麼有人要選擇去持有比特幣？道理很簡單，與其花幾十萬人民幣甚至上百萬人民幣買房或者交頭期款，再加上要去辦理各種煩冗的手續，或者購買沉重的黃金（運輸、變現都比較困難），相比之下，還不如花幾千人民幣、幾萬人民幣去囤一些比特幣，存在數位錢包裡顯得輕鬆從容。

　　因此，從長遠看，比特幣只要能做到中本聰「數位黃金」的規畫，它的價值就會被越來越多的先知先覺者認識到。不得不說，單單從能夠保值這一最基本的原因，就可以解釋得通為什麼比特幣總也死不掉。

第 1 章　比特幣的來世今生

　　比特大陸聯合創始人吳忌寒用經濟學的「適銷性」理論解釋了比特幣為什麼能夠在十年時間裡從無到有的崛起。這裡我也借用一下他的一些觀點。適銷性強的商品會逐漸演化為貨幣，適銷性弱的商品會逐漸退出貨幣的角色。在吳忌寒看來，比特幣本身就具備很強的適銷性。

　　第一，市場因素。商品滿足市場因素需要符合幾個條件：要有很多人喜歡這種商品；喜歡這種商品的人要有較強的購買力；商品具備稀缺性；商品易於分割；存在流動性很好的市場，包括為投機性交易而建構的市場。以上五個條件，比特幣都相當符合。

　　第二，空間因素。一種商品存在於能夠發生貿易的範圍，人們都有接受和消費這種商品的意願；同時，運輸費用要低，即商品從一個地區向另一個地區轉移的過程中的損耗要低。比特幣恰好也滿足這些條件。

　　第三，時間因素。在人們的心理預期中，這種商品要有持久的價值。另外，還應考慮商品的保存成本是否足夠低，是否產生利息，市場對這種商品的需求有沒有過強的週期性。

　　綜合以上三點來看，比特幣具備很強的適銷性，隨著接受人群的規模不斷擴大，其貨幣屬性也會越來越強。

　　有朋友問，如果把比特幣當作一個新生物種來看，它的「生命體徵」現在怎麼樣呢？是羽翼未豐，是年富力強，還是風燭殘年呢？我想從以下幾個角度，或者說用幾個比特幣的「生命體徵」指標，幫助大家整理一下。

　　指標一：持有比特幣的人數。

　　有資料顯示，目前比特幣的使用者可能為 1,300 萬～ 2,200 萬人。這樣計算下來，比特幣持有者只占全球人口（75 億人）的 2‰～ 3‰，依然是極少數人在持有比特幣，遠遠沒有達到過度狂熱的階段。

　　指標二：比特幣的交易量。

　　如果比特幣真的「死」了，那麼沒有人會使用它，已確認交易數量將趨於平穩或者遞減。以 2020 年 1 月 6 日的資料為例，比特幣 24 小時的交易量約為 65.6 億美元。此外，來自一些經濟欠發達地區的比特幣的交易量呈上升趨勢，如伊朗、委內瑞拉、巴西、柬埔寨等。Google 資料也顯示，比特幣作為搜尋關鍵字，在南非、迦納、奈及利亞等國家的搜尋量相當前面。

　　指標三：比特幣開發活動的活躍度。

　　比特幣是一個沒有中心化機構背書的項目，因此，擁有一個活躍的開發團隊，獲得開發者社群的支持，對比特幣的成長至關重要。據全球知名線上軟體原始碼代管服務平臺 Github. com 2018 年統計，比特幣全年共有 2,978 次更新提交，平均每天有 8 次更新提交，這個更新資料指標相對來說已經很理想，可以說比特幣是一個開發活動非常活躍的項目。

　　三個「生命體徵」指標自然不能代表全部，但僅僅從它們來看，比特幣算得上是很健康了，短期內可能還真的「死」不了，猜想這又讓很多向比特幣發過訃告的人失望了。

　　當然，比特幣的「死亡」理論上還存在一種可能性，那就是在世界範圍內，各國政府聯合禁止比特幣，不允許民眾持有比特幣。

　　但是，恰恰相反，如今禁止比特幣的國家要遠遠少於肯定和支持比特幣的國家。

　　目前，共有 99 個國家（大概占全球國家數量的 40%）對比特幣持正面態度，即承認比特幣合法或中立，包括美國、德國、日本、英國、澳洲、加拿大等；共有 7 個國家（占全球國家數量的 3%）對比特幣持限制的態度，這其中包括中國；還有 10 個國家認為比特幣不合法，其中包括俄

羅斯。此外，還有 130 個國家（約占全球國家數量的 53%）暫時沒有對比特幣明確表態。

　　所以，各國政府聯合禁止比特幣這件事，從目前來看，大多是不會出現的。

　　總結起來，比特幣並沒有死亡，更沒有在走向死亡的路上。相反，茁壯成長的比特幣正在改變著我們的世界，讓我們對未來看到了更多希望。

　　最後我們一起思考一下：比特幣的下一輪盛世什麼時候到來？新的盛世會由怎樣的價值發現來推動呢？

延伸閱讀：關於比特幣死亡的第 300 次「訃告」

　　2018 年 5 月 30 日，比特幣被媒體宣告了第 300 次死亡。這份訃告來自《富比士》的文章「Bitcoin's Need For Electricity Is Its 'Achilles Heel'」（〈比特幣對電力的需求是它的「致命弱點」〉）。

　　以下是該訃告（見圖 1-11）的內容翻譯節選：

　　比特幣的擁護者聲稱它不受政府控制。「它不能被關閉。」他們說。這在早期可能是真的，那時比特幣可以在一般筆記型電腦上開採。但在如今龐大的礦場中，比特幣迫切需要大量廉價的電力供應。沒有充足的電力，比特幣開採就無法繼續，沒有開採，比特幣就死定了。最終，電力供應由政府控制。

　　比特幣對電力的迫切需求源於其工作量證明（POW）協議。POW 通常被描述為「複雜的謎題」，比特幣開採商必須解決這些謎題，才能獲得驗證一塊交易的權利，並獲得（目前）12.5 個新比特幣加上交易費的開採獎勵。例如，在本文中，作者這樣解釋 POW：「這些尋找塊的運算基本上都是數學難題，礦工不經過大量運算就猜不出來。」

這給人的印象是，擁有先進電腦設備的辛勤工作的礦工將勝出。這是真的，但這並不是因為「謎題」需要分析能力。現實要平凡得多。

……

可以預見的是，比特幣礦商對他們的能源使用和能源對一般人、一般企業及他們所居住的國家造成的威脅都輕描淡寫。他們說，像比特幣能源消耗指數這樣的網站誇大了用電量，比特幣開採並不比傳統金融更貴，開採只是使用其他使用者不需要的剩餘電力，無論如何，開採是一種有益的活動，會為主辦地帶來繁榮。可悲的是，幾乎沒有證據支持他們的說法，在美國部分地區，很明顯，第三種說法──採礦只使用剩餘電力──實際上是不真實的。

但即使比特幣礦商的說法屬實，比特幣的電力供應仍將完全依賴政府，無論是以何種方式，它絕不能免受政府權力的影響。比特幣對電力的需求是它的致命弱點。

▲ 圖 1-11　《比特幣對電力的需求是它的「致命弱點」》文章節選

第 8 講
比特幣就是區塊鏈嗎？

我們這本書主要討論區塊鏈，學過前面幾講之後，可能你會有點疑惑，為什麼還沒講「什麼是區塊鏈」，卻偏偏要花很大篇幅先講比特幣呢？

或許，很多人是「先聞比特幣，再知區塊鏈」的。畢竟，比特幣早在十多年前就出現了，而「區塊鏈」這個詞是最近這幾年才被廣泛提起。新聞媒體對比特幣的報導遠遠早於區塊鏈，如果現在打開網路搜尋，你會發現，比特幣的搜尋次數要遠高於區塊鏈。從大家都有所了解、有所認知的事物講起，更容易引起大家的興趣。

但更重要的、也是很多業界人士形成共識的是：區塊鏈是基於比特幣而誕生的，而且區塊鏈的後期發展也得益於社會對比特幣不斷高漲的關注。因此，有種說法是：不談比特幣，何談區塊鏈？

前面第 4 講裡，我們提到了中本聰創立比特幣所發表的白皮書，而在這篇白皮書的文字裡，根本就沒有「區塊鏈（Blockchain）」這個詞。白皮書中提到「區塊（Block）」67 次，「鏈（chain）」27 次，但是提到「區塊鏈」的次數是 0。在比特幣誕生時，確實還沒有區塊鏈概念。在比特幣問世以後，市面上陸續出現了各式各樣的山寨比特幣系統，為了將這些系統抽象成一個整體的概念，人們就約定俗成的造出了一個新單字—Blockchain。

　　那麼，區塊鏈的核心要素是如何在比特幣的設計和運行過程中得以呈現的呢？

　　首先，在比特幣系統設計中，有兩個機制很關鍵：一個是獎勵機制，一個是競爭機制。所有參與比特幣挖礦的人，也就是參與破解比特幣運算難題的人，理論上都可以得到報酬，每算出一個符合要求的數字，就相當於挖到了若干個比特幣。誰都可以去算，絕對公平；誰也無法作弊，因為算法本質上就是一個個數字去湊，湊出一個算一個。但誰先算出來結果，誰算得最準確，也就是誰的貢獻更大，這個報酬就是誰的。

　　其次，比特幣系統去中心化的分散式帳本的設計也非常精妙。在比特幣的系統中，最重要的並不是「幣」的概念，而是一個沒有中心儲存機構的「帳本」的概念，「幣」只是在這個帳本上使用的記帳單位。所有比特幣生產和流通的資訊，不是記在某一臺伺服器上的，而是記在所有參與這個解密遊戲玩家的電腦中，一人一份，記帳最快最好的人，系統會把他記錄的內容寫到帳本，並將這段時間內的帳本內容發給系統內其他人進行備份。這樣，系統中的每個人都有了一本完整的帳本，沒有人可以同時修改每個人的帳本，所以這個帳本在理論上幾乎是無法被篡改的。

　　無論是獎勵和競爭機制，還是去中心化，比特幣系統設計都為日後區塊鏈技術的發展奠定了堅實基礎。所以，「不談比特幣，何談區塊鏈」這個說法並不為過。

　　如果我們用比較嚴謹的語言去試著描述區塊鏈，其本質上是一種去中心化的分散式帳本資料庫。它融合了密碼學、經濟學、博弈論等，來保證已有資料不可能被篡改，無須中心化代理，點對點直接互動，使得高效率、大規模、無中心化的資訊互動方式成為可能。

第 1 章　比特幣的來世今生

但是，這裡要強調的一點是，比特幣的區塊鏈技術並不等於區塊鏈技術。比特幣的區塊鏈技術畢竟只是當初為比特幣體系而量身打造的。你可以把比特幣所運用到的區塊鏈技術看作區塊鏈技術的一個子集。

所謂「青出於藍而勝於藍」，區塊鏈的作用可不只是產生比特幣那麼簡單。作為一部「製造信用的機器」，區塊鏈具有匿名性、去中心化、公開透明等特點，而且其內容不可篡改，全球聯通，成本低。隨著區塊鏈技術的不斷成熟和逐步完善，區塊鏈行業加速應用，從數位貨幣向金融和其他領域滲透，與各行各業進行著創新式的融合。

例如，在檔案管理、專利保護等社會管理領域，在物品溯源、防偽等物聯網領域，以及慈善捐款等公益領域，都可以利用區塊鏈資訊公開透明、不可篡改的特性，對已有業務進行改造升級；在交易結算清算、數位票據、銀行徵信管理等金融服務領域，更是可以很好的發揮區塊鏈技術使用成本低、不可篡改的優勢，提高運行效率，降低安全風險。

從現有技術發展的狀況看，區塊鏈應用主要集中在以下三大類別。

第一類，加密數位貨幣。加密數位貨幣主要充當了區塊鏈資產領域的「交換媒介」，目前市面上除了最先發行的比特幣外，還有以太幣、瑞波幣等多種加密數位貨幣。日本等國已經承認加密數位貨幣的合規身分，但在中國依然處於管控限制當中。

第二類，開發平臺。建立技術平臺，用於滿足各種區塊鏈應用開發，可以降低在區塊鏈上開發應用的門檻，讓開發者在區塊鏈上直接發行數位資產、編寫智慧型合約等。最知名的案例是以太坊，自 2015 年創立以來，以太坊擁有 25 萬名開發人員，截至 2019 年 12 月，在以太坊平臺上，已經部署了超過 20 萬個智慧型合約。

　　第三類，應用場景（見圖 1-12）。如今，區塊鏈技術在金融、遊戲、社交、智慧財產權、醫療健康、商品防偽、食品安全、公益、社會救助等多個領域的應用都有了明顯成長。舉個簡單的例子。2018 年年底，支付寶上線了一款保險產品—「相互寶」，它和市面上的保險產品最大的不同在於，「相互寶」借助區塊鏈技術，保證了每一期互助的資金、資訊都會被記錄上鏈，公開且不可篡改，讓「相互寶」每一筆資金的流動都變得透明，讓使用者的每一次費用分攤都變得有據可查。不到半年的時間，「相互寶」成員數就已經超過 5,000 萬人，成為全球最大的互助社群。

　　有人說，區塊鏈能像網際網路一樣改變世界，但客觀上看，區塊鏈仍然處於發展的初級階段，在技術和規則上需要進一步開拓。但不可否認的是，區塊鏈遠比我們想像的要強大得多。區塊鏈究竟會將人類帶向何方，是一件非常值得期待的事情。

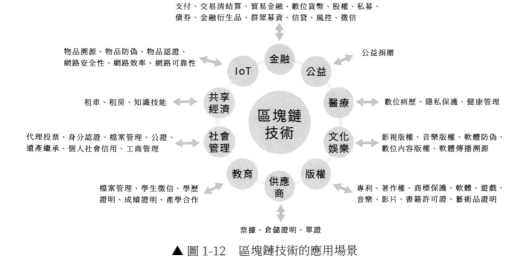

▲ 圖 1-12　區塊鏈技術的應用場景

　　我們簡單總結一下：第一，區塊鏈是比特幣原創的核心技術，在比特幣被發明之前，世界上並不存在區塊鏈的概念。第二，比特幣發明之後，很多人參考比特幣的系統設計，特別是涉及區塊和鏈的系統設計，使用類似的技術實現了各種新的應用，這類技術統稱為區塊鏈技術。第三，借助區塊鏈技術，不只能夠產生比特幣，它的應用場景非常廣泛，未來將和各行各業創新融合。

　　希望透過以上介紹，能讓你更清楚的了解比特幣和區塊鏈的關係，後面的章節中，我們會著重對區塊鏈技術本身做更為詳細的講解。

　　最後，留一道思考題：如果離開了比特幣，區塊鏈是不是會變得一文不值？

延伸閱讀：比特幣是區塊鏈技術的首個成功應用？

　　以下內容節選自 2019 年 11 月 11 日《新華日報》刊文〈比特幣：區塊鏈技術首個成功應用〉：

　　比特幣（Bitcoin），無疑是近年來最熱門的話題之一。它究竟是未來貨幣發展的必然趨勢，還是瘋狂炒作的又一顆「鬱金香球莖」？

　　首先，比特幣不是任何有形的貨幣，它的生產和運行基於網際網路，是一種開放原始碼形式的 P2P（Peer to Peer）數位「貨幣」。不同於人類早期的因其自然屬性而選擇的金銀貨幣，也不同於近 100 年來人們習以為常的法幣（Fiat Money）——由國家法律和主權信用支撐的紙幣，比特幣完全誕生於現代科技網路時代。

　　其次，比特幣是區塊鏈技術的第一個成功應用。傳統金融體系的交易

紀錄都被保存在銀行中心的資料庫中，而區塊鏈則是比特幣的帳本，任何時刻產生的比特幣的所有權及交易紀錄，都記錄在區塊鏈帳本中。任何人只要下載了客戶端，就能接收相關資訊。

　　比特幣的位址、私鑰類似於個人帳戶與支付密碼。個人擁有的比特幣被鎖定在個人位址上，只有運用私鑰才能解鎖並發往別的位址，實現交易。交易過程中會向全網發送一份帳單，其他使用者會對其校驗，一旦通過驗證，交易行為就成功了。第一個校驗出這筆交易是否有效的用戶，會被獎勵一筆比特幣。這筆獎勵的比特幣分為兩部分：一部分是交易的手續費，這部分由轉帳者支付，是系統中已經存在的比特幣；另一部分則是系統新生成的比特幣獎勵。電腦的算力越大，越有可能得到比特幣獎勵。所謂的「礦工」就是專門進行驗證交易資訊並更新紀錄的人。

第 2 章
區塊鏈到底是什麼

第 9 講
為什麼說區塊鏈是一部「信任的機器」？

2008 年，金融危機席捲全球，一大批知名的金融投資公司紛紛倒閉，美國五大投資銀行中的三家不是被收購，就是破產，其中包括著名的雷曼兄弟。時任美聯準主席的葛林斯潘（Greenspan）認為，這次金融危機是百年一遇的。就在此次金融危機中，彷彿是晝夜交替的一道曙光，比特幣誕生了。

從比特幣誕生到現在，已經過去了 12 年。在這 12 年間，比特幣的總市值曾經最高達到 3,200 億美元。

不得不讓人驚嘆，比特幣蘊含著如此強大的能量！

作為一種電子貨幣，比特幣並不是人類的第一次嘗試。但比特幣卻在無人監管、沒有政府和大公司扶持的情況下，一路走到了今天，究其原因，在於比特幣使用了一種名為「區塊鏈」的技術。

說起電子貨幣，不得不提到一個被稱為「密碼龐克」的組織。這個組織的成員大都是數學家、程式設計師和密碼學家。

大衛・喬姆（David Chaum）是「密碼龐克」的教父級人物，作為一名密碼學家，他在 1990 年創建了數位現金公司，創造出了 eCash，但是推廣卻處處碰壁，不僅被銀行和商家排斥，更是討不到一般消費者的歡心。7 年後，另一位英國的密碼學家亞當・貝克（Adam Back）發明了哈希碼（HashCash），他在其中使用了工作量證明。什麼是工作量證

明？大家不要擔心，本書後面會詳細講解。

　　同一年，哈伯和斯托尼塔（Haber and Stornetta）提出了使用時間戳記來做安全保障，用時間戳記對創建出的文件做排序，文件創建後其時間戳記不能改動，從而使得文件不能被篡改。1998 年，戴偉（Wei- Dai）發明了 B- money，B- money 綜合了前者的經驗，不僅交易紀錄不可更改，而且每位交易者都可以對交易實現追蹤。

　　這些電子貨幣存在的最大問題是沒有形成一個可以自我繁衍的生態圈。比特幣在前人的基礎上，借鑑了工作量證明、時間戳記和可追蹤的交易紀錄等區塊鏈技術，讓「礦工」可以透過挖礦為交易進行打包，從而獲得獎勵。

　　正是因為使用了區塊鏈技術，比特幣才得以區別於之前所有的電子貨幣。比特幣作為區塊鏈最早的載體，也擴大了區塊鏈技術的影響力。

　　但是自從 2008 年誕生以來，比特幣的光芒一直掩蓋著區塊鏈，直到 2015 年《經濟學人》雜誌敏銳的察覺到了區塊鏈是真正的價值網路，發表了一篇〈信任機器〉的文章（見圖2-1），才使得區塊鏈技術進入大眾視野。

▲ 圖2-1　《經濟學人》雜誌發表封面文章〈信任機器〉

第 2 章　區塊鏈到底是什麼

　　網際網路誕生於 1969 年，自其誕生，經歷了電腦時代的網路和行動網路兩個時代。現在的人們已經習慣了掏出手機聊天、看新聞、買東西，在網路中傳遞的訊息代替了面對面的交流。雖然經過了半個世紀的發展，這種模式從簡單變複雜，從一維到多維，但本質上仍然是資訊網路。就像生活中假如碰到了糾紛，個人和公司會選擇法院，以法律的形式解決。假如在資訊網路中碰到了糾紛，比如買到了假貨、被侵權了，此時就必須也有一個和生活中類似的、能造成仲裁作用的機構來主持公道。因為買家和賣家之間相互不信任，所以誕生了第三方支付機構；版權問題僵持不下，就出現了網路法庭。當網路的功能變得越來越豐富，就可能碰到各式各樣的糾紛和問題，因此就必須對應不同的場景，組建各種不同的第三方機構。這其實就是過去半個世紀，網際網路發展的軌跡。

　　區塊鏈的出現，改變了這一切。

　　區塊鏈存在的首要意義是透過共識，將雙方達成的內容固定下來，誰也無法更改。因為不需要第三方來背書，交易的安全性由區塊鏈來保障，交易雙方之間可以自由的進行價值轉移。

　　世界最大的社交網路平臺臉書（Facebook）發行了屬於自己的、基於區塊鏈的電子貨幣，該貨幣會和法定貨幣綁定。臉書現在的使用者規模已經接近 30 億人，假設這麼多用戶在全球旅行時，都可以使用臉書幣消費，那麼其創始人祖克柏（Mark Zuckerberg）將不僅擁有世界最大的社交網路，也會擁有最大的價值網路。祖克柏創造出來的社交帝國，人口和面積超過了人類歷史上所有的大帝國。假如這個新計畫能成功，在他的新帝國之內，還將實現貨幣統一。大概只有兩千多年前統一中國，實現車同軌、書同文、統一貨幣的秦始皇能夠和祖克柏媲美了。

在國際貿易中，交易雙方都是經濟體量很大的國家和公司，相互提高關稅打貿易戰，近些年越來越常見。這種情況下，再想找第三方來做擔保就很難了。不僅如此，國家之間的貿易戰還會演變為雙方的口水戰。美國福斯電視臺的崔西·雷根（Trish Regan）和中國國際電視臺的劉欣因為中美之間的貿易戰，已經在電視臺上較量過一回了。後來，崔西又向劉欣下了戰書，還想再「較量」一次。

雖然中國和大洋彼岸美國的貿易戰打得火熱，在歐亞大陸的「一帶一路」倡議卻推動得十分順利。義大利不顧美國的勸阻，加入中國提出的「一帶一路」倡議。因為義大利是 G7 中第一個加入該計畫的國家，影響力不小，可把美國政府氣壞了。「一帶一路」合作要串聯起幾十個國家，涉及了世界上所有的宗教和最具多樣性的經濟體，合作難度可想而知。

「一帶一路」相關國家之間的國際貨幣結算廣泛採用美元，因此不但成本高，還容易遭受一系列風險，包括匯率波動風險、信用風險和貶值風險。假如能使用區塊鏈作為跨境結算的方式，不僅可以避免這些風險，還能降低成本。所以，已經有許多智庫在研究相應的方案，可因為場景本身的複雜性，目前還沒有一家機構能拿出一套成熟的方案，但非常值得期待。

說了這些大公司和國際貿易問題，大家千萬不要覺得區塊鏈是高高在上的東西，其實它離一般人的生活並不遙遠。淘寶和京東已經在網購中採用了區塊鏈技術，如凡是在比利時鑽石旗艦店購買鑽石的顧客，都可以憑藉 QR Code，查看鑽石的原產地和運輸資訊；除了鑽石，還可以查看奶粉、化妝品等多種商品資訊。你也可以試著使用搜尋引擎搜尋一下區塊鏈

都有什麼應用，相信搜出來的結果一定會讓你驚訝。

希望透過本講，你能了解一個最基礎的原理：傳遞信任是區塊鏈技術的關鍵要素。

延伸閱讀：密碼龐克（Cypherpunk）

1980 年代末開始，「密碼龐克」潮流悄然興起，參與者是一批神祕的「極客天才」，他們提倡大規模使用強加密算法，來保護自身基本自由免受攻擊，同時反對任何政府規則的密碼系統。

該聯盟沒有正式的領導階層，一般透過加密郵件列表進行聯絡。郵件組早期成員包括「維基解密」創始人朱利安・亞桑傑、 BT 下載之父布萊姆・科亨（Bram Cohen）、 Facebook 的聯合創始人西恩・帕克（Sean Parker）、全球資訊網發明者提姆・柏內茲－李（Tim Berners- Lee）、智慧型合約概念提出者尼克・薩博（Nick Szabo）等，中本聰也是其中一員。

比特幣白皮書最早就是在「密碼龐克」郵件列表上發表的。在比特幣出現之前，「密碼龐克」內成員至少討論及發表過十種以上類似的加密數位貨幣及支付系統，如 E- cash、 B- money 等。因此，「密碼龐克」運動也被很多業內人士看作比特幣與區塊鏈技術和文化產生的根源。

第 10 講
人手一冊的區塊鏈帳本是什麼東西？

我們在前一講中，介紹了區塊鏈的起源，並且知道了區塊鏈區別於傳統網際網路的地方在於：區塊鏈是價值網路，傳統網際網路是資訊網路。那麼，區塊鏈之所以能成為價值網路，其原因是什麼呢？

當中國的網路電商剛剛起步的時候，電商平臺上存在三種角色：平臺方、賣家和買家。假如買家看中了一部最新上市的手機，想從賣家處購買，此時問題就來了。一部最新上市的手機往往價格不菲，買家會擔心把錢轉給了賣家，賣家沒有發貨，卻謊稱發貨了，這該怎麼辦？同樣的，賣家也會擔心，假如買家收到了手機，卻謊稱沒收到貨，該怎麼辦？買家和賣家之間存在一個很嚴重的信任問題，如果不解決這個問題，電商平臺的交易根本無法進行下去。

淘寶借鑑了現實生活中的第三方擔保人，創建了支付寶。有了支付寶之後，買賣流程變成了下面這個樣子：

（1）買家先將錢付給支付寶。

（2）支付寶通知賣家發貨，逾期不發貨，錢就會退給買家。

（3）支付寶通知買家收貨，逾期不收貨，錢仍然會轉移給賣家。

（4）假如買家真的沒有收到貨，或是收到的東西有問題，可以向
　　　支付寶申請調解，由電商平臺解決糾紛。

第 2 章　區塊鏈到底是什麼

支付寶的出現，完美的解決了買家和賣家互相不信任的問題，淘寶和天貓在 2018 年的總成交額接近人民幣五萬億元，所有這些交易都是透過支付寶完成的。支付寶扮演的角色越來越重要，所以在 2011 年，阿里巴巴集團就將支付寶單獨拆分了出來，成立了螞蟻金服，專門負責支付寶的一切日常業務。

支付寶如此大的資金流量，不可避免的帶來了安全問題。每天都有人思索如何攻破支付寶的防禦，盜走裡面的資金。為此，支付寶投入鉅資，研發了風險引擎。馬雲說過一句話：「你敢付，我敢賠。」支付寶甚至還推出了最高賠付人民幣 100 萬元的口號。

在雙十一期間，由於大量支付訂單湧入，支付寶的壓力是龐大的。因為買家的數量是數億級別的，而支付寶只有一個。支付寶不得不繼續投入資金，提高系統的峰值處理能力。若處理能力不足，就會導致系統當機。

可以說，支付寶就是一個典型的中心化系統，它會受到股東的限制、存在安全性隱患和性能要求。支付寶把所有人的交易都匯總起來，由支付寶一家來處理，它實際上成了一個特別大的帳本，上面記錄了所有人的轉帳資訊。

如果由區塊鏈帳本代替支付寶的帳本，會發生什麼呢？

區塊鏈帳本區別於支付寶帳本的最大不同，是每個買家和賣家的手裡都有一份完整的交易紀錄。誰都有在區塊鏈帳本上記錄的權利，但是只有經過大家同意之後，才能在帳本上記錄。

假如買家還是想買一部手機，他將錢轉給賣家後，會經過網路向其他買家和賣家通知：我把錢轉給了 ××。就像是在一個大市集上，有人大聲喊了：「李四收了我 100 元，誰幫我記帳可以收紅包。」聽到這句話的人，

為了搶紅包，紛紛拿出小帳本，都想將這筆交易記錄下來。但是這麼多人聽到了，到底由誰來記錄呢？如果按照誰最先寫下來誰得紅包的規則，肯定是站得近的人最先聽到，他的優勢最大，對離得遠的人非常不公平。

因此，以比特幣為例，比特幣在設計由誰記帳這個環節時，每個參與記帳的人還要參與一個「有獎競猜」的環節。有獎競猜是這樣的，大喊了一聲的人，還會出一道數字競猜題。大家聽到了他的喊聲，只有猜出數字，才有權利記帳並拿到紅包。因為猜數字要耗費相當長的時間，喊聲的傳播時間與其相比很短，可以忽略不計，這樣就能保證所有人記帳權利的公平了。

在真實的區塊鏈裡，不會只要聽到有人喊了一聲，大家就開始做猜數字搶紅包的遊戲，萬一同時有好多人都大喊起來，到底記誰的帳也會是個問題。所以區塊鏈採取的方法是：每隔一段時間，對這個時間區段裡的所有轉帳資訊做一次統一的記帳，由系統來出猜數字的題目，紅包也由系統來發。

第一個將交易資訊記錄下來的人，不僅可以領到價值不菲的紅包獎勵，其他沒有猜中答案的人，必須按照答對的人的紀錄，來將這個時間區段內的交易記錄在自己的帳本上。

因此，每隔一段時間，每個人的帳本都會多出一塊資訊。時間越長，資訊塊就會越多，而且每個資訊塊都包含有時間資訊，是按照從舊到新排列的。如此一來，每個人的帳本不僅一模一樣，還都是像時間鏈一樣的結構。所以中本聰替這種帳本起的名字叫作「區塊鏈」。

假設有人要更改最新的區塊紀錄，因為其他人都記錄了該筆資訊，大家就會發現異常，紛紛拿出自己的小帳本。一比較，發現就這一份紀錄不

一樣，因此可以判斷，該紀錄一定是經過篡改的。大家哈哈一笑，收起各自的帳本，紛紛投入下一道猜數字搶紅包的題目中去了。

　　通常認為，只要區塊的長度達到了 6 個以上，想要逆轉區塊鏈上的紀錄就不可能了。假如此時有賣家聲稱沒有收到買家的轉帳，周圍的人一查帳本，發現上面明明寫著，某月某日買家向賣家轉了多少錢，所以想賴帳是根本不可能的。

　　因此，人手一冊的區塊鏈和支付寶相比，支付寶是單一且中心化的，買家和賣家都要圍著支付寶轉。區塊鏈卻是去中心化的一套系統，充分表現了「我為人人、人人為我」的理念。去中心化是區塊鏈最重要的特性。

　　另外，由於帳目在每個人的帳本上都是一樣的，想要透過篡改帳本來賴帳是根本不可能的。不可篡改性是區塊鏈第二個重要的特性。

　　希望透過本講，大家能了解區塊鏈是透過分散式資料儲存的「大帳本」，建構了一個去中心化的、無法隨意更改的資料庫。

　　那麼，既然區塊鏈只是一個「大帳本」，這個帳本會為我們帶來什麼呢？為什麼大家對它這麼熱衷？為什麼很多人聲稱區塊鏈可以改變世界？這些問題我們將在後面講解。

延伸閱讀：從歷史看人類記帳方式的演變

　　從技術上來講，區塊鏈是一種分散式的記帳方法。

　　說到記帳，我們經歷了從實物記帳向電子記帳的演變。如圖 2-2 所示，實物記帳分別經過泥板標記、甲骨刻字、竹板刻書、布帛記帳和紙質帳本五階段。1960 年代，半導體微處理器的誕生和打孔卡的出現，代表著

記帳進入了電子化時代。1970 年代，隨著 IBM 引領的大型電腦深入滲透至金融行業，7x24 小時的批次處理替代了朝九晚五的人工記帳。1980 年代至 1990 年代，個人 PC 和區域網路的發展，實現了內部協同和遠距服務。直到 21 世紀初隨著網際網路的興起，無國界的跨境業務開始繁榮。隨著 3G、4G 的代際躍遷，我們進入行動金融時代，開始用智慧型手機管理自己的電子銀行。

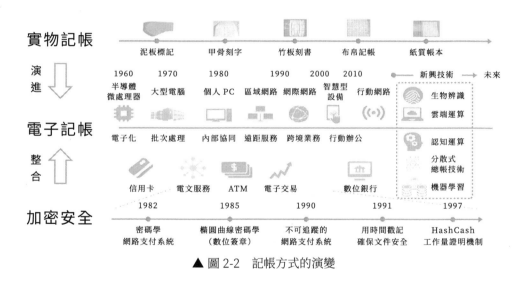

▲ 圖 2-2　記帳方式的演變

　　與此同時，加密安全技術在 1980 年代至 21 世紀初，也得到了廣泛發展。其中的哈希加密、橢圓曲線密碼學、 HashCash 工作量證明機制及 P2P 網路後來的發展，為區塊鏈（也叫分散式總帳技術）奠定了堅實的技術基礎。

（摘自騰訊研究院〈一文了解區塊鏈的產業生態現狀〉）

第 11 講
每天燒掉上千萬的算力大戰到底在爭什麼？

在上一講中，我們介紹了區塊鏈實際上是分散式的帳本，記帳員會參與猜數字搶紅包的遊戲，誰猜中了數字誰就可以記帳並且領紅包。

假設有一家超級有錢、又有人脈的公司，收買了大多數的記帳員，也就是最低 51% 的比例。當發現最新的區塊資訊不同時，大家還是紛紛掏出各自的小帳本，被收買的記帳員帳本上記錄了同樣的假資訊。這種情況下，這條假資訊就會變成真資訊，其他沒被收買的記帳員不得不更改自己之前的紀錄。

既然如此，區塊鏈還安全嗎？大家不必擔心。國際足聯之前就爆出過世界盃候選國向評委行賄的醜聞。這是因為評委的數量並不多，並且成功舉辦世界盃帶來的經濟收益遠遠高於行賄的錢，所以該國甘願冒被檢舉的風險，有動力私下去行賄。

區塊鏈是如何避免弄假成真的呢？以比特幣為例，比特幣的記帳員，也就是礦工，數量達到了幾十萬，這些人分布在各個國家，如果要收買其中 51% 的人，不僅聯絡的成本非常高，非常耗時，還要花費一筆相當大數額的資金。所以當有人動了收買礦工的念頭時，他就會計算一下收益和付出，究竟哪個更大。

比特幣系統的發明人中本聰也想到了這個問題，所以他讓系統出的那道猜數字的題目特別難，無形中增加了礦工的成本。因為礦工在一定時間

內能做出的猜測是有限的（能猜多少個數稱為礦工的計算能力，簡稱算力），並且由於比特幣的數目有限，能被挖出的比特幣越來越少，這道猜數字題目的難度還是波動增加的，這又進一步增加了礦工的成本。所以當有人向礦工行賄時，礦工也會考慮接受賄賂到底划不划算。

中本聰設計的系統保證了收買單個礦工的成本就很高，從而收買大多數的礦工成本更高。所以想要透過收買礦工來隨意篡改帳本是不可能的。中本聰摸透了人們的心理，憑藉利益報酬的博弈計算，保障了區塊鏈的安全。

但是因為礦工是由人構成的，凡事不能那麼絕對。當猜數字的題目變得越來越難，單個礦工成功挖礦獲得獎勵也就變得越來越難，礦工的組織就向著更加專業化的方向發展了。少數富豪礦工，購買了更多的挖礦機器，組建了礦場。更多的礦工選擇聯合起來「抱團取暖」，組成了礦池。

2014 年年中，一家名為 Ghash. IO 的組織擁有了全網 50% 的算力。這是歷史上一家礦池最接近 51% 的一次。後來，這家礦池呼籲礦工們能自發的去小礦池，很多礦工就自發撤離了這個礦池。

不可否認，任何一家礦池所占的算力比例過大都是潛在威脅。如今，世界上最大的十家礦池，有九家是屬於中國的。其中特別大的兩家，一家是 BTC 礦池（BTC. COM），另一家是螞蟻礦池（Antpool），都屬於中國一家名叫比特大陸的公司。這兩家礦池加起來的算力，可以超過全網算力比例的 40%，很多人不由得擔心，這是否會對比特幣的安全造成影響？

不過，這個問題也可以從反面再來看看。假如比特幣的區塊鏈帳本被篡改了，最大的懷疑對象就是比特大陸。因為比特幣的信用系統被破壞了，比特幣的價格就會下跌，比特幣礦機價格就會下跌，受損失最大的也是礦機製造龍頭比特大陸。所以比特大陸從自身利益考慮，也會維持整個

區塊鏈系統的信用價值。

　　因此，從實際發生危險的角度，51% 算力威脅並不大。其實，更大的威脅是發生分叉。那分叉又是怎麼回事呢？就像到達了一條岔路口，有人堅持往左走，有人堅持往右走。大家意見不統一，就只能分成兩群人，各自前進了。

　　比特幣在發展過程中也碰到過類似的問題。中本聰在一開始設計區塊鏈的時候，是每 10 分鐘產生一個新的帳單，也就是區塊。每個區塊並不大，大概是一首標準 MP3 歌曲的五分之一，區塊中的每筆交易大概占到區塊大小的四千分之一，因此比特幣區塊鏈的處理能力是每秒處理 7 筆交易。

　　隨著使用比特幣的人越來越多，比特幣產生的交易也越來越多，每秒 7 筆交易的處理能力已經跟不上人們的需求了。

　　因此人們呼籲，將區塊的大小提高 32 倍。但是這一呼籲並沒有在比特幣社群內部形成一致的意見，一部分人認為當前的區塊大小已經滿足使用了，另一部分人則堅持提高區塊的容量。就像岔路口前的抉擇一樣，兩派意見導致了群體的分裂，堅持提高容量的人選擇新的交易，也就是新的區塊鏈上的交易不能追溯原先區塊鏈上的交易資訊。新區塊和舊區塊水火不同爐，最終導致了硬分叉，產生了一條新的區塊鏈，這條區塊鏈屬於比特幣現金（BCH）。假如新區塊的資訊還可以追溯舊區塊的資訊，就被稱為軟分叉。

　　從比特幣分叉的歷史（見圖 2-3）來看，硬分叉占到了多數。就在 2018 年年底，比特幣現金陣營又發生了爭論，有人認為區塊大小提高 32 倍還是太小了，主張再提高到 128 倍。此次社群內的分歧比上一次還要大，主張維持區塊大小不變的陣營是比特大陸一方。話說回來，即使比特大陸倡議了比特幣現金的硬分叉，這回也是有人來攪局了。攪局的人自稱「澳洲的中本聰」，人們稱呼他是「澳本聰」。

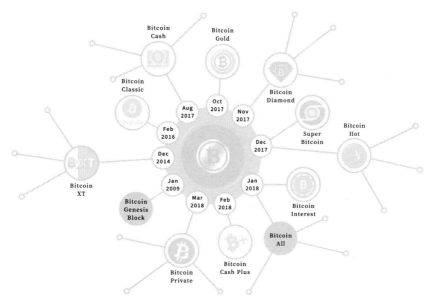

▲ 圖 2-3　比特幣的不完全分叉史 [1]

　　在約定的分叉日之前，兩派人馬各自集結人手，並且聯絡了一批網路大咖各自站臺，在網路上進行直播辯論。

　　澳本聰以先聲奪人之勢，聯絡了三家比較大的礦池，算力一度超過了 60%。但就在澳本聰以為勝券在握之際，比特大陸從 BTC 礦池抽調了一半的算力來助陣比特幣現金的算力。從凌晨分叉開始，比特大陸憑藉強大的算力，從開始領先澳本聰兩個區塊，一路領先直到天亮，領先了後者 16 個區塊。就像游泳比賽裡領先了多少個身位一樣，此時澳本聰想要扭轉頹勢已經萬萬不可能了。

1　引自 Bitcoin Market Journal。

　　有機構統計，算力大戰期間，比特大陸和澳本聰雙方各自一天虧損400 多萬美元，合計近千萬美元。

　　雖然比特大陸贏得了比特幣現金的算力大戰，但是後果也很嚴重。最嚴重的就是因為臨時抽調算力，導致比特幣礦池算力驟減，這種單純比拚算力的做法也對社群產生了負面影響。因此，有人將 2018 年區塊鏈遇冷歸結為這次算力大戰，也並不是沒有道理的。

　　聽過了區塊鏈的算力大戰，有點像武俠小說裡的門派之爭吧，我猜你一定沒想到。後面我還會帶來更多有趣的故事，讓你領略區塊鏈世界的風起雲湧和跌宕起伏。

延伸閱讀：數說 BCH 和 BSV 瘋狂燒錢的「算力大戰」

　　數位貨幣瘋狂燒錢的「算力大戰」如圖 2-4 所示。

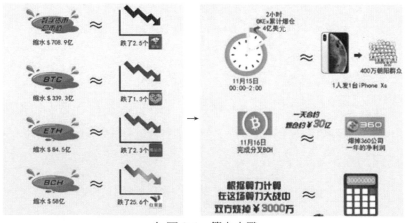

▲ 圖 2-4　算力大戰

第 12 講
從《九陰真經》到區塊鏈的加密算法

　　和許多新事物一樣，區塊鏈技術是經過了長久的技術累積，才首先透過比特幣來到了世人面前。構成區塊鏈技術最為核心、也是歷史最悠久的學科，可能就是密碼學了。

　　現如今，收快遞成為一件稀鬆平常的事情，很多人每年要收幾十甚至上百個包裹。中國的雙十一銷售額每年都刷新紀錄，2019 年超過了人民幣 4,000 億元，更不用說這幾年外送的興起，為人們提供了用餐的方便。這些包裹和外送單都是透過物流公司和快遞員，最終到達收貨地址。

　　對於地址，不知道大家有沒有思考過其中的學問。所有的收件地址，都是按照一定規則來填寫的，一般是市、區縣、街道、門牌號碼，再加上收件人的名字和聯絡電話，這一連串資訊就能保證快遞員將範圍逐級縮小，然後將貨物準確送到我們手中。而英國的每個郵編都能準確定位到每棟建築，它的規則是城市的字母縮寫、區號，最後加上街道的編號，有點像是替汽車發牌照。

　　無論是填寫收貨地址的規則，還是郵編的規則，最終生成的都是一個具有唯一指向的地址。在比特幣網路中，每個帳戶也有一個唯一位址，因此也需要一套對應的規則，這個規則在電腦領域被稱為哈希算法，同時也被稱為散列算法。哈希算法的目的就是透過一套規則，生成一個具有固定

長度的結果。這個結果被稱為哈希值。

就像從公司去機場可以開車、坐計程車、坐地鐵，對於一個生成哈希值的任務，也存在多種可行的哈希算法。那麼應該選擇哪種哈希算法呢？好的哈希算法要具備如下三個特點：

（1）必須能快速計算出結果，但是倒推困難。

（2）只要原始內容發生一點變化，哈希值的變化就很大。

（3）不同的原始內容很難得到相同的哈希值。

要滿足這三點要求，可用的哈希算法其實就不多了。尤其是第一條，隨著計算能力的不斷提高，破解哈希算法變得相對容易了，破解時間也縮短了。

比特幣在生成帳戶位址時，使用的哈希算法是 SHA-256，SHA 是安全哈希算法的英文字母縮寫，是由美國國家安全局研發的（沒錯，就是在「稜鏡計畫」事件中史諾登〔Edward Snowden〕工作的部門），256 是其在該系列算法中的代號。

具備了這三個特點的哈希算法，算出來的哈希值在一定程度上具備了原始內容的特徵，因此也可以被稱為「指紋」。就像人的指紋可以用來解鎖手機一樣，哈希值也可以用來對原始內容進行識別。

但是，這僅僅是針對一塊資料的哈希計算，對於比特幣這種超級區塊鏈，它的區塊總數馬上就要超過 60 萬了。對於如此大量的資料，如果直接對原始資料做哈希運算，再進行比較，會耗費很長時間。

在《紅樓夢》中，曹雪芹透過賈、史、王、薛四大家族的故事，展現了人生百態。《紅樓夢》中出場人物近千，讀者很容易就被錯綜複雜的人物關係搞糊塗了，但是卻不難記住這四大家族的姓氏是賈、史、王、薛。因為在大家庭中長大，除了有父母，還有許多親戚，賈寶玉和賈璉是堂兄

弟，賈寶玉和薛蟠是表兄弟，所有的親人關係構成了一個大族譜。假如在一個家族中，每一對夫妻只生一個孩子，再將這張族譜倒過來，也就是將子女放在上邊，父母放在下邊，所得到的「金字塔」就具有了雜湊樹（見圖 2-5）的形狀。

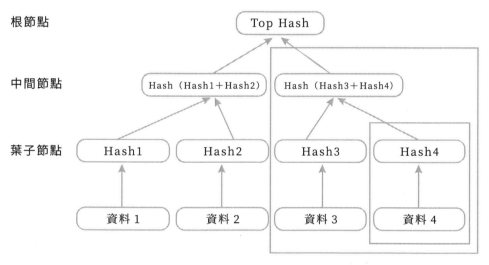

▲ 圖 2-5　雜湊樹結構

　　就像在族譜中的距離可以表示血緣關係的遠近，雜湊樹最大的優點是可以大大減少資料的傳輸量以及計算的複雜程度：只要有一個區塊的內容發生了變化，最頂部的哈希值就會發生變化，就可以判斷兩棵雜湊樹是相同還是不同，從而判斷這兩棵樹所對應的資料相同或不同。使用雜湊樹，可以快速對資料做完整性驗證。比特幣在支付過程中就使用了雜湊樹的原理。

　　區塊鏈作為一種複雜技術，為了防止從帳戶位址倒推原始內容，除了要使用哈希算法，還要使用加密手法。

第 2 章　區塊鏈到底是什麼

在小說《射鵰英雄傳》中，九陰真經就是被加密過的，加密的方法是先將梵語翻譯成漢語，再用漢語將讀音標注出來。因此只有懂得這兩種語言的人才能破解經文。雖然經過華山論劍一番爭鬥，全真派得到了九陰真經，但是沒人能破解。最後是郭靖將古怪繞口的經文強行背了下來，機緣巧合之下，透過一燈大師將它破解的。

替九陰真經加密的方法，在密碼學中被稱為加密算法。僅僅有加密算法，對原文的保護力度還不夠。如果使用特定的工具才能操作加密算法，就像必須用鑰匙才能打開鎖一樣，加密的等級又可以得到提高。類似的，密碼學中使用的「工具」就是密鑰。在鑰匙和鎖的例子中，上鎖和開鎖使用的鑰匙相同，這就是典型的對稱加密。除此之外，旅行箱上使用的一種鎖叫海關鎖，我們可以使用自己的鑰匙鎖上箱子，海關人員卻可以利用海關鑰匙打開和鎖上所有人的旅行箱。自己的鑰匙在密碼學中稱為私鑰，海關人員的鑰匙被稱為公鑰，開箱和鎖箱的過程稱為非對稱加密。比特幣密碼學中的私鑰和公鑰要遠比這個例子複雜，最重要的區別是，公鑰是透過私鑰生成的。

正如海關鎖的例子，私鑰和公鑰都可以對資訊進行加密，也可以彼此解密。也就是說，一對私鑰和公鑰，用私鑰加密之後可以用公鑰解密，用公鑰加密之後也可以用私鑰解密。

按照字面意思也很好理解，私鑰肯定就是只能讓自己一個人知道，而公鑰是可以告訴別人的。

此時，假如我們想要對一段訊息加密，如果是用私鑰加密的，那麼理論上所有拿到和私鑰對應的公鑰的人，都可以將訊息解密。所以，用私鑰進行加密是沒有實際意義的。要對訊息進行加密，就一定要使用公鑰進行加密，當加密內容傳到了正確的人手中，自然就可以用私鑰解密了。

　　那麼，私鑰加密的意義是什麼呢？因為私鑰是只有真正的主人才知道，假如我用自己的私鑰對一個文件進行了加密，只要有人能用公鑰將這個文件解密成功，他就能判斷對文件加密的人一定是我。這種情況下，用來加密的私鑰就可以作為簽名來使用，可以用來判斷某個使用者的身分。就像家裡的大門鑰匙，家庭成員每人都有一把，只要能用鑰匙將門打開（當然不包括特務使用的特殊鑰匙），肯定就是一家人。

　　講到現在，我們已經知道了區塊是什麼，區塊鏈是什麼，也知道了區塊鏈是如何透過加密手法去提高安全性的。那麼，究竟是什麼將它們串聯起來，並保持正常運轉的呢？下一講將詳細講解。

延伸閱讀：如何使用公鑰和私鑰傳輸訊息

　　如圖 2-6 所示，甲乙之間使用非對稱加密的方式，完成了重要訊息的安全傳輸，工作原理如下：

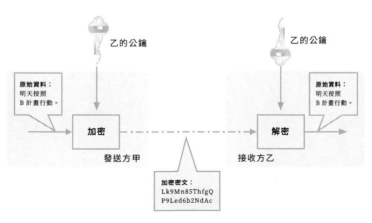

▲ 圖 2-6　非對稱加密工作原理

（1）乙方生成一對密鑰（公鑰和私鑰）並將公鑰向其他方公開。

（2）得到該公鑰的甲方使用該密鑰對機密訊息進行加密後再發送給乙方。

（3）乙方再用自己保存的另一把專用密鑰（私鑰）對加密後的訊息進行解密。乙方只能用其專用密鑰（私鑰）解密由對應的公鑰加密後的訊息。

在傳輸過程中，即使攻擊者截獲了傳輸的密文，並得到了乙的公鑰，也無法破解密文，因為只有乙的私鑰才能解密。同樣，如果乙要回覆加密訊息給甲，那麼需要甲先公布甲的公鑰給乙用於加密，甲自己保存甲的私鑰用於解密。

第 13 講
大話區塊鏈的共識機制（上）

在比特幣的區塊鏈中，由誰來記錄區塊資訊非常重要，因為這涉及區塊的生成和新比特幣的開採。由於負責記錄的人會獲得豐厚的獎勵，所以礦工之間就必須達成一個共識。

共識問題自古以來就是困擾人類的難題之一。

在電腦學界，存在一個所謂的「中國將軍問題」，也被稱為「兩軍問題」，它是這麼描述的：兩支駐紮在不同地點的軍隊分別由一名將軍指揮，並且兩個將軍必須透過傳令兵傳遞消息，才能達成共同進攻或撤退的決定。只有兩軍合力才可以戰勝敵人，否則只有失敗或撤退。但問題出在傳令兵上，一方派往另一方的傳令兵可能永遠到達不了：一種可能是被敵軍捉住，另一種可能是被險惡的地形困住。因此，除非是巧合，這兩位將軍是不可能達成一致的。他們二人只能憑藉對另一人策略戰術的了解做猜測，才能做出決定。

關於猜測，劉慈欣在科幻小說《三體》中也分析了宇宙文明間存在的猜疑鏈。他透過主角羅輯，闡述了宇宙的兩條公理：生存是文明的第一需求；文明不斷增長和擴張，但宇宙中的物質總量保持不變。然後又道出了宇宙的祕密：宇宙就是一片黑暗森林，每個文明都是潛行於林間的持槍獵人。林中到處是這樣的獵人，如果一個文明發現了另外一個文明，他只有一個選擇——將其消滅。

第 2 章　區塊鏈到底是什麼

　　為什麼宇宙的祕密如此黑暗呢？我們可以假想一個最基本的模型：假設地球探測到火星內部有一個高度開發的文明，在沒有交流之前，我們是無法判斷火星人是否具有善意的。假如人類向這個文明發出了邀請函，收到邀請函的火星文明同樣也會犯難，他們也無法判斷地球人是否真的懷有善意。這樣在兩者之間就形成了猜疑鏈，無法形成信任。

　　猜疑鏈正是阻擋雙方達成合作共識的罪魁禍首。雙方彼此之間的猜測是一個典型的博弈過程，雙方都想將自己的利益最大化，結果造成任何一方都會成為獵物。

　　大名鼎鼎的約翰‧馮紐曼（John von Neumann）是博弈論的創始人之一，他不僅研究博弈論，也是現代電腦結構的發明人，同時也是一位卓越的數學家，還參與過曼哈頓計畫，研究過原子彈。後人在馮紐曼的理論基礎上開發出了多種模型，其中之一是廣為流傳的「囚徒困境」：兩名犯人接受隔離審問，犯人被告知，如果一人坦白，另一人不坦白，坦白的人就會無罪釋放，不坦白的人就判 5 年；兩人都坦白，各判 3 年；兩人都不坦白，各判 1 年。如果設身處地的從一名囚犯的角度進行考慮：他的判決結果完全取決於另一人是否坦白，如果另一人選擇坦白，他為了避免 5 年的最大懲罰，最好也選擇坦白；如果另一人不坦白，那麼為了能無罪釋放，最好也選擇坦白。兩名囚犯都這麼思考，結果兩人都輕易坦白了。這就是典型的存在猜疑的情況下，個人的理性選擇導致了集體的非理性。

　　圖靈獎得主萊斯利‧蘭波特（Leslie Lamport）受到了「兩軍問題」的啟發，又編了一個「拜占庭將軍問題」（見圖 2-7）的故事：

　　拜占庭帝國是東羅馬帝國的別稱，因為首都君士坦丁堡位於希臘城邦拜占庭的舊址，所以又被稱為拜占庭帝國。帝國後期內亂不斷，一群將軍

領兵圍困了一座敵城。與「兩軍問題」類似，他們也必須靠傳令兵傳遞消息，才能達成統一的行動：要麼一起進攻，要麼一起撤退。假設傳令兵一定能將消息送達，但是將軍中可能存在一個或多個叛徒，叛徒會派傳令兵發送假消息，從而人為的製造猜疑。叛徒向其他將軍發送的消息是不一樣的，有進攻的提議，也有撤退的提議，這時不能達成一致的錯誤叫作「拜占庭錯誤」。如果叛徒發送了假消息，傳令系統仍能達成一致性，則稱該系統具備「拜占庭容錯」。

　　「拜占庭將軍問題」在不同條件下，是否存在方法能夠破解猜疑和信任的難題呢？

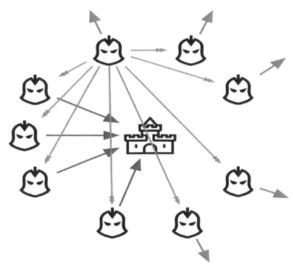

▲ 圖 2-7　「拜占庭將軍問題」示意圖

整體來說，「拜占庭將軍問題」可以分為口頭通訊和書面通訊。

如果採用口頭通訊，「拜占庭將軍問題」有解的條件是叛徒將軍的數

量不能超過將軍總數的三分之一。因為達成共識的原則是少數服從多數，那麼最小模型的將軍總數是 3。假設有 3 位將軍甲、乙、丙，三人中有一人是叛徒：當甲發出「進攻」命令時，乙如果是叛徒，他會告訴丙，他收到的是「撤退」的命令。這時丙收到一個「進攻」，一個「撤退」，於是丙無法判斷哪道命令是真的；如果甲是叛徒，他告訴乙「進攻」，告訴丙「撤退」。當丙告訴乙，他收到「撤退」命令時，乙由於從甲收到「進攻」的命令，因此乙是無法判斷該如何行動的。

在符合有解的條件下，每位將軍只要根據收到的口信，按照多數原則做決策就行了。

如果拜占庭帝國的國王向每個將軍發了一個不同的印章，將軍們可以利用印章確定通訊中的將軍身分，將軍可以對其他人的印章進行驗證。有了這些印章，每位將軍分別向其他將軍發送書信，並在書信上附上自己蓋印；其他將軍收信後，附上自己的印章後再發給所有其他將軍；最終，每位將軍根據收到的書信進行決斷。這樣就能杜絕叛徒向每個人發送不同的訊息。

但是，對於這種書面訊息，實物的印章是靠不住的，偽造發生的可能性很高；國王的存在實際上是一個高度可信的第三方，不符合去中心化的特徵。因此，最好可以用一個客觀的理論代替印章和國王，實現真正的分散式共識。這個理論具備數學公理般牢不可破的特性，比國王更讓人信任。

而中本聰所採用的工作量證明（Proof of Work，PoW）就是符合以上客觀理論的一種方法。

在前面的講解中，我們知道了區塊鏈的本質是人手一冊的帳本，每隔

一段時間，就會有人將這段時間內發生的交易都記錄下來。比特幣的做法是讓大家形成共識，都去做一道猜數字搶紅包的題目，由猜中的人記錄資訊，其餘的人複製他記錄的資訊。

因此，比特幣的做法是將共識問題轉換成了計算能力的問題，誰的計算能力強，就能做出更多的猜測，從而蒙對正確答案的可能性越高。

在現在的區塊鏈系統中，共識機制除了工作量證明，流行的還有權益證明（Proof of Stake，PoS）和權益授權證明（Delegated Proof of Stake，DPoS），下一講我們來逐一破解。

延伸閱讀：主流共識機制的優勢和劣勢

圖 2-8 列示了主流共識機制的優勢和劣勢。

共識機制	優勢	劣勢
PoW	實現簡單 安全可靠 網路資源消耗小	消耗計算資源過多 產生分叉機率較高 共識時間較長
PoS	資源消耗小	實現較為複雜 中間步驟較多，容易產生安全漏洞 網路流量壓力大
DPoS	資源消耗小 網路資源消耗小 共識時間短 吞吐量高	實現較為複雜 中間步驟較多，容易產生安全漏洞

▲ 圖 2-8　主流共識機制的優勢與劣勢

第 14 講
大話區塊鏈的共識機制（下）

　　這一講會為大家介紹三個流行的共識機制，即工作量證明、權益證明和權益授權證明。

　　在正式開始之前，我們先一起回顧一下歷史。

　　古希臘的雅典是一個擁有十幾萬人口的城邦，公民大會是雅典的最高決策機構，當遇到特別重大的事件時，如抵禦波斯入侵或和斯巴達開戰，雅典所有的成年男子就會齊聚一堂。決策的方式是採用舉手或吶喊，如果採用吶喊，可以想像這樣的場面：幾萬名身強力壯的男子，頂著地中海的烈日，隨著一聲令下，聲嘶力竭的吶喊出來。場面肯定非常壯觀！

▲ 圖 2-9　古羅馬元老院

　　我們常說有理不在聲高，但是在古希臘的城邦民主中，嗓門大可真的是一件非常占便宜的事情。

　　後來，羅馬帝國統一了歐亞非，將地中海變成了帝國的內湖。羅馬雖然照搬了希臘的神話故事，但此時無法按照希臘城邦的方法來進行決策，因為羅馬人口達到了四千萬，是不可能將所有人都聚集到一個地方的，所以當時的羅馬採取了元老院（見圖 2-9）和人民大會相結合的制度。元老院成員必須是學識和經驗豐富的長者，人民大會的代表必須是被選舉出來的貴族和平民的代表。

　　區塊鏈的發展正好借鑑了以上制度。

　　比特幣的區塊鏈系統所採用的是工作量證明，它比拚的是誰的算力高，或者是哪個礦池的總算力高。在求解未知數的過程中，大家都使足了勁，特別像雅典城邦的公民大會上，透過大家喊聲的音量來決策。

　　在第 12 講介紹的區塊鏈的加密算法中，我們介紹過 SHA-256 哈希算法。比特幣在做工作量證明時，使用的就是這個哈希算法，具體規則是這樣的：對一個區塊裡的所有訊息加上一個特定的數字，然後對這串訊息做 SHA-256 哈希算法，假如計算結果滿足挖礦難度，即結果的前四位都是 0，那麼所加上的這個特定的數字就是要找的數字。這名礦工解答了這一輪的猜數字問題，因此就獲得了記帳的權利。如果計算結果的前四位不都是 0，說明沒有找到特定的數字，就得趕緊投入到下一個循環的計算中。

　　但是工作量證明的問題很多，最被人詬病的就是如果要進行快速的哈希計算，就要使用非常昂貴的硬體，算得越快，消耗電能也越快。因此，為了節省成本，礦場大多位於電力便宜的偏遠地區。但是即使如此，批評比特幣挖礦消耗了過多能源的聲音仍然很大。不能到偏遠地區開礦場的

人，不惜選擇偷電的方式進行挖礦。

如果說工作量證明是憑藉力氣賺錢，按照多勞多得的原則運行，那麼權益證明就是按照「資歷加財力」的規則運行的。

古羅馬元老院最開始是由各大豪門貴族的家族長老組成的，不僅擁有立法權，也掌管著財政、外交、軍事等權力。

2011 年，在一個比特幣論壇中，一位名為「量子機制」的使用者提出一項技術，他稱之為權益證明。

權益證明的基礎概念是，讓每個人互相競爭挖礦是很浪費的。與此相反的是，權益證明透過選舉的形式，其中任意節點被隨機選擇來驗證下一個區塊。

權益證明中沒有礦工，但是有驗證者。權益證明並不讓人們挖新區塊，而是製造新區塊。

驗證者並不是被完全隨機選擇的，要成為驗證者，節點需要在網路中存入一定數量的貨幣作為權益，可以將這理解為保證金。

權益的占比大小決定了被選為驗證者的機率，從而得以創建下一個區塊，這是線性相關的。假設張三存入 100 美元，李四存入 1,000 美元，那麼後者被選為驗證者的機率是前者的 10 倍。

第一個真正使用權益證明的是點點幣，它考慮的因素包括幣齡、隨機化和節點資產，也就是擁有的幣的數量。

在基於工作量證明的系統中，礦工的獎勵是被挖出的加密貨幣，而在權益證明的系統中，獎勵通常是交易手續費。

最後，我們再來看一下權益授權證明。

與古羅馬的平民大會相比，權益授權證明和現實世界中的股東治理制

度更相似一些。在公司中，股東透過持有公司的股票來獲得對公司的治理權，誰持有的股票額度越高，誰擁有的權力就越大。在權益授權證明中，股東的權力被定義為投票權，股東透過投票選出信任的節點，獲得票數最多的節點組成委員會。系統的運行就是靠這些超級節點支撐的，超級節點之間並沒有互相監督或者投票之類的流程，輪到哪個超級節點記帳就誰記帳，然後下一個超級節點繼續。如果某個超級節點真的做得不行或者犯了錯，股東就不會繼續把選票投給他，他就不再是超級節點了。

在權益授權證明中，即使那些被選出來的超級節點作了惡，就算第一時間被發現了，也沒有什麼辦法阻止錯誤的事情發生，只能眼睜睜的看著。但是但凡某個超級節點作了惡，他的作惡紀錄就會被記錄在區塊鏈上，不僅再也不能被選為超級節點，他在以後的收益也會大大降低，以此作為懲罰。

介紹完三種主流的共識機制，相信大家都有了一定的理解。我們再來總結一下：工作量證明的原理最為簡單，實現也最簡單，網路傳輸只要傳遞猜出的數字就可以，但缺點是消耗的能源很高，計算速度慢；權益證明和權益授權證明的資源消耗比工作量證明小得多，計算速度也更快，但是實現比較複雜。

最後想補充一點，共識機制其實遠不只以上三種，如今已經演化成數十種，甚至上百種。

延伸閱讀：PoS 機制發明人談 PoS 機制的發明靈感

以下節選自 2018 年 9 月 20 日 PoS 共識機制發明人 Sunny King 做客《王

峰十問》的對話內容：

王峰：在區塊鏈領域，您有一個響噹噹的個人標籤──PoS（Proof of Stake，權益證明）機制發明人。PoS 最早由您在 2012 年提出，並在 Peercoin 項目實現了「首秀」，引起業內極大關注。當時《比特幣雜誌》的一位撰稿人評價您是「唯一一個最具原創精神的數位貨幣開發者」，這位撰稿人就是剛滿 18 歲的以太坊創始人 Vitalik，一年以後，他的以太坊白皮書問世。

6 年過去了，今天區塊鏈的從業者已經對 PoS 機制有了普遍了解。您能否用更加通俗的語言，親自向我們解釋一下 PoS 機制的工作原理呢？中本聰開啟了分散式加密帳本的世界，Vitalik 以智慧型合約讓區塊鏈不斷生枝發芽。在我看來，您則是區塊鏈世界的制度設計者：看到了 PoW 共識機制的不完善，尋求改革或革命。那麼，是什麼啟發了您提出 PoS 機制？

Sunny King：通俗的說，一個弱中心化的共識系統需要一個可靠的機制，來決定賦予某一個參與者的決策決定權有多大權重。最樸素的做法是，給每一個參與者完全相同的權重，就像現實生活中的民主選舉。但是，網際網路是一個開放並且匿名的系統，這樣的系統很容易被一些偽造的帳號/ID 破壞。這就像是一些贗品，對其他所有真誠的參與者都是非常不公平的。

PoW 機制是第一個提供了合理評估方式的系統，在這個系統中，一個參與者所獲得的權重和它所提供的特定的計算成正比。這種計算可以非常簡單的被每一個參與者驗證和評估，也被稱為「可證明的工作」，使用這種方式，參與者可以簡單的向每一個人證明具體的工作量是多少。在實際操作中，這種計算也可以擴展以進行任意大量級的計算。

　　對比 PoW，PoS 共識提倡使用系統內的一個價值代幣，來度量應該賦予某個參與者決策權的權重值。因此，一個參與者所擁有的代幣數量，也叫作權益，可以向其他參與者證明自己實際的貢獻量。

　　一旦系統開始運行，就不可能任意創建或者使用快捷方式代幣。代幣的創建，還必須遵循一個被稱為協議的預設規則，就像比特幣協議如何調節比特幣的創建一樣。

第 15 講
公有鏈、私有鏈、聯盟鏈，誰才是真正的區塊鏈？

自從 2008 年區塊鏈誕生以來，人們創造出來的區塊鏈越來越多。還是以比特幣為例，只要使用者從比特幣的官網下載比特幣錢包，就可以進行轉帳操作，還可以在錢包中查看以往所有的交易紀錄，這樣就算加入了比特幣的區塊鏈網路。比特幣沒有設置任何進入門檻，位於世界各地的任何人都可以隨意加入和退出。

因此，比特幣的去中心化程度是非常高的。像比特幣這樣的區塊鏈網路，因為對所有人都是公開和透明的，所以被稱為公有鏈。

在區塊鏈中，公有鏈是開放程度最高，也是去中心化屬性最強的。在公有鏈中，資料的儲存、更新、維護、操作都不再依賴於一個中心化的伺服器，而是依賴於每一個網路節點，這就意味著公有鏈上的資料是由全球網際網路上成千上萬的網路節點共同記錄維護的，沒有人能夠擅自篡改其中的資料。

公有鏈依賴激勵機制的存在。為什麼這麼說呢？這是因為公有鏈上的資料是由全體網路節點共同維護的，要想讓這些節點能夠活躍的參與到系統的維護中，就必須設置一些獎勵，來刺激節點參與公有鏈的建構，這樣才能夠保證公有鏈系統的穩定性和不可篡改性。

近年來，公有鏈的競爭逐漸進入了白熱化階段。比特幣誕生於 2008 年，2013 年誕生了以太坊，2017 年誕生了 EOS。

可是，公有鏈也存在一些問題。

第一，公有鏈資料全網公開，這種情況並不適用於所有的行業。試想政府、銀行、證券行業怎麼可能將內部資料公開呢？

第二，處理交易的速度過慢，比特幣和以太坊都存在這個問題。公有鏈需要全網節點共同參與，由於參與的節點太多，雖然實現了去中心化，但是效率十分低下，嚴重影響處理交易的速度。比特幣區塊鏈的交易處理速度是每秒 7 筆，以太坊可以提高到每秒幾十筆，EOS 比前兩者快，可以達到每秒幾千筆的交易速度。

公有鏈也很像奧林匹克森林公園，任何人都不需要買票，就可以在公園中散步或跑步。按照開放程度的不同，還存在其他類型的花園，如私人花園和皇家園林。法國總統的居所是愛麗舍宮，平時只有總統才能遊覽。只有到了法國國慶日和歐洲遺產日，愛麗舍宮才是對外開放的。

假如一家銀行想利用區塊鏈的資料帳本來記帳，肯定希望只有公司的財務人員才能使用，而不希望帳本資訊可以被任何人看到。像這樣的區塊鏈就被稱為私有鏈，就如同皇帝的後花園一樣，不是什麼人都能隨便參觀的。

私有鏈是指權限由某個組織和機構控制的區塊鏈，參與節點的資格會被嚴格限制。

因為私有鏈有嚴格的限制，所以它的去中心化程度是最低的。因為是私有的，並不需要複雜的共識機制來判斷由誰來記帳，所以私有鏈技術和以前的資料庫技術很像，也因此無論是小公司還是大公司在技術選型時，都會選擇更為成熟的舊技術。英國央行和加拿大央行曾經考慮過開發國家層面的區塊鏈系統，只是項目遲遲沒能推進。但是龍頭公司在區塊鏈領域的開發並沒有停止，《富比士》雜誌此前公布了 2019 年全球區塊鏈 50 強，在上榜的名單中，基本都是耳熟能詳的國際龍頭，包括多家國際銀行和保

險龍頭。最引人注目的是萬事達卡，這家公司沒有採用市面上任何現有的區塊鏈技術，而是準備從頭搭建自己的區塊鏈平臺，可謂是信心滿滿。

另外，銀行之間還會進行頻繁的跨行轉帳，為了便於跨行交易，中國成立了銀聯。中國的各家銀行可以透過銀聯進行交易和清算。假如組成聯盟的每家銀行共享一套區塊鏈平臺，每家銀行都可以查看帳本，也都有記帳的權利，但是聯盟之外的機構就沒有這些權利，像這種只有盟友間公用的區塊鏈被稱為聯盟鏈。

2015 年 9 月，包括巴克萊、瑞士信貸、摩根史坦利、高盛、匯豐在內的 42 家全球知名銀行，組成了一個區塊鏈聯盟——R3 區塊鏈聯盟，研究和發展區塊鏈技術在金融業中的應用。這是聯盟鏈的第一次出現。

與公有鏈和私有鏈相比，聯盟鏈是目前發展最好的。因為聯盟鏈不用耗費很多資源，就解決了公有鏈交易處理速度過慢的問題，而且透過開放認證的方式允許新會員加入，可以不斷將隊伍壯大。

在諸多聯盟鏈項目中，由 IBM 主導的超級帳本項目（見圖 2-10）一騎絕塵：據 IBM 披露，已有幾百個項目落地，其中不乏快桅、沃爾瑪、聯想這類大型客戶，因為其推出比較早，所以技術框架最為成熟。超級帳本項目還專門開發了一些小巧方便的案例，只要對電腦知識稍有了解，就能親手搭建一個區塊鏈網路，還能實現簡單的交易功能，滿足了不少人對區塊鏈的好奇心。據統計，在所有聯盟鏈項目中，基於超級帳本支援的項目就占據了半壁江山。

公有鏈、私有鏈和聯盟鏈所組成的世界，好比是一個公共的花園鄰著一個私人花園，然後又緊鄰著一個會員制的花園。花園之間有高牆阻隔，如果只能在一個花園裡轉，就算花園的景色再好，也有看煩的一天。如果想去其他花園轉轉，翻牆肯定是不行的。因此，有公司開發了一種稱為

「側鏈」的技術。

　　通俗來說，側鏈的概念是相對於主鏈而言的，只要符合「側鏈協議」的區塊鏈，都可以成為側鏈。例如，想在其他區塊鏈系統中使用比特幣，就可以在它們之間建立一個側鏈協議，協議建立之後，就可以在新平臺中自由使用比特幣了。資訊的處理是在側鏈上進行的，因此就算發生威脅，也不會影響主鏈的安全。

　　隨著區塊鏈的不斷發展，區塊鏈會融入更多的新場景，區塊鏈的形態也會變得越來越多樣。

▲ 圖2-10　Hyperledger會員（不完全統計）

延伸閱讀：三種形式的區塊鏈對比分析

公有鏈、私有鏈、聯盟鏈的比較如圖 2-11 所示。

	公有鏈	私有鏈	聯盟鏈
參與者	任何人	個體或組織內部	聯盟成員
共識機制	PoW／PoS／DPoS	分散式一致性算法	分散式一致性算法
記帳人	所有參與者	自定義	聯盟成員協商確定
激勵機制	需要	不需要	可選
中心化程度	去中心化	（多）中心化	多中心化
突出特點	信用的自建	透明和可追溯	效率和成本提升
承載能力	3～200,000 筆／秒	1,000～100,000 筆／秒	1,000～10,000 筆／秒
典型場景	比特幣	審計、發行	支付、結算

▲ 圖 2-11　公有鏈、私有鏈和聯盟鏈的對比分析

第 16 講
如果有了區塊鏈，火燒赤壁的歷史將不復存在？

幾年前，AlphaGo 先後擊敗了世界圍棋冠軍李世乭和柯潔，一下子就讓大家記住了人工智慧。在人工智慧的加持下，不僅可以用臉解鎖手機，手機上的程式還能猜測我們的喜好，推薦想買的東西、想看的影片和想讀的文章。世界好像已經被智慧型產品占滿了，智慧型電視、智慧型冰箱、智慧型洗衣機，就連電鍋也有智慧型的。有時候，你會發現，好像人工智慧比自己更了解自己。

在區塊鏈中，也有一個東西有「智慧」，這就是智慧型合約。

相信大家對合約都不陌生，因為生活和工作中是不能沒有合約的。租房買房要有合約、工作要簽勞動合約、網購商品的協議也是合約。合約的本質，是簽署雙方事先制定了一套規則，當達成了某個條件，就必須履行合約。

其實，智慧型合約概念的出現比區塊鏈早得多。在人工智慧的發展史上，出現過三次熱潮和兩次低谷，就在第二次熱潮期間，電腦學者、密碼學家尼克・薩博在 1994 年完成了〈智慧型合約〉這一論文，首次完整的闡述了什麼是智慧型合約——智慧型合約是一套以數位形式定義的承諾，包括合約參與方可以在上面執行這些承諾的協議。簡單來說，智慧型合約透過尼克・薩博口中的「承諾」和「執行」，規定了合約的權利和義務，想要獲得權利，就必須付出相應的義務。

第 2 章　區塊鏈到底是什麼

　　在比特幣還沒有產生的 1990 年代，尼克・薩博產生這樣的想法是非常超前的。據他自己講，是自動販賣機給了他靈感。只要販賣機檢測到顧客給了足夠的錢，就會把顧客想要的商品吐出來。尼克・薩博認為，如果在電腦世界中能夠推廣智慧型合約，那就可以極大的方便人們的生活。但是超前的理念沒有技術實力做後盾，智慧型合約始終沒有成功。尼克・薩博後來還開發了一款名為「比特黃金」的數位貨幣，同樣也沒有成功。

　　比特幣的區塊鏈系統還處於區塊鏈的早期，直到以太坊的出現，在區塊鏈上才可以執行更為複雜的功能。20 年之後，尼克・薩博的智慧型合約終於因為區塊鏈才煥發出了真正的價值。這是為什麼呢？

　　解答這個問題之前，我們先來看看傳統的合約有什麼問題。

　　《三國演義》家喻戶曉，其中一個著名的橋段是火燒赤壁（見圖 2-12）。赤壁之戰最終導致魏蜀吳三分天下，如果曹操獲得了勝利，那麼整個天下都會屬於曹操了。孫劉聯軍之所以能獲勝，在於北方士兵不善水戰，船隻都用鐵索連了起來，才讓大火可以一股腦擊潰曹操的 83 萬兵馬。放火的人是吳軍的老將黃蓋。「老戲骨」黃蓋還和周瑜唱了一出「一個願打一個願挨」的苦肉計，然後黃蓋派親信向曹操送去了一封詐降信。黃蓋在信中不但將曹操奉承了一番，還說願意帶上糧草和士兵，隨船隊歸降於曹操。吳軍中的奸細向曹操密報了黃蓋被打確有其事，曹操深信不疑。

　　但是沒想到，就在黃蓋歸降的當晚，黃蓋不但沒有帶上糧草和士兵，反而在船上裝滿了引火之物。曹操叫苦不迭，也顧不上派人捉拿黃蓋了，只帶了數十人逃往了北方。

　　《三國演義》中的真歸降也不在少數，如太史慈歸降小霸王孫策、張

遼歸降曹操、馬超歸降劉備。

　　這些真真假假的歸降有的是口頭的盟約，有的是書面的信件，這些盟約和信件將歸降變成了一場賭局，弄得雙方都心驚膽顫。

▲ 圖 2-12　歷史上的火燒赤壁

這就是傳統合約的罪過了。

　　傳統合約的風險太高，在戰爭時期要冒生命危險，在和平時期要冒商業風險。一紙合約總是讓人提心吊膽，如果一方反悔，單方面撕毀了合約，事先又沒定好懲罰措施，另一方只能吃啞巴虧。

　　口頭的約定因為沒有白紙黑字做憑證，當事人如果抵賴，不承認做過約定，那就麻煩了。比如借給了朋友錢，對方就是不承認借過，到最後不僅錢沒了，朋友也沒了。或者，還錢的日子總是一拖再拖，也很讓人無奈。

　　所以傳統合約想要真的有效，往往需要擔保人。派往吳軍大營的密探向曹操做了擔保，所以曹操才會相信黃蓋。

　　但是如果將合約和區塊鏈結合起來，就可以成為智慧型合約。因為有了區塊鏈的去中心化和不可篡改的特性，傳統合約才真正變成了智慧型合約。

　　合約一旦在區塊鏈上成功部署，就無法被任何人篡改，因為這份合約已經透過區塊鏈網路，複製到了網路中每個人的帳本上。如果有人抵賴，不需要第三方擔保人，因為每個手持帳本的人都是擔保人：帳本上明明是這麼寫的，怎麼賴得掉呢？

　　賴帳的人只有掌握區塊鏈網路中的多數算力，才能修改合約內容。但是要掌握多數算力的條件，必須付出龐大的財力和人力，得不償失。這樣就能保證智慧型合約無人可以修改了。

　　電腦領域有句著名的格言——程式碼即法律（Code is law）。這是因為程式碼是公正客觀的，程式碼如果寫錯了，無論是任何人，也不能得到正確的結果。在電腦的世界裡，程式碼就如同現實生活中的法律條文一樣，不僅嚴格規範了流程，還會按照流程嚴格執行。

　　區塊鏈上的智慧型合約所擁有的效力，就跟法律條款差不多，並且因為不需要第三方機構擔保，成本更低，效率更高，可以應用的場合比傳統合約更多。就比如在國際貿易中，每次購買空中巴士或波音的飛機，金額都是幾百億美元起跳，這種級別的貿易，就連跨國銀行也沒有能力做擔保了，只有靠國家承擔信用了。這樣不僅成本非常高，而且流程長、手續複雜。而智慧型合約的出現，使得區塊鏈上的每個機構都能互相擔保，也就解決了這種很難找到第三方作保的問題。

　　但是，智慧型合約和區塊鏈的結合並不是萬能的，因為合約的程式畢竟也是由人來寫的，而人是不可能杜絕犯錯誤的。

　　特別需要注意的一點是，在實際使用智慧型合約中，需要「預言機」對資料進行驗證。

　　「預言機」的英文單字 Oracle 直譯是「預言、神諭」，也有權威的意

思。區塊鏈行業提到的預言機（Oracle），更多想表達的並不是預言的含義，而是資料的真實性、權威性。

預言機的運行原理為：當區塊鏈上的某個智慧型合約有資料互動需求時，預言機在接收到需求後，幫助智慧型合約在鏈外收集外界資料，驗證後再將獲取的資料反饋回鏈上的智慧型合約。

舉例來說，假設現實世界中的「資料源」和區塊鏈中的「資料介面」是兩個使用不同語言的國家，預言機就是中間的翻譯官。透過預言機，智慧型合約就可以和鏈外資料進行無障礙交流。

我們在上一講中提到過公有鏈中的以太坊，智慧型合約就曾給以太坊帶來過大麻煩，以太坊後來不得不以硬分叉的方式解決問題，這是後話，我們會專門再做介紹。

延伸閱讀：如何識別智慧型合約的「真假李逵」？

一位教授曾經提出：我們如何判定一個自稱「智慧型合約」的系統是不是真的智慧型合約？

第一，如果使用不在區塊鏈上的資料，那麼執行結果可能不可靠，若作為證據，證據的可信力低。

第二，如果執行的結果沒有被共識過，這結果也不值得信任，參與方可以不認同這個結果，同樣，證據的可信力低。

第三，如果產生的結果沒有寫在區塊鏈上面，就會有被更改過的可能性，也難以作為可信的證據。

第四，如果智慧型合約上不是執行相關的法律法規，那麼智慧型合約

只能是鏈上程式碼，而不能被稱為智慧型合約。

　　第五，如果智慧型合約沒有在區塊鏈系統上運行，如在類似區塊鏈系統上運行或是在鏈下運行，這結果也不能被信任。類似區塊鏈現在還有許多問題，許多系統的共識機制都被挑戰，鏈下活動也不能夠被信任，因為計算沒有在鏈上。

第 17 講
好市多（Costco）超市的「通證經濟」學

2019 年 8 月 27 日，美國的超市品牌「好市多」在上海開店時，沒料到聽聞消息的顧客蜂擁而至，引起了瘋搶潮（見圖 2-13），好市多著名的抱熊娃娃更是成了搶手貨，每個收銀臺的後面都排起了長長的人龍。為了防止發生事故，超市不得不採取限流措施，連交通警察都前來維持秩序。

好市多數錢數到手軟。因為正好趕上中美經濟戰，連新聞聯播都發出了感嘆──美國經濟離不開中國。

▲ 圖 2-13　CNN 對 2019 年 8 月 27 日 Costco 在上海開業被擠爆的報導

其實，好市多除了著名的低價策略，會員制才是它真正的殺手鐧。顧客必須購買會員卡，成為好市多的會員，才能到好市多購買商品。

如今，超市除了採取會員制，另外一種吸引顧客的方式是採取積分制。超市的積分、航空公司的積分，都是很常見的東西。使用超市積分可以兌換商品，而航空積分可以兌換飛行哩程。兩大電商——淘寶和京東也分別有自家的積分和「京豆」，都可以獲得一定的優惠。和好市多類似，京東也推出 VIP 會員，每月可以領取優惠券和免運券。在第 1 講中，我們還比較過 Q 幣和比特幣的相同點和不同點。Q 幣雖然不具備區塊鏈的優勢，但是在騰訊的強力背書之下，同樣也具有相當的購買力。

為什麼這些實體商店和線上店鋪都這麼熱衷推出會員制和積分呢？

首先，會員制是區分消費者的有效方法。好市多可以透過會員制度，把理想的消費者收集起來，形成一個強大的消費者族群。

其次，積分可以增加顧客的忠誠度和回購率。如果一家超市給會員的折扣很大，並且開在人流密度聚集的居民住宅區，那麼顧客為了獲得更多的積分，肯定不會捨近求遠，再去其他超市辦會員。

最後，超市可以根據顧客的消費紀錄，建立對消費者的資料認知，再結合大數據技術，就可以對更廣泛的人群做出更有針對性的銷售策略。

超市的會員卡相當於一張可以進入超市的通行證，有了這張通行證，顧客才可以享受購物的權利。而 IBM 曾經推出過一個名為權杖環的網路，在這個網路中，每個節點輪流傳遞一個權杖，只有拿到權杖的節點才能發送訊息。這個權杖和超市的會員卡類似，也是一個權利的象徵。

權杖的英文是「Token」，除了翻譯成權杖，還有人將其翻譯為令牌，或是代幣。在區塊鏈中，將 Token 翻譯為通證更為貼切，因為不僅音譯比

較相似，而且通證含有通行證的意思，更像這個單字所要表達的本意。

提到通證，就不能不比較一下比特幣、以太幣和通證的關係。

在以比特幣為代表的數位貨幣發展早期，尤其是以太坊的推出，所有人都可以根據以太坊的協議，發布自家的代幣。隨著區塊鏈技術的發展和數位貨幣生態的興起，人們逐漸意識到基於區塊鏈技術可以實現價值的便捷、安全和低成本傳輸，由資訊流主導的行動網路已發展到由價值流主導的價值網路時代。此時，「通證」的概念得到廣泛傳播，而不僅僅局限於數位貨幣。

通證和區塊鏈也經常被一併提及，這又是為什麼呢？

通證可以運行在由非區塊鏈技術支撐的平臺上。從廣義上來講，航空公司哩程積分、信用卡積分、遊戲幣、購物中心發放的打折卡和會員卡等都是某種原始的通證，都是數位化的權益證明，現在都運行在中心化的系統裡。由於沒有便捷、低成本、安全、透明的價值流通管道，這些通證大多在專屬平臺專用，只能在發行方的中心化體系內流通。

而區塊鏈技術的誕生實現了價值的無邊界、自由化傳遞，通證可以直接被技術的方式進行登記確權。在保證帳本可信性（「共識」）的基礎上，在不依賴第三方仲介的前提下，可以實現權益的確權、分割、流通、定價、交易，進而實現社會交易成本的顯著下降。這是人類歷史的一次重大進步，價值網路典範因此應運而生。

通證是區塊鏈技術最具特色的應用，如果沒有 Token 發行，就難以充分發揮出區塊鏈的技術魔力。事實上，沒有 Token 發行的區塊鏈，比一個現有的分散式資料庫也沒有好多少。而區塊鏈為通證經濟帶來了堅固的安全保證，它所達到的可信度，是任何傳統中心化基礎設施都無法提供的。因此，區塊鏈和通證是兩個完全獨立的事物，同時它們也是最佳組

合，區塊鏈作為後臺技術支撐通證的運行，而通證承載著整個生態。

通證相對來講，還是一個比較新的概念，目前人們對於通證的分類仍未達成「共識」。

瑞士金融市場監管局的觀點有一定代表性，它將通證分成以下三種：支付類通證、實用類通證和資產類通證。比如比特幣，既可以作為支付通證，也可以作為資產通證，但是比特幣不能進入以太網路，只有兌換為以太幣，才能變為以太坊中的實用性通證。

對於通證經濟而言，最重要的當然是搞清楚通證的價值是什麼。

第一，通證可以作為經濟體系中的價值載體，用於測量價值。上市公司會透過股票公開募集資金，每股都代表了一定的價值，而通證可以超越股票的角色，也就是說，不僅上市公司可以有通證，小型的公司或組織，乃至個人都可以活躍在通證經濟中。

第二，由於存在了通證，而通證具備一定的價值，就可以將通證作為胡蘿蔔或大棒，實現獎懲機制。就像銀行每年會將客戶積分歸零，就是為了鼓勵客戶在一定期限內使用積分。

第三，透過引入通證，可以調動生態內各角色的積極性，在廣泛導流資源、大幅度降低摩擦成本的同時，可以提高合作效率，進而提升生態的效率。賭場為了鼓勵顧客參與賭博，廣泛使用了籌碼，為的就是可以將不同貨幣折換成相同的籌碼，這樣可以大大降低入場後的摩擦。

第四，在沒有通證的條件下，經濟資源的流動主要是靠全球性的貨幣來結算，如今真正的全球貨幣大概只有美元，這賦予了美國許多特權，也讓美國占了很多便宜。而通證可以在活躍全球經濟的同時，繞過美元門檻，對小國會有更大的現實意義。

　　第五，通證經過區塊鏈的賦能，可以將以往處於不同生態圈的資源整合起來。如果說全球跨國之間的整合是橫向的，那麼打通不同生態圈就是縱向的。處於底部的經濟體，可以有更大的上升流動空間，可以使資源得到更好的配置。

　　回顧我們開始講到的好市多超市，其實它採取的策略就有點通證經濟的影子：好市多一方面透過會員制整合消費者，一方面根據消費者的消費習慣制定商品策略和開店策略，也難怪它在中國開的第一家店，就獲得了如此大的成功。

　　隨著通證理念被更多的公司和組織所重視，相信未來像好市多這樣的成功案例還會越來越多。通證與區塊鏈的結合一定可以帶給我們更多期望和驚喜！

延伸閱讀：通證與積分有什麼區別？

　　以下內容，節選自〈通證經濟：通證與積分有什麼區別，拋開枯燥特點羅列，可以這麼說〉一文：

　　一、積分系統的作用

　　積分誕生於西元 1793 年，一個美國商人設計了一個簡單的獎勵體系，用來培養消費者的忠誠度，這一做法於 19 世紀和 20 世紀逐漸被其他商人使用，用來獲取長期忠誠顧客。1981 年，美國航空推出了「常旅計畫」，讓旅客可以用飛行哩程兌換機票。由於其效果明顯，之後各大航空公司紛紛推出了自己的積分激勵計畫，現已基本成為行業常態。

　　積分的推出，主要是為激勵和回饋消費者在平臺的消費行為和活動行為，積分體系又可以激發與引導消費者在平臺的活躍行為，逐步形成消費

者對平臺的依賴性和習慣性，提升消費者對平臺的黏度和重複下單率。

二、積分的不足

積分經過長足的發展，然而成熟的積分體系基本上集中在銀行信用卡組織、電信營運商、航空公司、飯店和超市等消費類行業。從公開的資料來看，銀行信用卡積分回饋率為 1‰～ 2‰，電信營運商會拿營業額的 3% 左右作為積分回饋；航空業的積分回饋比例高達 8%～ 10% 等等。

你可能會有一個疑問，為何成熟的積分體系集中在上述的大公司中呢？為什麼其他公司發行的積分，以各種方式呈現而又凋零，在時間的歷史長河中留下短暫的一筆呢？

著名經濟學家寇斯（Coase）曾經說，是交易成本和管理成本的對比確定了企業的邊界。交易成本越低的事情，越應該外部化；管理成本越低的事情，越應該內部化。

對於個人而言，使用積分也存在管理成本和交易成本。

我們或多或少都拿過商家給的積分，然後就是一堆積分卡，管理起來成本有點高。而使用交易的成本就更高了，誰會帶一堆積分卡出門。

那為何大企業的積分能發展起來呢？當積分的利潤大於管理和交易積分的成本時，這樣的積分才有生命力。而能給出這樣利潤的，往往是一些大公司，或者高頻率消費的東西，也就是上面提到的銀行等了。

積分雖好，但流通不便，管理成本高，成了積分應用的阻力。

三、通證相比積分升級的地方

積分能賦予的功能和屬性有限，這是為何呢？即使賦予積分股票的屬性，也沒人相信，畢竟積分是中心化的，發行多少沒法驗證，帳戶上的積分說抹掉就被抹掉了。

簡而言之，就是積分的「證」不足，當賦予更多屬性時，無法獲得使用者的信任。同樣，積分也無法自證清白。

通證就沒有這個苦惱，通證運行在區塊鏈上，可以做到一切行為皆可查，資料不可篡改，誰也做不了假，使用者也放心。

這就不得不再介紹一下，基於區塊鏈的通證所具備的三要素：證、通、值。

「證」：要具有可信度，代表某種權益。

「通」：代表的是流動性和通用性，能夠在二級市場上進行交換。

「值」：具有經濟價值，人們為共識信任，願意妥協和付出代價。

因此，當我們為 Token 賦予股權、債權、物權、所有權等權利和憑證時，使用者對此是放心的。

而正是因為 Token 的這些要素，讓它可以承載許多屬性，這就豐富了 Token 的玩法，完全把積分甩開了，甩開了不知多少個量級。比如：

（1）在獲取上，Token 可以透過「行為挖礦」或者「消費挖礦」等形式，獎勵為生態做出了貢獻的使用者。

（2）在存量特性上，為了維護市場價值，Token 可以設計為固定或通縮等，增加稀缺性。

（3）在權益上，Token 可以代表權益證明，也可以是股權、債權和身分標識等。

這就是通證和積分的區別。

積分是通證的前奏，通證是積分的疊代進化。如果說積分是一把利劍，那麼 Token 就是一枚自動追蹤的導彈。這是冷兵器和全自動化兵器的差異。

第 18 講
這個被稱作 V 神的「90 後」，憑什麼身家超過馬雲？

在前面幾講中，我們提到了公有鏈中三個比較有代表性的項目：比特幣、以太坊和 EOS。其中，比特幣是最早誕生的，其次就是以太坊。

以太坊的創始人名叫維塔利克‧布特林（Vitalik Buterin），出生於 1994 年，不僅年輕，還擁有酷似馬雲的相貌。他如此年輕就神奇般的創建了以太坊，以太坊從人民幣 2 元的私募價，一直漲到超過人民幣 10,000 元，市值最高時為人民幣 2,000 多億元，所以區塊鏈圈內很多人稱他「V 神」。

布特林的父親是一名電腦科學家，在布特林 4 歲的時候，父親就送給了他一臺電腦。之後，他跟隨父親來到了加拿大的多倫多生活。10 歲的時候，布特林就利用所學的程式設計知識，做出了一款名叫《太空入侵者》的遊戲。

布特林的中學時代正是暴雪公司的魔獸世界遊戲最紅的時候。當時布特林也被這款遊戲迷住了。2010 年，暴雪公司宣布要對遊戲做一些調整，導致布特林苦苦修練的技能「生命虹吸」被移除了。就在大多數玩家的一片哀號中，布特林卻想，暴雪這家公司想怎麼做就怎麼做，根本不顧及玩家的感受，要是有什麼措施能抵制就好了。後來，布特林聽說了比特幣，比特幣採用去中心的區塊鏈技術，不存在一家獨大的情況，這似乎能成為布特林苦苦尋求的解決方案。

　　之後，布特林就專心研究起比特幣，並成了一名小有名氣的比特幣撰稿人。後來還聯合成立了一家雜誌，名字就叫《比特幣雜誌》。在布特林撰寫文章的過程中，他對比特幣的認識越來越深。他發現，比特幣的區塊鏈網路功能非常單一，除了進行交易和交易確認，就不能做更多的事情了。

　　此時，賈伯斯的 iPhone 已經發表好幾年了，手機已經進入了智慧時代。要是透過區塊鏈技術運行更多的功能就好了。

　　故事到此，不得不再介紹另一個人——20 世紀的英國科學家圖靈。如今，世界電腦領域的最高獎就是用圖靈的名字命名的。圖靈曾經領導了英國軍方對德國軍方的密碼破譯工作，他採取的辦法是設計製造了一臺可以運行複雜運算的機器。圖靈後來證明，只要機器可以完成一系列動作，如按條件計算，就可以進行周而復始的循環計算，那麼這臺機器就可以做任何計算了。這樣的機器後來被人們稱為圖靈機，這一系列動作構成的條件被稱為圖靈完備性。這有點像培養一名廚師，只要掌握了煎炒烹炸等各項手藝，學會了使用油鹽醬醋等調味料的用法，搭配所需的食材，就可以做出任何口味的菜。

　　布特林按照圖靈完備性的思路，替區塊鏈設計添加了各種功能，使區塊鏈成為圖靈完備性的平臺，並在 2013 年發表了以太坊的白皮書。又過了一年，布特林宣布成立以太坊基金會，吸引了一大批開發者。以太坊正式啟動。

　　以太坊區塊鏈和比特幣區塊鏈最大的不同在於：比特幣的功能像是一臺計算機，人們只能按照計算機的使用規則算一些數；以太坊則像一臺具備了編寫程式的「世界電腦」，任何人都可以利用以太坊開發功能多樣的

程式。另外，以太坊引入了智慧型合約，人們可以使用智慧型合約代替傳統合約，開發出更多的應用程式。

　　在以太坊網路上，最有名的應用程式大概就是以太貓了。以太貓是以太坊區塊鏈上的一款養育虛擬電子貓的遊戲。玩家需要花錢先買一隻虛擬的小貓，在小貓長大的過程中，吃的食物也是需要花錢的。當貓長大之後，可以用以太貓繁育小貓，生出來的小貓會繼承父母的特徵。以太坊程式保證每隻貓的樣子都是獨一無二的，繁育出的小貓也是獨特的。貓的特徵越稀有，價值也就越高。最貴的一隻貓賣出了人民幣 77 萬元的天價。這可比現實生活中「擼貓」貴多了！在區塊鏈上的這款養貓遊戲，迅速紅遍了以太坊網路，很多人都想養出一隻價值不菲的虛擬寵物，並樂此不疲。

▲ 圖 2-14　V 神在以太坊開發者大會上做發言

　　另外，以太坊也支援投票功能。2016 年，在川普（Donald Trump）和希拉蕊（Hillary Clinton）的總統選戰中，最終是川普獲得了勝利。川普從一開始宣布參加競選就不被人看好，最後竟然能逆襲老牌政客希拉蕊。希拉蕊可是做過 8 年的美國第一夫人，還當過國務卿。川普出身房地產商，政治經驗和人脈與希拉蕊相比差距不可謂不大。然而，最後當選總統的卻是川普，這個情節就連美劇《紙牌屋》也拍不出來。就在川普宣布選舉勝利的當晚，美國各地就爆發了聲勢浩大的遊行示威，民眾指責選舉和計票有問題。

　　試想一下，如果使用區塊鏈進行投票，就不會產生這種問題。實際上，以太坊給出的公開文檔中，就用智慧型合約實現了一個投票功能：投票發起人可以發起投票，將票發給投票人；投票之後，任何人都可以查看投票結果。因為篡改區塊鏈上的投票結果成本很高，沒有人能負擔得起，所以投票結果很安全。又因為它是公開透明的，每個人都可以隨便查看，不用等官方發表結果，人們對投票結果會更加信任。但是，因為區塊鏈還處在逐漸成熟的階段，選舉涉及國家政治，非常敏感，所以目前還沒有國家使用區塊鏈作為選舉的技術方案。

　　以太坊發展到現在，只經歷了六、七年而已。在 V 神的規畫中，以太坊會經歷四個版本階段：第一個版本叫邊境（Frontier），第二個版本是家園（Homestead），第三個版本是都會（Metropolis），第四個版本是寧靜（Serenity），也就是以太坊 2.0。邊境和家園版本已經發表。

　　在 2019 年 4 月底上線的新版以太坊官網首頁上，以太坊官方修訂了以太坊的定位，特別強調了以太坊在去中心化金融方向的願景。Vitalik Buterin 曾斷言，金融行業很可能是第一個被區塊鏈顛覆的行業。「世界

電腦」到「全球結算層」的轉變，意味著以太坊的使命可能會越來越集中服務於金融創新。

當然，以太坊在技術上並不完美，與比特幣類似，被人詬病較多的是以太坊處理速度太慢，每秒只能處理幾十筆交易。另外，因為以太坊是滿足圖靈完備性的區塊鏈系統，可以被駭客鑽漏洞的地方遠遠多於比特幣，而且出現過不少次安全事件，我們在後面會細講。但整體來說，以太坊還是被很多人認為是區塊鏈 2.0 最具代表性的項目，以太坊社群仍然是現在最活躍的區塊鏈社群。

希望透過這一講，能讓你記住這位「90 後」的區塊鏈風雲人物 V 神和他一手締造的以太坊。

延伸閱讀：V 神回覆「以太坊的價值有一天會灰飛煙滅嗎？」

以下節選自 2018 年 6 月 22 日以太坊創始人Vitalik Buterin做客《王峰十問》對話內容：

王峰：根據最新的行情顯示，比特幣市值 1,088 億美元，以太坊市值489 億美元，以太坊的市值未來可能超過比特幣嗎？我們不妨大膽假設，如果比特幣價值歸零（當然我們認為可能性基本為零），以太坊還會有價值嗎？

V 神：儘管現在加密貨幣價格和比特幣價格走勢的關聯度很高，但在這樣極端的狀況下，我依然認為以太幣並不依賴比特幣。比特幣只是眾多加密貨幣中的一種。

令我很欣慰的是，現在加密貨幣行業已經非常多樣化了，這對去中心

化是非常有好處的，當你有更多方法去嘗試不同技術時，關閉所有加密貨幣就會變得非常困難。

　　可以肯定的是，很多優秀人才都在開發區塊鏈項目，希望他們中間至少有一些人能夠非常出色，並獲得成功。

第 19 講
被譽為區塊鏈 3.0 的「柚子」是什麼來頭？

在 2018 年年中的一天，我的微信朋友圈被洗版了，許多朋友在轉發一個小故事：有一個程式設計師向老闆辭職，辭職的原因是他買了許多 EOS 代幣，而 EOS 馬上就要建成自己的區塊鏈網路，到時候 EOS 代幣就能一飛沖天，這名程式設計師就能實現暴富的夢想，所以他想提前辭職，世界這麼大，他想去看看。

這個故事中的 EOS，我們之前也提過，是繼比特幣、以太坊之後，最富有代表性的公有鏈之一。

EOS 有什麼魔力呢？我們一一道來。

EOS 是「Enterprise Operation Systeml（企業級操作系統）」一詞的英文簡稱，因為這個名字太長了，所以區塊鏈圈內還是稱其為 EOS。因為發音相近，中國的網友都管它叫「柚子」。

EOS 的創始人是美國人丹尼爾‧拉里墨（Daniel Larimer），他覺得這個名字不夠酷，所以替自己起了一個綽號，叫「位元組大師（Byte Master）」。後來大家就直接用位元組大師的兩個英文單字的首字母，也就是 BM 稱呼他了。

BM 是世界上唯一一位連續開發 3 個區塊鏈網路的人，是曾經比特股（Bitshares）、 Steem 和現在 EOS 的創始人。在接觸比特幣的早年間，BM 還曾在論壇和比特幣創始人中本聰互相衝突過，是最早一批接觸比特

幣和區塊鏈的人。

EOS 之所以能有如今這麼大的影響力，和 BM 早先的兩次區塊鏈創業項目是分不開的。

2013 年，BM 創立了去中心化的區塊鏈項目——比特股，市值後來一度躍升世界第四。但後來 BM 與團隊意見不合，選擇離開。接著創立了 Steem——一個基於區塊鏈技術的社交網路，市值也曾躍居世界第三。

在 2017 年退出 Steem 後，BM 創建了 block. one 團隊，開發了 EOS 區塊鏈系統。BM 在 EOS 中匯聚了前兩次創業的很多經驗，所以 EOS 項目從一開始宣布就獲得了高度關注。

BM 在設計 EOS 時，定下的目標是讓 EOS 成為有能力運行商業級應用程式的公有鏈。這個目標該如何衡量呢？ VISA 和萬事達卡是兩家國際信用卡龍頭，全世界每個地方幾乎都有消費者使用它們兩家的信用卡消費，為了滿足這麼大的需求，信用卡每秒處理的交易數必須要很高，VISA 和萬事達的處理速度可以達到每秒 5 萬筆。每年雙十一凌晨的交易高峰，是支付寶壓力最大的時候，目前支付寶每秒可以處理 10 萬筆左右的交易，是 VISA 卡的兩倍。比特幣和以太坊被人詬病的地方就是交易速度太慢。在交易高峰的時候，總會有不少沒被處理的交易處於等待狀態。

而 EOS 號稱可以實現每秒百萬筆級別的處理能力，不僅如此，轉帳還是免費的。當 BM 正式提出這個口號時，立即引爆了整個區塊鏈社區。在獲得關注的同時，也引發了質疑。

為了能達到宣稱的處理速度，EOS 採用了權益授權證明作為共識機制。這一點是 EOS 與比特幣和以太坊最不同的地方。

EOS 會透過投票在全球範圍內選出 21 個超級節點，由這些節點來完

成區塊打包工作。競選的過程是這樣的：候選者首先提交相關資訊，如硬體條件、網路連接資訊；然後由 EOS 持有者進行投票，投票是在 EOS 的錢包內進行的，每擁有一個 EOS 代幣就擁有一個投票權。因此擁有的 EOS 代幣越多，話語權越大。得票數排名前 21 的節點即為超級節點，負責 EOS 網路的打包出塊。由於投票是隨時隨地進行的，節點的排名也會動態變化。

EOS 有增發機制，每年會增發 5%，其中 1% 用於獎勵超級節點，超級節點每年可以獲得數百萬枚 EOS 代幣的獎勵。

正因為如此，在 EOS 主網上線前，在投票權和增發獎勵的激勵下，各個機構就大量囤積代幣，並且開始了熱熱鬧鬧的「拉票」活動，場面的火爆程度毫不遜色美國總統選舉。

按照 EOS 官方公布的最基本的硬體門檻，每家超級節點投入的伺服器成本在 80 萬美元左右，這還沒有算上網路頻寬的費用。

在可以交易 EOS 代幣的交易所中，前十家實際是被韓國人、美國人和中國人控制在手中。韓國的交易量最大，中國的資產總值最高，美國是規則的制定者。

競選還沒開始，EOS 社群就分裂了，有人舉報賄選。因為成為超級節點意味每年都有鉅額獎勵，有的參選者宣稱只要投票給他，就會返還節點收益。緊接著，更多的參選節點宣布會「分紅」給投票者，但是也有節點明確表示不會分紅。

應該說，之所以出現這樣的局面，和 EOS 採用選舉來確定超級節點關係很大。另外，由於超級節點扮演的角色過重，也引發了 EOS 是否符合區塊鏈去中心化的討論。許多人認為，EOS 的選舉規則很像在阿里雲、

騰訊雲、百度雲以及金山雲中做選擇題，EOS 會部署在被選中的雲端服務商的伺服器上。由於不需要做任何類似工作量證明中的猜數字題目，區塊的打包速度可以很快。

但是，在 EOS 的區塊鏈主網上線之後，每秒的處理交易筆數只是達到了四千左右，與一開始宣稱的百萬級別處理速度相差甚遠。EOS 雖然比以太坊的速度快了 100 倍，卻沒有以太坊的去中心程度那麼高，似乎背離了區塊鏈的精神。

EOS 為了解決爭議，如損害賠償、修補系統漏洞、帳戶凍結，還成立了「核心仲裁組織」，承擔了法庭的角色。EOS 官方給出的目的是：透過執行規則和提供慣例支援給仲裁員以及案件的執行，來服務於社群。

很快，仲裁法庭就有了表現機會。2018 年 6 月 23 日，仲裁法庭下令超級節點凍結了 27 個帳戶，理由是這些帳戶以透過垃圾郵件發送釣魚網站的方式盜取代幣，並且仲裁法庭已經掌握了證據；但是他們除了說對方「有罪」，卻並未公布為何要凍結對方的帳號。

2018 年 11 月 8 日，仲裁法庭下達了 EOS 治理史上第一個修改帳戶私鑰的仲裁令，並在 4 天後，也就是 11 月 12 日獲得 15 個超級節點的通過。

傳統的區塊鏈開發者一致認同的理念是「程式碼即法律」，而 EOS 的社群治理與美國的三權分立（見圖 2-15）頗為相似。美國的三權分立體系中，國會負責立法，總統負責行政，最高法院負責司法。在 EOS 中，EOS 官方負責建立規則，超級節點負責社群運行，仲裁社群負責調解糾紛。

相比於其他公有鏈，EOS 的真正優勢是它的流量很高。EOS 不是完

美的去中心化，但絕不能說它是中心化的。從開發者的角度，EOS 可以提供許多開箱即用的功能，可以提高開發速度。

　　不同的公有鏈，分別代表了不同的共識機制，都有各自的鐵粉。而且

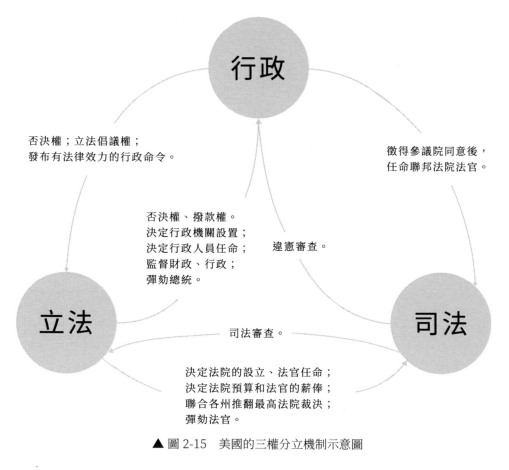

否決權；立法倡議權；
發布有法律效力的行政命令。

徵得參議院同意後，
任命聯邦法院法官。

否決權、撥款權。
決定行政機關設置；
決定行政人員任命；
監督財政、行政；
彈劾總統。

違憲審查。

司法審查。

決定法院的設立、法官任命；
決定法院預算和法官的薪俸；
聯合各州推翻最高法院裁決；
彈劾法官。

▲ 圖 2-15　美國的三權分立機制示意圖

公有鏈領域還在不斷誕生新的技術。未來究竟誰能勝出，我們拭目以待。

延伸閱讀：Steemit——內容激勵平臺的鼻祖

　　Steemit 誕生於 2016 年 2 月，是運用區塊鏈技術搭建內容激勵的社交網路，用代幣來獎勵內容生產者，讓注意力經濟中的內容創造者受益。

　　在 Steemit 社區（首頁截圖見圖 2-16），每個使用者都可以免費參與到新的社交平臺建設中來。使用者可以發表有價值的文章和高品質的回覆／評論；可以免費瀏覽自己想看的內容；可以對自己喜歡的內容按讚，也會因為發現好的內容而得到系統的獎勵；不僅如此，使用者還可以向自己喜歡的作者進行打賞。

　　Steemit 很好的解決了社交平臺利益分配不合理的問題，實現了社交領域和加密貨幣領域的完美結合，使得優質內容的作者和讀者都有了合理的獎勵，開創了社交平臺領域的新篇章。

　　Steemit 項目代幣的成功是對現有社交平臺的顛覆，它帶來了絲毫不亞於比特幣誕生的新希望——更合理的利益分配。

▲ 圖 2-16　Steemit 社區首頁截圖

第 20 講
85 萬枚比特幣被盜的「Mt. Gox事件」是怎麼回事？

　　透過本章的前幾講，大家已經知道了什麼是區塊鏈、有什麼特點、它又是怎麼運行的。2016 年，人工智慧領域的應用遍地開花，這一年的風口屬於人工智慧。這個風口過後，投資者們就在尋找下一個投資機會。伴隨比特幣的價格在 2017 年飛漲，人們紛紛將目光匯聚到比特幣背後的區塊鏈技術，區塊鏈成了當年的風口。

　　區塊鏈所具有的去中心化和不可篡改的特性，與傳統網際網路大相逕庭，因此被賦予了很多標籤，如「價值網路」、「信任機器」等。

　　伴隨著比特幣價格在 2017 年的一路暴漲，不僅有許多新玩家入場，也有人打著區塊鏈的名義進行金融活動，國家監管部門及時發布了管理措施，算是對狂奔的幣圈踩了一腳剎車。

　　在我看來，除了政策和監管對比特幣的發展會帶來一定影響之外，影響比特幣未來最大的因素，可能就是比特幣系統的安全了。

　　2017 年 5 月，一個名叫「想哭」的電腦病毒襲擊了全球 150 多個國家的電腦和伺服器，這個病毒會劫持操作系統，並會在電腦螢幕上顯示：如果不支付贖金，就會刪除電腦內的重要文件。受這次病毒影響的領域，不僅包括政府部門，還包括醫院、通訊企業和大製造業，涵蓋了和人們工作、生活密切相關的幾乎所有領域。又因為正好是在畢業季，一些學校的電腦也感染了病毒，有些學生的畢業論文也被劫持了。而支付贖金的方式

是使用比特幣進行支付。在此之前，因為許多人是沒聽說過比特幣的，所以比特幣一出場，就讓人留下了一個不太好的印象。

病毒劫匪為什麼要使用比特幣作為贖金呢？這和區塊鏈的特性密切相關。區塊鏈除了具有去中心化和不可篡改兩大特性，還具有匿名性和透明性。透明意味著資訊公開，這不是和匿名性矛盾嗎？其實不然。因為區塊鏈帳本是人手一冊的，每個人都可以隨時查詢每個區塊裡包含的交易，以及交易的額度是多少，所以在區塊鏈上的交易是透明的。但是如果只根據交易的錢包位址，是不能知道是誰參與了交易的，因為在區塊鏈上，無法根據錢包位址倒推私鑰，所以交易者不僅絕對安全，而且絕對隱私。

如此一來，在區塊鏈上進行交易就成了一些犯罪分子的遊樂場，而且監管機構很難直接在區塊鏈上去制止這種犯罪行為。

除了比特幣，V 神創立的以太坊也沒能逃脫黑客們的魔掌！

隨著區塊鏈的去中心化概念的傳播，世界各地興起了許多去中心化的自治組織，英文簡稱 DAO。隨著在以太坊上可以開發智慧型合約，在區塊鏈上能做的事情更多了，所以許多自治組織都選擇了以太坊系統作為基礎 The DAO 就是其中最著名的一個。The DAO 的含義是「DAO 之母」，是 Slock 公司發起的一個物聯網平臺。

由於具備新穎獨特的思路，The DAO 在正式啟動之前的群眾募資中就募集了 1.6 億美元的資金，成了當時史上最大的群眾募資項目。

接下來就要正式開始營運了，但是發生的事件讓人始料未及。The DAO 部署在以太坊上的智慧型合約被爆出現了漏洞，並且這個漏洞被駭客發現之後，駭客將 360 多萬個以太幣轉移到了駭客自己的帳戶中，被盜資金超過了募集資金的三分之一，差不多是 5,000 多萬美元。

駭客只要耐心等待，在區塊打包之後，就可以將這些錢從鏈上轉移出來。因為智慧型合約的程式碼只要發布出去了，就不能被更改。除非留了「後門」，才能修改程式碼。但是 The DAO 並沒有設置任何後門，因為它認為後門是違背去中心理念的。

此時，單單靠 The DAO 已經不能阻止駭客了。以太坊官方也注意到了事件的嚴重性。一開始，官方採用軟分叉的方式，鎖定了駭客的帳號，使駭客的帳號不能發生任何交易。當礦工檢測到駭客的帳號時，就會拒絕這個交易，在拒絕的同時，不會收取任何交易費。但是因為沒有交易費，就像一到節假日高速公路免費就爆塞一樣，駭客向以太坊發起了大量攻擊，使整個網路癱瘓了。因此，軟分叉解決方案走不通了。

還剩下硬分叉的方案。在分叉之後，將被盜資金返還給 The DAO。但是因為以太坊社群存在分歧，有的人想硬分叉，有的人不想硬分叉，最終導致新舊兩條鏈。新鏈仍被稱為以太坊，舊鏈則被稱為以太經典。現在，以太坊和以太經典都可以在交易所中購買。

這一切的根源就是在以太坊上可以開發智慧型合約，卻沒想到別人在寫智慧型合約時，對官方挖了這麼大的坑，導致以太坊不得不以社群分裂的方式解決這個問題。

這還不是區塊鏈史上最大的安全事件，早在 2014 年，就發生了比特幣史上最大的盜竊案。盜竊案起源於當時全球最大的比特幣交易所——Mt. Gox 交易所。這個交易所的名字是「神奇的線上交易所」的簡稱，因為發音很像「門頭溝」，所以中國人笑稱它是「門頭溝交易所」。

2014 年 2 月，Mt. Gox 交易所突然宣布暫停所有提幣服務。緊接著，又宣布暫停了所有交易。然後，又宣布破產。這一連串操作，讓所有人措

手不及。成千上萬 Mt. Gox 交易所的使用者，既領不出自己的比特幣，也沒拿到賠償，只能等待法院的判決（見圖 2-17）。透過庭審的披露，人們知道這又是因為駭客盜竊導致的，並且被盜的比特幣超過了 85 萬枚，占世界比特幣總值的 7%。這次 Mt. Gox 被盜事件，導致比特幣的價格暴跌了三分之一。

　　時至今日，駭客到底用了什麼手段偷了這些比特幣，以及這些比特幣的下落仍然是個謎。如今，每年都還會發生不少區塊鏈的安全事件，時刻為我們敲響警鐘。

　　層出不窮的安全事件，為比特幣以及區塊鏈技術的發展蒙上了一層又一層的陰影。這還沒有算上前幾講提到過的交易速度慢、耗能高的缺點。所以，雖然區塊鏈是很有希望的新技術，但是任重而道遠，還有很多漏洞要補。有句話這麼說，「道路雖曲折，但前途還是光明的。」區塊鏈在我眼中，也是如此。

▲ 圖 2-17　Mt. Gox 交易所受害者希望儘快得到賠償

第 2 章　區塊鏈到底是什麼

以下節選自 2018 年 5 月 30 日 360 集團創始人周鴻禕做客《王峰十問》對話內容：

王峰：在 360 公布 #3498 EOS 漏洞之前，EOS 的 bug 已經在 Github 上提交了 3497 條，但 360 出手前鮮有人關注並產生如此之大的影響。實話實說，您如何看待昨天披露安全漏洞的嚴重程度？為什麼稱這個漏洞價值百億美元？為什麼 360 在微博上將之稱為「史詩級」漏洞？在我過去的理解裡，「史詩級」一般用來形容豐功偉績，是對某件事的高度讚揚。

周鴻禕：我們沒有立場，是中立，我們提出任何一個系統的漏洞，都是為了幫助這個系統改善安全性，保證它的安全，不是為了打擊它。

區塊鏈這個行業裡，大家其實是在同一條船上，作為新生事物，某一家不安全會讓大家對整個行業產生懷疑、失去信心，對行業是不利的。所以我們反對大家利用安全問題做文章，把安全問題變成競爭的工具。

如果 #3498 EOS 漏洞被人利用，可以控制 EOS 網路裡面的每一個節點、每一個伺服器，那就不僅僅是接管網路裡面的虛擬貨幣、各種交易和應用程式，也可以接管節點裡面所有參與的伺服器。拿到伺服器權限，就可以為所欲為了。如果有人做一個惡意的智慧型合約，就能夠把裡面所有的數位貨幣直接拿走了。

所以，對於區塊鏈網路來說，不會有比這個更嚴重的漏洞了。

再說「史詩級」，EOS 在區塊鏈發展史上的重要性大家肯定知道。如果我們沒有提出這個漏洞，EOS 沒有修復，等到 EOS 主網上線，被惡意的駭客發現並利用了，那時候 EOS 會不會一夜之間就垮掉，我們都不知道。

第 20 講　85 萬枚比特幣被盜的「Mt.Gox 事件」是怎麼回事？

　　EOS 現在的估值至少百億美元了，所以我覺得這個漏洞價值百億美元並不誇張。

第 21 講
沒有老闆存在的公司，還能正常運轉嗎？

本講談談區塊鏈的發展所引起的組織結構的變遷。

提到組織結構，可能會比較抽象，我用自然界中的兩種動物來打比方。現代社會中，傳統組織大多像是蜘蛛，智力集中在大腦，只要你把蜘蛛的頭去掉，蜘蛛就會死亡；而去中心化組織就如同海星，海星根本就沒有頭，牠的智慧分布在身體各處，一旦你打掉牠身體的一部分，那個部分甚至可能自己再長成另一個海星。

所以，殺死海星比殺死蜘蛛困難得多，一個像海星般生長的組織，它的生命力也會比蜘蛛式的組織更強。

我們再來看一段世界歷史，當初西班牙人入侵南美洲時，非常輕易的就征服了當地的阿茲特克帝國和印加帝國，那是因為這兩個帝國都是蜘蛛式的組織結構，權力集中在統治者手裡，只要中央政府一倒，帝國立即崩潰。但是，當西班牙人打到北美洲，面對更加落後的阿帕奇族的時候，卻打不下去了。阿帕奇族就是個海星式組織，沒有統一的領導者，各部落在政治上是一個非常鬆散的聯盟，整個族群是依靠阿帕奇英雄的戰鬥榜樣，從精神上去感召別人。所以，即使有幾個部落被擊潰，剩下的族人仍然能繼續戰鬥，結果阿帕奇族跟白人一直抗爭了幾百年。

像海星類似的組織，沒有單一領導者的分散式組織，理論上只要有網際網路連接，它就可以存在。舉個例子，其實就是下面要向你介紹的一種

全新的組織形式——去中心化自治組織（Decentralized Autonomous Organization，DAO）。

　　事實上，DAO 的形態非常廣泛，它可能是某種數位貨幣，也可能是一個系統或者機構，甚至可能是無人駕駛汽車。它們為使用者提供有價值的服務。

　　有不少人會把 DAO 理解成「社群」。的確，從表現形式上看，DAO 很貼近社群，DAO 也往往先以論壇或社群的形態展現給世人，但 DAO 並不能與社群畫等號。相比社群而言，共同體可能更能展現 DAO 的精神核心。

　　我們前幾章講過智慧型合約和通證的概念，DAO 實際上是在智慧型合約和通證體系的基礎上，所組成的鬆散型利益共同體，成員目標一致，合作關係上鬆散，而利益結構上高度耦合。

　　從某種角度來看，DAO 就像一個全自動的機器人，當它全部的程式設定完成後，它就會按照既定的規則開始運作。值得一提的是，在運作的過程中，它還可以根據實際情況不斷的自我維護和升級，透過不斷的自我完善來適合它周圍的環境。

　　不同於傳統公司複雜和緩慢的機制，任何一個人都可以隨時加入和退出 DAO。而公司的代幣成為系統中運行的唯一貨幣，並讓收入、利潤這些概念完全消失；公司運作的結構被大大簡化，只剩下投資者和生產者，這會極大的提高公司的運作效率。每一個 DAO，如上市公司一樣，其發行的代幣是可以高速流通的，這意味著其價值在一開始就將完全由市場決定，無須在透過漫長而複雜的融資和審核成長為一個上市公司後再由市場決定。

　　有人分析，DAO 正在顛覆傳統公司的治理和財富分配模式。因為對投資者來說，DAO 的自動化執行，會將公司營運中人為失誤和高階管理

者腐敗兩個最大風險最小化，因此與公司股票相比，DAO 成為風險較小的投資類別，提供比大多數股票股息更可預測的投資報酬率。

　　DAO 概念的雛形最早由 EOS 創始人 BM 在 2013 年提出，那時 BM 將其命名為 DAC（Decentralized Autonomous Corporation），即去中心化自治公司。BM 認為，在 DAC 中，加密資產即股份，企業相關的規章皆由原始碼確定。DAC 的目的在於透過為自由市場提供有價值的服務，從而來為股東賺得利潤。

　　隨後的 2014 年，BM 進一步擴展了 DAC 的概念，並且明確了它的四個核心特性：必須有其可用於交易的股份（即通證或者代幣）；其價值不得依賴於某一個體或公司；組織必須透明，不得控制任何私鑰；不得依賴任何法律合約，如版權和專利。

　　大約同一時期，以太坊創始人 V 神先後在自己的部落格以及《比特幣雜誌》上闡述了其對 DAC 概念的認識，並於不久後正式提出了 DAO 這一詞彙，去中心化自治組織這一概念藉此正式問世。

　　後來，隨著 V 神在 2015 年之後相繼發表了以太坊及其具有里程碑式意義的智慧型合約，DAO 的可程式化大大增加，其所能承載的規則與價值也逐漸豐富了起來，同時也為後來 DAO 項目的創立埋下了伏筆。

　　2016 年 5 月初，一些以太坊社群的成員協同成立了創世 DAO，它作為以太坊區塊鏈上的一個智慧型合約而被建立，社群成員將之冠以「The DAO」的名稱進行部署。The DAO 在初創期獲得了意想不到的成功，該項目在一個月內順利的收集到了 1,270 萬枚以太幣（當時價值約 1.6 億美元），這使得它成為史上最大的群眾募資項目之一。但是，新生事物往往是脆弱的，我們在上一講裡提到過 The DAO 存在的安全隱患。2016 年 6

月 17 日，一名駭客發現了 The DAO 程式碼中的漏洞，並藉此對其發起了攻擊，價值 5,000 萬美元的以太幣丟失。

儘管 DAO 在過去的幾年裡遭遇了重創和冷眼，但這並不影響某一部分真正對這一概念感興趣的人持續為之奮鬥。

國際知名技術顧問公司 Gartner 每年都會發表一份「新興技術炒作週期」報告，揭示當年新興技術趨勢所遵循的模式。在其發表的 2019 年新技術成熟度曲線中，首次將去中心化自治組織 DAO 和去中心化網路列為熱門焦點技術趨勢之一。DAO 和去中心化網路均被列於「技術萌芽期」，其中，DAO 被標注為「5 到 10 年實現期」；在 Gartner 2020 年十大策略技術趨勢中，產業區塊鏈（Practical Blockchain）也是十大趨勢之一。

2019 年，DAO 開始復甦：波卡等越來越多的項目開始涉足和建立 DAO，這也使得 DAO 的生態自 2016 年橫空出世以來，首次達到了一定程度的完整乃至繁榮。

當然，從現實來看，DAO 對於目前大部分企業來說，實際運用尚面臨諸多挑戰。

首當其衝的就是觀念層面，像 DAO 這樣從管理模式到利益結構，甚至到經營方式都整體被顛覆，且高度依賴數位技術的模式，很難短期內被企業所接受。其次是環境，DAO 模式大多只能局限在資訊、金融、文化等非實體產業。國家法律、政策等環境同樣需要時間來建立相關制度。最後是技術層面，區塊鏈底層技術還在探索和疊代中，處理性能、穩定性、安全性、易用性等各類指標，距離大規模商用還存在不小差距。

五百年歷史的「公司」形態，會不會徹底從人類社會消失？如你所知，透過 DAO，我們正在看到人類組織未來的新的發展方向。

透過DAO，可以見證人類協調新組織形式的早期實驗，可能會成功，有些則可能失敗，但都是一次令人興奮而又有趣的旅程。

延伸閱讀： DAO 被列入 Gartner 2019 新技術趨勢

Gartner 技術成熟度曲線，又稱技術循環曲線、光環曲線或者技術炒作週期，是方便企業和 CIO 評估新技術成熟度、演進週期和制定新技術策略的重要工具。

在 2019 年 Gartner 新技術成熟度曲線圖（見圖 2-18）上出現了兩個新物種——去中心化自治組織（DAO）和去中心化網路。

Gartner 2019 曲線圖上，去中心化自治組織（DAO）和去中心化網路

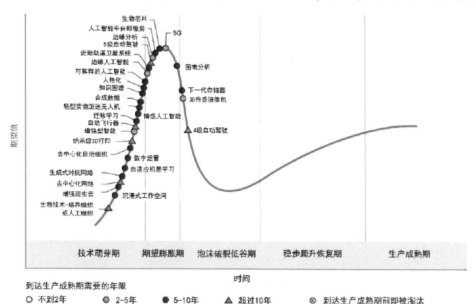

▲ 圖2-18　Gartner新技術成熟度曲線（截至2019年8月）

均被列於「技術萌芽期」，其中，DAO 被標注為「5 ~ 10 年實現期」，去中心化網路則被標注為需要「10 年以上」才能實現。此外，Gartner 把 DAO 和去中心化網路歸入數位生態系統（Digital Ecosystems）的類別中。

第 22 講
量子電腦投產之時，就是比特幣終結之日？

　　如果說一臺超級電腦能夠在 200 秒完成傳統電腦耗時 1 萬年的運算，這會是怎樣的計算能力呢？

　　2019 年 9 月 20 日，英國《金融時報》報導稱 Google 所研發的量子電腦成功的在 3 分 20 秒（200 秒）內完成了傳統電腦需要 1 萬年才能完成的運算。在這篇論文中，Google 把這一突破定義為「邁向全面量子計算的里程碑」，並表示已實現「量子霸權」。

　　Google 研究人員最早在美國國家航空暨太空總署（NASA）網站發表了這一論文，但隨後又迅速將其刪除。不過論文仍然被眼疾手快的讀者保存，進而被大量傳播，由此激起對量子電腦影響的大討論。而量子計算對比特幣的影響就是其中一個備受爭議的話題。

　　量子計算和比特幣會有什麼關聯呢？在弄清楚這個問題前，我們先看一下什麼是量子計算。

　　學過電腦的朋友們會了解，電腦是以位元（bit，比特）為單位進行資訊編碼的。每一位元可以取值為 1 或 0，而這些 1 和 0 作為開關，最終驅動電腦功能。

　　而量子電腦是基於量子位元的，量子位元根據量子物理學的兩個關鍵原理進行操作：疊加和糾纏。疊加，意味著每個量子位元可以同時表示一個 1 和一個 0；糾纏，意味著疊加的量子位元可以相互關聯，也就是說，

一個狀態（無論是 1 還是 0）可以取決於另一個的狀態。利用這兩個原理，量子位元可以作為更複雜的開關，使量子計算處理能力可以比現在使用的電腦快數百萬倍。

正是基於以上的原理和推斷，美國加州理工學院教授普雷斯基爾（Preskill）在 2012 年提出了「量子霸權」的概念，即量子電腦能在特定問題上超越世界上性能最好的經典電腦。

由於擔心量子電腦的強大計算能力會對比特幣的安全性造成一定威脅，不少人驚呼，量子計算有可能在未來十年內「殺死」比特幣。2016年，英國一家網路安全公司聯合創始人 Andersen Cheng 表示，量子電腦投入使用之時就是比特幣終結之日。那麼，事實真的會如此嗎？

比特幣是透過密碼保護的去中心化的加密數位貨幣，憑藉良好的安全

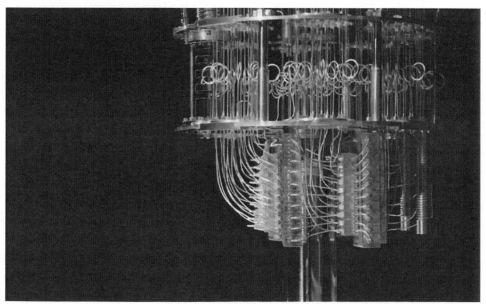

▲ 圖 2-19　世界上最先進的量子電腦之一──IBM Q 的局部特寫

性，比特幣已經穩定運行了十餘年。比特幣之所以做到了足夠安全，主要是基於兩個重要的安全特性：工作量證明（Proof- of- Work，PoW）和加密簽章的不對稱性，而這兩個特性都建立在難以破解的密碼協議的基礎上。

先來看看工作量證明 PoW，我們在前面的共識機制課程中已經有所了解，這裡再簡單複習一下。

工作量證明的基本原理就是使用者端需要做出一定難度的工作，得出一個結果，而驗證方卻可以很容易的透過結果來檢查使用者端是不是真的做了相應的工作。它的核心正是不對稱性：相比於請求方完成工作的難度，驗證方驗證的難度小得多。目前，比特幣系統使用的工作證明函數是 HashCash（哈希現金）。

至於加密簽章的不對稱性，主要是用來授權交易。在一個交易被廣播，但還沒有加入區塊鏈的時候是最容易被攻擊的。如果在此時可以透過廣播的公鑰破解出密鑰，就可以利用這個密鑰從原位址廣播一個新的交易給自己的位址，並讓這一交易先進入區塊鏈之中，便可以取走原位址中所有的比特幣。目前比特幣使用橢圓曲線數位簽章算法（ECDSA），利用 secp256k1 生成密鑰，確保授權交易的安全性。

如果可以在特定的時間內完成對以上兩個問題的破解，也就攻破了比特幣的安全系統。當前電腦的計算能力是無法做到的，但對於遠遠超過普通電腦計算能力的量子電腦而言，則可能只是「小菜一碟」。

按照英國普利茅斯大學通訊和網路安全研究中心教授 Martin Tomlinson 的描述，量子電腦可以在幾分鐘內從公鑰推算出私鑰，而在知道所有私鑰後，人們就可以隨意消費比特幣。

不過，在業界專業人士看來，量子計算破解比特幣的可能性，還存在很多質疑和討論，目前並沒有形成統一的共識和結論。火星財經前不久特別採訪到幾位區塊鏈及密碼學專家，他們的見解和觀點或許能為你帶來一些啟發。

他們之中有人持悲觀意見。

北卡羅來納大學教授王永革認為，現在幾乎所有區塊鏈都採用橢圓曲線數位簽章，然而美國國家安全局（NSA）在 2015 年就已建議別再使用橢圓曲線了。Google 的量子算法是隨機的一種，對大部分區塊鏈的影響目前沒人具體研究過。區塊鏈如何解決被破解的問題？答案是：重新設計。但重新設計又會產生很多問題，如目前的流量問題將更加惡化。

派盾（PeckShield）創始人蔣旭憲認為，量子計算會大大影響現代密碼學的有效性，尤其是曾經認為沒法破解的、基於密碼的使用者和認證系統。在量子計算面前，它們都可能被輕易破解。同樣的，目前網路安全和基於密碼學的電子商務安全也都有可能受到很大影響。

當然，也有人持樂觀意見。

YottaChain 創始人王東臨認為，目前 Google 實現的還只是實驗室技術，按業界產業規律，距離商品化還有較長時間，至少近幾年不會有實質性影響。另外，量子計算和傳統計算是不一樣的計算方式，並不是說量子計算可以使所有的計算任務都能「飛」起來，大量的計算任務並不適合用量子來計算。即使 Google 量子電腦的傳聞為真，也只能代表在某個特定的、專門適合用量子計算的計算任務上，一個不惜成本製造出來的實驗室設備實現了比現有電腦快很多的目標，僅此而已。所有渲染量子計算會摧毀區塊鏈的報導都是無知，並不全對。

　　比特幣在安全性這個問題上雖然承受住了各種風波，但是誰都不能保證它將來也能安然無恙。至於量子計算能否破解比特幣還不得而知，但有一件事是可以肯定的：隨著第一批強大的量子電腦在幾年後上線，比特幣改變的壓力會更大。

　　或許，那時候比特幣也已經有了新的進化，變成了更好的比特幣，帶給我們更多變化的可能。

延伸閱讀：量子計算的速度為什麼能這麼快？

　　打個形象的比喻，如果將現在電腦的速度比作「自行車」，那麼量子電腦的速度則是「飛機」，因此，說量子計算是「自然賦予人類的終極計算能力」並不誇張。

　　那麼，量子計算為什麼這麼快？

　　眾所周知，大家目前使用的電腦（我們暫且稱之為傳統電腦吧），是一個基於二進制的系統，而實際上二進制也是為傳統電腦量身打造的，透過二進制這種計數方式，可以很方便的將電路的通、斷，電壓的高、低等，透過「1」和「0」兩種形態在傳統電腦中表示出來，從而透過表現這兩種形態中一種的一系列信號流而形成有意義的資訊。而儲存這兩種形態中的一種的儲存單位就叫作位元。而一個位元裡儲存的資訊必須是 1 或 0。因此，1 個位元可以表示 0 或 1 兩個數之一，2 個位元可以表示 0、1、2、3 四個數之一，n 個位元可以表示 2^n 個數之一。因此，n 個位元的資訊容量其實就是 2^n。

　　而對於量子計算就完全不同了，量子電腦中類似於位元的單位是量子

位元（qubit），相對於位元中儲存的資訊只能是 1 和 0 兩種狀態，量子位元中儲存的資訊可能是 1 也可能是 0，換句話說，就是量子位元裡儲存的資訊可以既是 0，又是 1。

因此，一個量子位元可以同時表示 1 和 0 兩個數，兩個量子位元可以同時表示 0、1、2、3 四個數，n 個量子位元則可以同時表示 2^n 個數，而且隨著 n 的增加，其表示資訊的能力將指數級上升。例如，一個 250 量子位元的儲存裝置（由 250 個原子構成）可能儲存的數將達到 2^{250}，比現有已知的宇宙中全部原子數目還要多。

而電腦能處理的所有資訊實際上都是基於對數字的數學計算，如果能夠提高電腦數學計算的速度，電腦處理資訊的速度自然就會相應提高。由於數學計算可以同時對儲存裝置中全部的資料進行，因此量子電腦在實施一次的運算中可以同時對 2^n 個輸入數進行數學運算。其效果相當於傳統電腦重複實施 2^n 次操作，或者採用 2^n 個不同處理器實行並行操作，而這就是量子電腦為什麼會這麼快的祕密。

（以上內容節選自 CSDN 部落格的量子計算專題）

第 23 講
為什麼人口不到 50 萬的馬爾他要做區塊鏈世界的中心？

隨著區塊鏈越來越紅，越來越多的公司將區塊鏈運用到了專案中，世界各國對區塊鏈技術的監管政策也變得逐漸明朗起來。這一講，我們主要整理一下世界各國對區塊鏈及加密數位貨幣的監管政策。

從各國政府部門的表態和行動來看，我發現了一個規律：小國激進，大國穩健。

先來說說馬爾他這個國家。也許有人都沒聽說過馬爾他，這是一個位於地中海的島國，總人口不到 50 萬，面積 300 多平方公里，還沒有北京的海淀區大。但是馬爾他的區塊鏈政策是最為激進的。官方宣稱，要將馬爾他打造成區塊鏈島，並且大力支持區塊鏈和加密貨幣在當地的發展，透過各種政策給予來此創業的區塊鏈公司優惠。馬爾他還是最早安裝比特幣 ATM 機的國家。2018 年 7 月，馬爾他議會審議並通過了三項區塊鏈監管法案：《馬爾他數位創新管理局法案》、《創新技術安排和服務法案》、《虛擬金融資產法案》，成為世界上第一個為區塊鏈立法的國家。因為馬爾他也是歐盟國家，馬爾他總理曾在歐盟委員會上呼籲，將歐洲建成加密貨幣中心。

同為歐洲小國的白俄羅斯也不甘落後。白俄羅斯總統盧卡申科（Lukašenka）是加密貨幣的忠實粉絲，他曾公開表示，使用核電廠多餘的電能來挖礦，要以舉國之力發展數位貨幣，並且允許礦場在白俄羅斯開

廠。白俄羅斯政府已經承認比特幣是法定貨幣，而且不會對挖礦和比特幣交易徵稅。白俄羅斯經濟高度依賴能源和金融，2008 年金融危機和油價暴跌使白俄羅斯經濟長期陷入低迷。比特幣挖礦消耗資源過多，被人詬病已久，如果白俄羅斯的核子反應爐能投入挖礦，的確可以為比特幣帶來更廉價、更清潔、更持久的電力供應。

再來看看南半球。

我們在第一章提到過委內瑞拉這個國家，因為嚴重的通貨膨脹，老百姓喜歡購買加密貨幣，因為加密貨幣比本國貨幣更保值。為了應對危機，2017 年 12 月，委內瑞拉宣布將發行石油幣，發行量為一億枚，每個石油幣都由委內瑞拉的一桶原油作為實物抵押。接著，委內瑞拉總統宣布，石油幣將作為委內瑞拉的國際記帳單位以及國內薪資和商品、服務定價的基準。為了使石油幣的價格穩定，石油幣不僅綁定石油價格，還同時綁定鐵礦石、鑽石和黃金的價格，並且有 6 家交易所上線了石油幣。政府對石油幣寄予厚望，希望能依靠石油幣從國際募集資金。但是，石油幣的抵押石油還沒開採，交易所也不是高知名度的大交易所，又因為還沒搭建完善的支付系統，石油幣並不能購買實物。

因為南美洲國家普遍經濟低迷，所以不僅委內瑞拉的民眾熱愛購買比特幣，就連南美洲最大的經濟體──巴西的民眾也是比特幣愛好者。超過 8% 的巴西民眾擁有數位貨幣，這個比例可以排進世界前五，其他四個國家是日本、韓國、英國和美國。

相比前面的小國，大國就穩健多了。

先來看看比特幣和區塊鏈技術最成熟的美國。對於區塊鏈，美國一直抱著謹慎的態度，既不放任區塊鏈肆意發展，也不過分監管。官方鼓勵政

府和企業大力擁抱區塊鏈技術：美國國防部正在嘗試利用區塊鏈技術搭建資料平臺；國家太空總署在開發使用區塊鏈技術的太空梭；好萊塢在採用區塊鏈技術銷售電影，打擊盜版。美國的各大網路公司也紛紛行動了起來： Facebook 發行了全球通用的數位貨幣； IBM 開發了應用最廣的聯盟鏈產品「超級帳本」；亞馬遜要在交易系統中使用區塊鏈。但是，美國證券交易委員會（SEC）對數位貨幣的監管是非常嚴厲的，不僅限制虛擬貨幣的投資，還計劃發布禁令，曾經向 80 餘家數位貨幣公司發出了傳票，並且所有的交易所都要在美國國內註冊。

　　與美國同屬海洋法系的英國對於比特幣也是既謹慎又包容的。為了規範加密貨幣和區塊鏈技術，英國財政部、英國金融行為監管局和英格蘭銀行共同組建「加密資產專項工作組」，同年發布了一系列針對區塊鏈行業的監管措施。制定完了監管措施，英國央行還嘗試了創建國家數位貨幣，想利用數位貨幣提高跨境交易的效率。除了英國央行，加拿大和新加坡的央行也在進行類似的努力。英國稅務部門正在研究加密資產的稅務問題。

　　韓國和日本是民眾購買數位貨幣最多的兩個國家，並且民眾接觸比特幣也很早。韓國的年輕人有一半都購買過數位貨幣。由於比特幣價格在 2018 年暴跌，有大學生因為購買了大量比特幣損失很大而自殺。韓國政府為了遏制民眾對數位貨幣的狂熱，禁止了數位貨幣的發行。半年後，雖然沒有書面的解禁，但事實上韓國政府已經再次允許發行數位貨幣，只是加強了監管。韓國舉辦的區塊鏈論壇也是最多的。日本對區塊鏈和數位貨幣比較友好，不僅沒有禁止過發行數位貨幣，還從政策上大力鼓勵數位經濟和區塊鏈的發展，在制定配套措施上也比較完善。

　　根據中國國家知識產權局的資料顯示，2019 年公開的區塊鏈專利數

量總數，同比 2018 年增長近 6 倍。在國際專利方面，中國的阿里巴巴公司排名第一。在專利總數上，美國公司擁有的專利更多（見圖 2-20）。

　　網際網路經過了 50 年的發展，而區塊鏈才誕生了 10 年，區塊鏈還處於早期階段。也有不少人把區塊鏈和人工智慧相提並論。人工智慧經過了兩次低谷、三次熱潮，才向世人證明了價值。人工智慧領域中，「人工智慧教父」傑佛瑞‧辛頓（Geoffrey Hinton）在最低谷的時候連研究經費都很難申請到，甚至被人懷疑是騙子。區塊鏈和人工智慧同為革命性的技術，希望這兩者都能得到更加公正與理性的對待。

　　在我看來，當前的區塊鏈世界並不完美，但卻發展很快，區塊鏈的先驅們在不斷的摸索中，悄悄的改變著世界，區塊鏈塑造世界的力量不容低估。

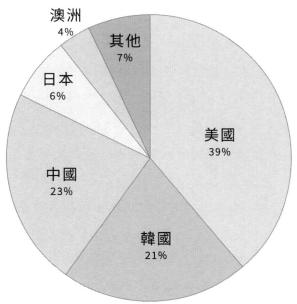

▲ 圖 2-20　2019 年區塊鏈領域授權專利的國家市場分布

以下節選自 2018 年 3 月 1 日阿里巴巴集團學術委員會主席曾鳴做客《王峰十問》對話內容：

王峰：我看到一份「2017 全球區塊鏈企業專利排行榜」，前 100 名中，中國入榜企業占比 49%。其中，阿里巴巴排名第一，美國銀行排名第二。當看到這樣的消息時，我先是一驚。阿里巴巴是從什麼時候推展區塊鏈技術專利準備的？誰在負責這件事情？

曾鳴：其實，阿里巴巴做區塊鏈這個事情，發展的確挺有意思的，還是很典型的，就是阿里經常強調的 top down 和 button up 的結合。top down 就是說，高層的管理人員需要對未來有緊密的關注，我自己是 2013 年開始就經常去矽谷，每年差不多有半年的時間在矽谷。我們最主要的工作之一就是了解矽谷最新的技術變化以及它們對未來的影響。

早期，我們最主要的關注點是雲端運算和人工智慧，看了很多這方面的公司。但是在 2014 年之後，陸續聽到很多關於比特幣、區塊鏈的討論。特別是隨著以太坊的發展，相關的討論就更加熱烈了。所以，2015 年前後，我就開始和螞蟻金服的策略部同事聊區塊鏈可能對金融行業的衝擊。

火星財經最近有一篇報導，講述了螞蟻金服技術團隊是如何自下而上的開始區塊鏈探索的：最早是從 2015 年內部的一個興趣小組開始，2016 年，首次利用區塊鏈嘗試展開了一個公益專案。2016 年，在阿里巴巴內部，主要是在螞蟻金服，我和他們的策略部及首席技術官都有過溝通，曾經研討過一次比較完整的區塊鏈技術。2016 年年底，阿里巴巴的長期策略

會也討論了區塊鏈對於未來的重要性。

　　所以，近兩年整個區塊鏈技術在螞蟻金服以及阿里巴巴的應用還是比較順利的。大家也可以看到，區塊鏈技術在和商業場景及其他應用場景的結合方面，進步快速。

第 3 章
你真的了解 Facebook 的 Diem 嗎

第 24 講
Facebook 為什麼要推出 Diem ？

2019 年 6 月 18 日，Facebook 旗下全球加密貨幣項目 Libra 官方網站正式上線，並發表 Libra 白皮書。根據白皮書顯示，Libra 的目標是以區塊鏈技術為基礎，以多種法幣為資產儲備，打造一種新型全球電子加密貨幣。2020 年年末，Libra 正式更名為 Diem。

一家世界級的網路龍頭不僅採納了區塊鏈技術，而且還發了幣，影響不言而喻。甚至有人認為，Libra 白皮書是繼 2009 年比特幣、2013 年以太坊後，數位貨幣領域最重要的一份白皮書。

也許你會很納悶： Facebook 不老老實實做好通訊軟體，為什麼選擇在區塊鏈和加密數位貨幣領域發力？祖克柏是怎麼想的呢？只是為了湊個區塊鏈熱鬧？

其實，Facebook 在推出 Diem 之前，就已經有過「發幣」的嘗試。早在 2011 年，Facebook 就已經向公眾發表了 Facebook Credits（Facebook 積分）。這個積分可以用於付費使用 Facebook 平臺提供的遊戲及其他一些非遊戲類應用程式，10 個積分等價於 1 美元，可兌換包括英鎊在內的 15 種法幣，甚至配套了專門的支付處理公司 Facebook Payments。但是，發表後第二年 Facebook 就宣布積分專案擱淺，2013 年正式退役。可見，從「發幣」的角度看，Facebook 並非是首次嘗試，也絕非心血來潮。

　　事實上，推出 Diem 是祖克柏謀劃已久的一件大事。

　　2018 年，祖克柏曾發表他的個人年度挑戰計畫。其中提到，希望透過區塊鏈技術和 Token 讓人們從集權式技術系統中獲得權力。同時，他還表示很有興趣研究區塊鏈技術的正面和負面影響，以及如何用最好的方法，把去中心化技術應用到 Facebook 的服務裡。

　　2019 年新年伊始，祖克柏以一則訊息向全世界宣告了進軍區塊鏈的決心：「我們是應該透過加密，還是透過其他方式下放權力來讓人們獲得更多權利？」3 月，Facebook 元老之一、公司首席產品官克里斯・考克斯（Chris Cox），以及主管 WhatsApp 業務的副總裁克里斯・丹尼斯（Chris Daniels）宣布辭職。考克斯表示 Facebook 未來將專注於加密、可互操作的資訊傳播網路，需要對此更有興趣的領導者。5 月，Facebook 在瑞士日內瓦註冊成立了一家金融科技公司 Libra Networks。「Libra」即正義女神朱斯提提亞（Justitia）手中的「天秤」，意為公平、民主，這也是基於「去中心化」的區塊鏈遊戲規則中最核心的價值觀。6 月，Libra 白皮書正式公布。

　　所以，分析 Facebook 啟動數位貨幣計畫的直接動機，很大機率上看，可能與Facebook現有營運及商業模式所面臨的龐大威脅有密切關係。

　　自從 2018 年 Facebook 隱私洩露醜聞以來，曾經心高氣傲的創業天才祖克柏便身陷泥淖，媒體的討伐、聽證會上的質詢、投資人甚至創業夥伴的責難，讓 Facebook 在歐美形象一落千丈。

　　這裡要向大家詳細介紹下曾經轟動一時的「劍橋分析」事件。2018年 3 月，美國《紐約時報》和英國《衛報》共同發表了深度報導，曝光 Facebook 上超過 5,000 萬使用者資訊資料被政治資料公司「劍橋分析」

獲取利用，並向這些使用者精準投放廣告內容，幫助 2016 年川普團隊參選美國總統。據報導，該事件影響了 5,000 萬用戶，但是最後發現是 8,700 萬。

2018 年 5 月，歐盟範圍內《通用資料保護法案》正式生效。同一時間，祖克柏在歐洲議會出席兩次聽證會，並接受質詢。其中第一次相對溫和，第二次則殺氣騰騰。隨後，祖克柏因為拒絕赴英國接受質詢而險些遭逮捕，使得他清楚的認識到，在美國，特別是在歐洲，Facebook 現在的商業模式將面臨根本上的威脅。

2019 年 7 月，據《華爾街日報》消息，美國聯邦貿易委員會（FTC）批准了與 Facebook 達成的約 50 億美元的和解協議。這一高數額罰款是針對 Facebook 近兩年來違反使用者隱私保護策略，特別是「劍橋分析」事件的處罰。

我們再來看 Facebook 目前的商業模式，它主要是透過無償或者低成本占有使用者資料，再透過高水準的大數據分析準確刻畫使用者特徵和偏好，精準推送廣告，賺取廣告費。

但是，這一模式有一個致命的問題──它需要獲得分析使用者資料的權利。如果歐美對於使用者資料保護的新規則發生變化，如要求使用者資料的所有權和控制權明確劃歸使用者，Facebook 必須經過使用者明確授權、支付對價之後才能對這些資料進行分析，那麼，就意味著 Facebook 獲得使用者資料的成本會呈幾何式成長，原有商業模式的成本和風險也將大幅度提高，商業前景將一片黯淡。

所以，綜合以上事件，我們不難想像，雖然 Facebook 在 2018 年淨利潤高達 250 億美元，市值超過 5,000 億美元，但在輿論和監管的雙重危

機下，祖克柏依舊是戰戰兢兢，如履薄冰，所以他不得不考慮提高資料安全管理以及 Facebook 新的商業模式的建立。

在祖克柏不久前的公開言論中，我們也能明顯感受到他的心思，如談及安全，祖克柏提到，區塊鏈是 Facebook 打造以隱私為核心的社交平臺願景的重要部分——在這個平臺上，從簡訊到安全支付，你可以透過你想要的任何方式進行互動。

此外，祖克柏也在 Facebook 上發文解釋說，隨著時間的推移，希望為人們和企業提供更多服務，如只需要按一下按鈕即可支付帳單，透過掃描代碼購買咖啡或乘坐當地公共交通工具而無須攜帶現金或交通卡。

這聽起來是不是有點熟悉？就連 Twitter 上都有不少人評論說，看完 Facebook 白皮書後，發現區塊鏈只是表象，實質更讓人想起微信支付。儘管這些場景對於支付寶和微信使用者已經再熟悉不過，但是在美國、歐洲，無論是蘋果還是 Google，都沒能以手機行動支付複製支付寶與微信在中國的輝煌。美國仍舊是一個到處刷信用卡的世界，小店 10 美元以下還須收取手續費。單從便捷支付這一點來看，Diem 的推出就給了人們很大的想像空間。

當然，我們還要繼續關注 Facebook 公布 Diem 白皮書之後的專案實際落地情況。雖然 Facebook 公司的綜合實力很強，且擁有廣泛的使用者基礎，但 Diem 的落地絕非起草一紙白皮書那麼簡單。

從網際網路應用發展的進程看，早期網路企業在業務層層突破的前進道路上走過的每一步，都為今天的我們提供了重要的實踐依據。

1998 年成立的新浪網，直到 2000 年才正式獲得國家批准的登載新聞業務資格，成為中國民營商業網站中首批獲得政府機構許可的網站；馬雲

第 3 章　你真的了解 Facebook 的 Diem 嗎

2004 年創立支付寶時，中國國內還沒有支付牌照，7 年後的 2011 年，支付寶才獲得中國央行頒發的中國國內第一批支付牌照。對於一個新生事物來說，獲得監管機構的完全認可確實需要經歷一個過程。

凡事有度，過猶不及。很多事情做得過早，或者做得過於極端，可能結果都未必理想。對於想要發幣的企業來說也是如此，選擇一個合適的契機很重要。所以，Diem 雖然願景美好，但能否如期推出並順利發展，我們還得交給時間來評判。

延伸閱讀：祖克柏發表公開信分享 Libra 未來願景

2019 年 7 月 25 日，Facebook 創始人兼 CEO 馬克‧祖克柏在 Facebook 個人主頁上發表了一份公開信，分享了公司在上個季度的最新成果以及未來願景，並且講到了 Facebook 的最新專案 Libra，描述了一幅為全球數十億使用者提供一種安全、穩定、監管良好的新貨幣願景。

以下是英文公開信的內容翻譯節選：

支付是其中一個讓我特別興奮的部分。當我看到我們可以更容易的進行私人互動時，從長遠來看，支付可能是最重要的。我們將繼續在印度測試 WhatsApp 的支付功能，並即將在其他國家推出。

未來，我們將允許人們使用相同的支付帳戶，在 WhatsApp 上向朋友和企業轉帳，在 Instagram 上購物，或在 Facebook 上進行交易。能夠像發送照片一樣簡單的發送金錢，將為企業開闢新的機會。

更廣泛的說，我相信有機會幫助更多的人獲得金融工具。

上個月，我們宣布正在與其他 27 個組織合作組成天秤座協會（Libra

Association）。該協會將創造一種名為 Libra 的新貨幣，它將由區塊鏈技術提供動力。

　　天秤座協會將獨立於 Facebook 或任何其他成員，但我們計劃在我們的服務中支援這種貨幣。其目標是讓全球數十億使用 WhatsApp 等服務、但可能被排除在銀行服務之外的人能夠使用一種安全、穩定、監管良好的加密貨幣。

　　這裡有很多可能性，Facebook 和天秤座協會都計劃與監管機構合作，幫助他們在天秤座推出之前解決所有的擔憂。我們與該協會的其他潛在成員合作，提前發表了一份白皮書，明確概述了天秤座的概念，這樣我們就可以在公開場合解決這些重要的問題。我們致力於與政策制定者合作，把這個問題解決好。

第 25 講
Diem 會顛覆銀行系統嗎？

在上一講，我們講到了 Facebook 推出 Diem 的背景和可能的動機。在我看來，Diem 的推出能夠引起世界範圍內的極大關注，一方面在於 Facebook 自身在網路世界的強大影響力，進軍加密數位貨幣領域無疑是整個網路行業以及區塊鏈行業的大新聞；另一方面在於讓更多人看到了 Facebook 背後進軍金融市場的野心，這一點或許是更多金融領域的業內人士所特別關心的地方。

中國建設銀行副行長黃毅在談及 Facebook 發行穩定幣專案時說過一句話：如果這一模式成功，那麼對銀行系統不是「挑戰」，而是「顛覆」。CSDN 蔣濤有個說法也很有趣：當今全球金融系統就像變革前的清政府，腐蝕化卻難以自我進化，他甚至把 Facebook 發幣比作「打響了全球金融系統『辛亥革命』的第一槍」。

上面的這些說法，真的不是危言聳聽。如果你就在銀行、證券等傳統金融行業工作，那麼，請真的不要忽視 Diem 的出現，它將來可能會逐漸改變你的職業路徑，甚至讓你丟掉目前的金飯碗。

接下來，我們一起來看看 Diem 是如何影響銀行等傳統金融系統的。

在其白皮書中，開頭就明確提出了 Diem 的使命：建立一套簡單的、無國界的貨幣和為數十億人服務的金融基礎設施。我搜尋了 12 頁的 Diem 白皮書，「普惠」這個詞用了 6 次。Diem 的核心思想是創建更普惠

的金融體系，為世界建立更普惠的金融服務。

可能你對普惠金融還不太了解，如果簡單抽象的去理解，普惠金融主要包括支付、理財和借貸這幾大基本金融應用場景。其實我們每天都在享受普惠金融的便利，微信支付、支付寶可以充分滿足普惠金融的基本需求。

祖克柏也在 Facebook 上發表部落格解釋說：「隨著時間的推移，我們希望為人們和企業提供更多服務，如只需按一下按鈕即可支付帳單，透過掃描代碼購買咖啡或乘坐當地公共交通工具而無須攜帶現金或地鐵卡。」

但是，祖克柏所描述的普惠金融的典型場景，目前在絕大多數發展中國家，尤其在印度和撒哈拉以南的非洲地區，還遠遠沒有做到。因為在那些地方，常規的金融服務還很落後，很多人甚至都沒有銀行帳戶。

白皮書中，Facebook 引用了一項 2017 年世界銀行的資料，資料中稱，17 億人無法使用金融機構，在這些人中，大約有 10 億人擁有手機，5 億人可以上網。

Diem 給出的解決方案則是，跳過銀行，直接使用區塊鏈支付，即使用者只需要一部 40 美元的手機，就能在沒有銀行帳戶、不經過銀行的情況下，簡單的實現無國界支付。

我們來看一個實際的場景：生活在哥倫比亞邊境城市庫庫塔的居民的生活，可能會因為 Libra 的推出而發生本質的變化。

每天，成千上萬的委內瑞拉貧民都會湧入庫庫塔這個悶熱的小鎮，購買食品和藥品，因為在委內瑞拉這些東西都非常稀缺。

然而，對於他們當中的大多數人來說，購買商品之前，第一個要去的

地方卻是西聯匯款，因為買食品和藥品的錢要靠國外親戚寄過來。這種跨境匯款的需求非常大，以至於很多人不得不在西聯開門的前一晚通宵排隊，甚至直接在人行道上過夜。

雖然依靠加密數位貨幣可以一定程度上解決跨境匯款難的問題，但這個小城的商家卻不太願意採用加密貨幣，目前只有少數人願意接受它。一名數位支付的軟體開發商和聯合創始人如是說：「其實原因也不難理解，如商家擔心比特幣行情會劇烈波動、數位錢包太難用；還有人擔心這些加密貨幣的合法性。」

如果 Diem 能夠順利推出，基於其價值相對穩定、便捷易用等特點，就可以克服跨境匯款過程中遇到的困難，畢竟 Facebook 是一個已經擁有龐大使用者的平臺。

Diem 不僅能夠幫助使用者解決傳統金融機構服務門檻高的問題，更為重要的是，它還大幅降低了人們使用金融工具的成本，這也是普惠金融的重要展現。

傳統金融世界裡，由專門的類似銀行的機構在運作，龐大的組織運作需要高昂的成本，如果分攤到每一個金融最終使用者身上，就形成了貨幣本身的使用成本。貨幣使用成本存在一種倒置的現象，就是錢越少的人實際上付出的成本代價越高，因為對於銀行來說，很多費用按筆收取，銀行對大客戶有利可圖，費用比例往往會更低。

銀行間發生業務往來存在多種手續費，如匯款手續費、電匯手續費、透支手續費和 ATM 手續費等，這些問題很難交給銀行解決。因為銀行對這種問題視而不見，認為收取手續費理所應當。而 Diem 認為，窮人為金融服務支付的費用太多。

以網路支付為例，Facebook 如果可以向 Diem 有效轉化使用者，經過若干年的發展，一年將承載 50 萬億～ 80 萬億美元交易量，而 Diem 只需要收取千分之二的手續費，收入就比現在 Facebook 全部營收還要高。

CSDN 副總裁孟岩之前曾表示，除了網路支付、跨境支付以外，Facebook 也一定不會排除與銀行、基金、證券公司、交易所、保險公司等傳統金融機構合作，在自己的體系中創建各種金融產品，成為使用者的金融服務入口。孟岩甚至認為，Facebook 有一天或許會成為全球最大的金融仲介，並賺取高額的仲介費用。

不同於支付寶與微信仍然需要綁定法幣、和銀行合作，自己發行加密數位貨幣的 Libra 則可以說完完全全把主動權拿到了自己手裡。

根據白皮書的描述，Diem 還要建立一個類似「中央銀行」的協會組織——非營利性會員組織 Diem 協會，總部設在瑞士日內瓦，目前有 28 名創始成員。每名會員需要繳納 1,000 萬美元的會員費用，從而可以在區塊鏈上運行節點，以便獲得資料查看和資料寫入的權限。

Diem 協會是唯一有權力「創造」和「銷毀」 Diem 貨幣的組織。協會建立一個資金儲備，當使用者用 Diem 認可的法定貨幣兌換 Diem 貨幣，就將法定貨幣納入資金儲備中，同時創造新的 Diem 貨幣。隨後，使用者再用 Diem 貨幣進行支付和轉帳。當 Diem 換回法幣，則需要在系統中「銷幣」。

曾經，Diem 計劃把 VISA 和萬事達這樣的支付業龍頭納入協會成員，畢竟支付業本身就是一個完整的金融上下游結構，涉及支付、清算、結匯等多個環節。單靠 Diem 來推動，一定會遇到很大阻力，特別是來自傳統金融機構的阻力。與其這樣，不如首先聯合起來，各取所需，各謀所利。

　　我相信，白皮書中為 Diem 勾描的未來場景，終有一天會真實的到來：Facebook、 WhatsApp 和 Messaging 的使用者可以購買 Diem，存到一個叫 Novi 的數位錢包裡，未來租車公司 Uber、VISA 和萬事達信用卡、線上支付 PayPal、手機營運商沃達豐、 eBay、 Spotify 等都可能會接受 Diem 付款……

延伸閱讀： Diem 是一場無國界、無主權的新金融實驗

「為什麼我們不能用手機像發訊息給朋友一樣簡單快速的轉錢呢？」

「為什麼不能創造一種穩定、安全並且能在全世界範圍內使用的貨幣？」

「我們能不能讓每個參與全球經濟的人都平等的享受金融服務？」

打造全球支付新體系

□ **更自由：**透過全球性的底層清算網路，使用者可以在世界上的任何一個地方比此進行點對點直接交易。

□ **更安全：**基於分散式記帳技術的底層網路，在安全性和保護使用者個人財富自由等方面具有優勢。

改善現有貨幣體系

□ **低波動性：**不錨定一種法幣，而是錨定一籃子貨幣，類似國際貨幣基金組織的特別提款權（SDR）。

□ **無國界：**不受任何主權國家的獨立監管，並對使用者不具有排異性。

實現普惠金融

□ **成本低：**透過 P2P 交易，讓所有參與業務的使用者直接分攤成本，無須支付第三方費用，降低使用成本。

□ **門檻低：**加入 Diem 網路的使用者，能夠以極低的門檻進入，享受 Diem 帶來的各種便利服務。

▲ 圖 3-1　Diem[1]

1　資料來源：火星財經。

第 26 講
支付寶和微信會效仿Diem推出自己的數位貨幣嗎？

在上一講，我們分析了 Diem 打算進軍金融市場的野心。當提到搭建普惠金融應用場景的時候，比如，只需按一下按鈕即可支付帳單，透過掃描代碼購買咖啡，乘坐當地公共交通工具而無須攜帶現金或交通卡……可能首先映入你腦海的就是微信支付和支付寶。

沒錯，Diem 也這樣想。2019 年 7 月 17 日，美國國會眾議院對 Facebook 數位貨幣展開的題為「審查 Facebook 提出的數位貨幣以及其對消費者、投資者和美國金融系統的影響」的聽證會上，Facebook 的區塊鏈專案負責人默認，Diem 與微信、支付寶將是競爭關係，同樣是一種支付工具。

有人說，Diem 就是抄襲微信和支付寶，乍看起來好像如此，但其實它們之間有很多不同。

第一，錨定物不同。微信和支付寶是 1：1 錨定人民幣，而 Diem 是錨定一籃子主權貨幣而不是某一國主權貨幣。

第二，支付管道不同。微信和支付寶的每一個支付動作的完成，背後都有企業與中心化結算銀行進行一系列的清算動作，而 Diem 是國際性機構，可以不經過第三方結算，不需要央行處理。

第三，運作方式不同。微信和支付寶為中心化運作，使用者支付流程經由微信、支付寶等平臺進行中轉，再交由銀行清算，而 Diem 為多中心

運作，和 Master Card、 VISA、 PayPal 等支付龍頭組成超級節點，目前已經有 28 家各行業龍頭企業作為超級節點參與了進來，未來 Diem 正式發行時，可能會形成 100 個超級節點，使用者與企業的交易行為可以點對點進行，無須經過銀行處理。

我還特別注意到，Facebook 公布的 100 個盟友節點中，淘寶的對手 eBay、支付寶和微信支付的對手 PayPal 等都位列其中。與 Facebook 結盟後的 eBay、 PayPal 會否借助 Diem 重新挑戰阿里巴巴、微信在電子商務、行動支付領域的地位？我們不禁要打個大大的問號。

所以，如果你只是簡單的認為，Diem 就是抄襲微信和支付寶，或者說支付寶、微信和 Diem 之間僅僅差了一個加密貨幣，事情可能還真沒有這麼簡單。

你也許會問，微信和支付寶繼續深耕自己的業務，不理會 Diem 不行嗎？面對即將推出的 Diem，它們真的要到了兵戎相見的地步了？

目前 Diem 還在發展初期，在使用規模上難以和目前的微信、支付寶匹敵，尤其是在中國市場上。根據 2019 年最新財報顯示，阿里巴巴的每月活躍使用者為 7.21 億，微信和 WeChat 合併使用者為 11.2 億，因為中國無法使用 Facebook，Diem 支付幾乎不存在在中國使用的可能，Diem 對微信和支付寶的影響主要表現在海外市場上。

根據 2018 年的一組資料，全球行動支付使用者數量排名第一和第二的就是微信和支付寶，然後是美國的 PayPal，微信和支付寶的使用者數量是 PayPal 的 5 倍還多。尤其隨著中國人海外旅遊增多，微信和支付寶的海外擴張之路也隨之順風順水。

Facebook 可以說是國際上使用最普遍的社交軟體，在全球擁有 27 億的

使用者，在海外使用者規模上，Facebook 遠超支付寶和微信。一旦 Diem 發展起來，Facebook 藉機推廣自己的行動支付和建立以 Diem 為基礎的金融服務，這對於支付寶和微信的海外擴張來說，肯定是個沉重的打擊。

那麼，面對 Diem 的咄咄逼人態勢，微信和支付寶是怎麼想和怎麼做的呢？

我相信，Facebook 發幣一定已經引起了騰訊和阿里的高度重視，但是兩家龍頭在中國市場的護城河已經足夠深，即使 Facebook 如期推出了 Diem，它也不太可能對微信和支付寶的中國本地市場構成重大挑戰。

從現狀看，中國網路龍頭似乎不太可能跟隨 Facebook 的腳步進入加密數位貨幣領域──但可以肯定的是，幾乎所有的網路巨擘們都在關注 Facebook 發幣這件事。

比如，在騰訊的馬化騰看來，監管將成為 Facebook 加密貨幣計畫成功的決定性因素，他在自己微信好友的朋友圈裡寫道：「Facebook 的技術已經足夠成熟，因此實施起來並不困難。現在只取決於是否能獲得監管部門的批准。」這番表態不禁讓人想起他在 2018 年 3 月評論加密貨幣的看法：「區塊鏈技術的偉大之處，取決於它的使用方式。發行初始代幣產品或數位貨幣仍然存在較大的風險。騰訊不會發幣，也不會考慮參與其中。」

再來看螞蟻金服。2019 年 5 月，螞蟻金服區塊鏈部門負責人張輝在公開演講時提到，螞蟻金服正在探索如何以「某種形式的代幣（some form of a token）」在區塊鏈上發行數位資產，這些資產會與實體世界的某些價值相互掛鉤，如法幣或其他類型資產，但他並未透露有任何具體計畫。

稍早前，阿里巴巴集團學術委員會主席曾鳴做客《王峰十問》時，曾經提到，早在 2015 年左右，他就和螞蟻金服策略部的同事聊過區塊鏈可能對金融行業的衝擊，並在公司內部成立了一個興趣小組；2016 年，螞

第 3 章　你真的了解 Facebook 的 Diem 嗎

蟻金服首次利用區塊鏈嘗試推展了一個公益專案；2016 年年底，阿里巴巴的長期策略會也討論了區塊鏈對於未來的重要性。

微信和螞蟻金服，雖然各自在積極向海外市場擴張，但這兩家網路龍頭都沒有發行加密貨幣，而是採取了傳統的策略和謹慎的做法，如與本地支付服務提供商進行合作，為當地使用者提供支付服務等。

到底哪種答案是最優的解決方案？我們現在還不得而知。或許，與其討論支付寶和微信會不會效仿 Diem 推出自己的數位貨幣，倒不如更多的關注中國是不是也需要發行類似 Diem 的數位貨幣？

正如不久前，華為任正非在公開場合發表的言論：「中國自己也可以發行（Diem）這樣的貨幣，為什麼要等別人發行呢？一個國家的力量總比一家網路公司強大。」

過去一段時間，我們常常提到「互聯網＋製造」、「互聯網＋硬體」等，從實踐結果看都遭遇了極大的困難，事實證明它們是很難走通的。

在我看來，網路公司的核心業務範疇正在從提供資訊服務的第一階段，到提供商業服務的第二階段，再到如今提供金融服務的第三階段過渡。網路業務的金融化已經是大勢所趨。而區塊鏈技術的出現為網路公司進入金融領域提供了一條合適的路徑。

如果 Diem 未來獲得成功，今後網路龍頭的競爭將逐漸從流量入口和應用場景的爭奪，轉變為資金流轉和信用主體的爭奪，融合了區塊鏈技術、裝備了數位資產的新興網路企業會更加強大，它們將實現對傳統網路企業的降等打擊。

從這個角度看，微信和支付寶真的不能對 Diem 掉以輕心，策略上的慢半拍可能造成整體業務的全面受挫。

大家可以思考下：受 Facebook 發幣影響的提振，在接下來的階段，傳統網路公司會不會掀起一股發幣潮？

延伸閱讀：「韓國版微信」開始搶占區塊鏈市場

Kakao 在韓國擁有 96% 的市場占比，業務涉及通訊、遊戲、內容服務、金融服務和行動服務，其通訊應用程式 Kakao Talk 被稱作「韓國版微信」。

2018 年 3 月，Kakao 便宣布了推出區塊鏈平臺的計畫，並在 2018 年 10 月發表了 Klaytn 的測試版本，該平臺專注於去中心化應用程式（DApps），開發商也正與大約 10 家國內外合作夥伴合作，測試新的生態系統。

▲ 圖 3-2　區塊鏈平臺 Klaytn 的創始合作夥伴

第 3 章　你真的了解 Facebook 的 Diem 嗎

　　Kakao 的區塊鏈平臺 GroundX 於 2020 年 6 月 3 日發表加密貨幣錢包 Klip，用來支援 Kakao 區塊鏈平臺 Klaytn 和其代幣 Klay。使用者可透過 Kakao Talk 在 Klip 上進行加密貨幣轉帳，以及管理在加密貨幣交易平臺和個人錢包等中的加密貨幣資產。

第 27 講
為什麼許多國家的央行會對 Diem 憂心忡忡？

如果你關心留意 Diem 的消息，一定會注意到，Facebook 發行加密數位貨幣的事情，竟然被各國政府和監管機構紛紛盯上了，各國央行和財政部等政府機構密集發聲：

・美聯準主席表示：在 Facebook 解決監管問題前不應允許推出 Diem。

・歐洲央行表示： Facebook 必須提供更多關於 Diem 的資訊，如果不提供更多資訊，Facebook 可能得不到批准，並對其進行監管，以保證它不會危及當地金融體系和被用作洗錢。

・英國央行表示： Facebook 的加密貨幣 Diem 從第一天開始就必須保證絕對可靠，否則就不要開始。同時央行須考慮 Diem 對金融和貨幣穩定的影響，Facebook 及其合作夥伴需要在反洗錢和資料保護等方面滿足監管機構，這一切必須在該支付系統正式啟動之前完成。

・法國央行表示：財政部長計劃組建「穩定幣」專案特別工作組，包括 Diem 計畫。雖然 Diem 能提高跨境匯款的效率，但是其必須遵守反洗錢規定。Diem 必須確保交易和使用者資料完全安全。如果 Diem 提供存款等銀行服務，需要像一家銀行一樣擁有銀行執照，否則就是非法的。

・澳洲央行表示：在採用Facebook提案之前仍有許多問題需要解決，Facebook 必須要拿得出一個可靠的商業案例。

甚至有統計報告顯示，如果 2020 年 Diem 推出，全世界可能只有 12 個市場做好了接納它的準備。

最後，Diem 官方不得不發表聲明：「Diem 可在所有『允許』使用加密貨幣的國家／地區使用。」

那麼，一家網路公司發行數位貨幣，為什麼能和各國央行扯上關係呢？在我看來，Diem 一經推出就被各國政府廣泛關注的最主要原因，是 Diem 被很多國家視作未來超主權貨幣的潛在競爭者，甚至很有可能衝擊一國現有的貨幣體系。

我們回顧一下經濟和金融史。隨著全球化的推進，國際貿易規模迅速擴大，為了降低交易成本，人們需要統一的世界貨幣作為國際貿易和儲備貨幣。在過去，雅典的銀幣、拜占庭的金幣、佛羅倫斯的弗羅林、荷蘭盾、西班牙披索和英鎊都扮演過國際貨幣的角色，而今天，這一角色似乎由美元在主導。

而根據白皮書資訊，Diem 號稱要打造一種新的全球貨幣，滿足數十億人的日常金融需求，能夠集世界上最佳貨幣的特徵於一體：穩定性、低通貨膨脹率、全球普遍接受和可互換性。

此外，白皮書顯示，Diem 並非只錨定美元，而是錨定一籃子貨幣，如美元、日圓、英鎊等的組合，這跟國際貨幣基金組織的特別提款權（SDR）有神似之處。

如果 Diem 錨定美元，那麼未來當 Diem 掌握鑄幣權的時候，Facebook 事實上就成為美聯準之外的另一個美元央行；而錨定一籃子貨幣事實上就是創造一個獨立的貨幣。

這樣來看，Diem 扮演「世界貨幣」的角色越發明朗了，各國央行擔

心的原因也就不言自明了：Diem 有可能會替代部分國家主權貨幣，甚至成為一種強勢貨幣，逐漸侵蝕弱勢貨幣。

如今，全球的強勢貨幣主要是美元，美元化的過程也一直在進行。極端一些的例子比如非洲某國，已經廢除本幣，轉而使用了美元作為貨幣了，而且在中東歐、中亞等地區也出現了較為明顯的美元化趨勢。中小國家的經濟體量相對有限，其所發行的信用貨幣品質遠不及 Diem，且 Diem 搶先於當地政府建構起完善的金融基礎設施，使該國主權貨幣逐漸被擠出。

英國知名雜誌《經濟學人》報導稱，「Diem 潛力強大。如果 Facebook 20 多億使用者將自己的一部分儲蓄換成 Diem 保存，那麼它將立刻成為全球流通最多的貨幣之一。如果得到廣泛應用，它也會讓發行者手握前所未有的權力。Diem 不僅對 Facebook 業務影響深遠，對全球金融體系的影響更是如此。」

除了擔心自己國家的主權貨幣受到打擊，Diem 還會使各國外匯管制難度大增，因為 Diem 為各國民眾提供了間接換匯渠道（如人民幣—Diem—美元），這對各國的外匯管制提出了挑戰；同時，各國貨幣政策的實施難度也會大大提高，資產價格有可能會脫離本國央行的控制。貨幣政策是國家經濟社會穩定運行的重要基石，如果它不穩了，後果可想而知。

當然，也並不是所有的人都看好 Diem 能夠扮演世界貨幣的角色。中國國家金融研究院院長朱民認為，「Diem 現在有很多問題，比如槓桿性問題、儲備問題、中央集中的管理體制和機制，它還在非常初始的階段，能不能成功不知道。我們對 Diem 的出世是不應該掉以輕心的，它對現有

第 3 章　你真的了解 Facebook 的 Diem 嗎

的金融體系、貨幣體系甚至未來的儲備體系都會有很大衝擊。」

在中國金融學會會長周小川看來，「未來可能會出現一種更加國際化、全球化的貨幣，是一種強勢的貨幣，導致主要貨幣和它產生兌換關係，這個東西並不一定是 Diem，但從最近幾年的趨勢看，會有不少機構和人員試圖建立一種更有利於全球化的貨幣。」

實際上，很多國家央行都在積極籌劃自己國家的數位貨幣：美國正在考慮發行 FedCoin（聯邦幣）；俄羅斯正在探索央行數位貨幣（CBDC）；瑞典央行目前正在考慮推出名為電子克朗（e- Krona）的央行數位貨幣；泰國中央銀行（BOT）也對外宣布了名為 CTH 的央行數位貨幣專案……

2019 年 8 月 10 日，中國人民銀行支付結算司副司長穆長春公開表示，中國央行數位貨幣已經呼之欲出，並將採用雙層運營體系，即先把數位貨幣兌換給銀行或者其他營運機構，再由這些機構兌換給公眾。彭博社認為，「中國將成為首個推出央行數位貨幣的主要經濟體。」

中國央行發行的數位貨幣既可以像現金一樣易於流通，有利於人民幣的流通和國際化，同時可以實現可控匿名，將是一場貨幣體系的重大變革。

此時此刻，大洋兩岸的中美貿易戰依舊處在白熱化的膠著階段。如果說 5G 是資訊網路升級的關鍵基礎設施，那麼數位貨幣一樣是數位經濟升級的最重要基礎設施。在我看來，以 Facebook 發幣為象徵性事件的下一代金融創新制高點的秩序重構之爭，其重要性可能絲毫不亞於以 5G 為代表的下一代通訊標準協議的升級大戰。

早在 1976 年，海耶克（Friedrich August von Hayek）在《貨幣的非國家化》一書中就提到，應該允許一種自由貨幣體系，讓各種貨幣之間

相互競爭來優勝劣汰，而不是天然接受政府控制發行貨幣的權力。海耶克「貨幣非國家化」的假想，會不會在 Diem 上得到實踐？ Diem 會成為第一個全球化的數位貨幣嗎？我們都不得而知。

　　不過，我們真的要對 Diem 多一些警覺思考。畢竟，凡事豫則立，不豫則廢。如今，Diem 對各國貨幣政策的挑戰已經箭在弦上，接下來要看我們有什麼大智慧去迎刃而解吧。

延伸閱讀：私人機構發行的貨幣能戰勝金幣嗎？

　　以下內容節選自海耶克的《貨幣的非國家化》（見圖 3-3）一書：

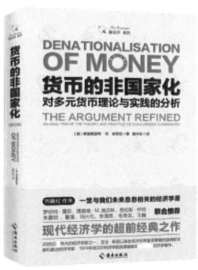

▲ 圖 3-3　海耶克《貨幣的非國家化》中譯本封面

　　在多種貨幣自由競爭的環境中，金幣很有可能最初是最受歡迎的……但我想，它恐怕不會戰勝私人發行的其他形態的貨幣……但從長遠來看，

第3章　你真的了解 Facebook 的 Diem 嗎

同樣的事實也會使得黃金劣於競爭性機構發行的符號性貨幣，而這些機構的生意取決於能否成功的管理其發鈔數量、保持該種貨幣價值的大體平穩。

　　一般認為，政府承擔的任務最初當然不是製造貨幣，而是擔保普遍的被用作貨幣的那些東西的重量和成色，金屬塊只有在打上了正當的權力當局的印鑑之後，才被認為是真正的貨幣，而該當局之使命應當是確保這些鑄幣具有準確的重量和十足的成色，從而標明其真實的值。近代以來政府之所以不斷擴張，在很大程度上是由於它能夠透過發行貨幣來彌補其赤字──而藉口經常是它將因此創造就業機會。為了使某一研究題目更容易用數學處理而引入現實世界中根本就不存在的嚴格的區分，並不能使其研究更科學，而只能使之更不合乎科學。

　　在我看來，貨幣主義理論在所有情形下都會面臨的主要缺陷是，它突出強調貨幣數量的變動對價格整體水準的影響，因而使人們過分的僅僅關注通貨膨脹和通貨緊縮對於債權債務關係的有害影響，卻忽略了向流通中注入和撤出貨幣的數量對於相對價格的結構所產生的更為重要、危害也更大的影響，因為它會扭曲資源的配置，尤其是會導致投資向錯誤的方向上配置。

第 28 講
Diem 會引起加密數位貨幣市場的大洗牌？

　　在前面幾講裡，我們一起探討了 Diem 的推出可能會對銀行系統、網路龍頭及法定貨幣等產生的一系列影響，但需要提醒你的是，Diem 的本質其實還是加密數位貨幣。在很大程度上，Diem 的出現也將引起整個加密數位貨幣市場的一場大變革。

　　我們先來看一個數字：27 億，這是目前 Facebook 的使用者總量。試想一下，如果 Facebook 旗下的每一個行動 App 都將變成 Diem 支付網路的一個「輕節點」或者「錢包」，任何一個使用者都可以隨時連接到這個支付網路之中，那麼 Diem 的發表就會讓 Facebook 一夜之間擁有 27 億個數位貨幣行動終端。

　　錢包服務是通向數位資產生態世界的最重要入口。有資料統計，2018 年的加密錢包使用者數量比 2017 年增加了 48%，從 2017 年的 2,150 萬增加到 2018 年的 3,191 萬。但是，這 3,000 多萬的錢包數量，還不及 Diem 的一個零頭多。Diem 有望成為世界上第一個，也是現階段規模最大的跨境、超主權數位貨幣支付網路。

　　我看到一種說法，如果說上一個盛世讓比特幣走進了主流的視野，而下一個盛世的任務就是把他們當中的大部分人都帶進場。如今，擁有 27 億個數位貨幣行動終端連接的 Diem 如期發表，它真的可能會啟動下一個大盛世的到來。

接下來，我們再來看看 Diem 的推出會對目前加密數位貨幣領域的幾個核心項目有什麼影響。

首先看比特幣。

比特幣是一種數位資產，而 Diem 的目標是成為一種穩定的交換媒介，兩者價值體系的基礎具有很大差別。

在不少人看來，Facebook 進軍加密貨幣，會利好比特幣，因為大大加快了教育使用者的速度。例如，委內瑞拉發行石油加密貨幣時，政府不斷努力教育委內瑞拉人使用加密貨幣，後來卻引發了委內瑞拉人比特幣使用率的飆升。

不過，我覺得有趣的是，即使是 Facebook 數十億使用者中的一小部分人，投身參與到加密貨幣世界中，也很有可能在整個加密貨幣領域產生投資和使用的連鎖反應。

隨著 Diem 的發表，數位貨幣市場的幣幣交易會更加活躍，數位資產一部分貨幣化，一部分證券化，彼此交易一定更開放，而比特幣作為比價的基石，具備數位貨幣市場的黃金屬性，價格自然也會繼續推高。

其次看看以太坊和其他公有鏈。

Move 已經介入到智慧型合約程式語言，直接衝擊以太坊開發者生態。雖然 Diem 並未直接表示 Move 程式語言是不是一個圖靈完備性的體系，但從白皮書中可以看到，透過 Move 語言可以發行數位貨幣、Token 和數位資產，靈活處理區塊鏈交易，實施驗證器（Validator）管理。Move語言實質上是為數位資產而生的智慧型合約平臺型語言，然而，這個角色本來應該屬於以太坊的 solidity。

在 Diem 團隊看來，當前非許可鏈（公有鏈）不存在成熟的解決方案

能夠支撐數十億人的使用需求，目前設計 Diem 為許可鏈（聯盟鏈），將在發表五年內轉向非許可鏈。

Diem 的這種「應用場景和數位貨幣結合」優先於「發展技術挑戰不可能三角」的做法，將對 Diem 區塊鏈生態體系建設造成強大推動作用，這可能讓很多所謂還在努力提高技術參數指標的新一代公有鏈的生態空間進一步被壓縮。

或許隨著 Diem 的誕生，便宣告公有鏈之爭可以告一段落了，說不定這是祖克柏意欲收穫世界貨幣之外的另一個如意算盤。

最後看穩定幣。我們了解到 Diem 不是錨定一種法幣，而是錨定一籃子貨幣，這跟國際貨幣基金組織的特別提款權（SDR）有異曲同工之處，這也是 Diem 穩定幣與 USDT 等穩定幣最明顯的不同。Diem 如能順利推出，可能一舉把 USDT 推下穩定幣的王座，並導致 USDC、 TUSD、GUSD、 PAX 等新興穩定幣的不斷衰落。

另外，Diem 能夠滿足靈活方便的處理跨境轉帳、即時支付等金融需求，會大大衝擊那些以跨境匯款為發展方向的加密貨幣，首當其衝便是瑞波幣（XRP），有人甚至認為 Facebook 的進場意味著 XRP 的壽命進入了倒數計時。

Diem 的推出，不僅會使加密數位貨幣受到一定的衝擊，交易所也會受到很大影響。Diem 協會鼓勵在全球多個受監管的電子交易所公開交易 Diem。徐明星在 Twitter 上就曾主動對 Diem 拋出橄欖枝：「OK 集團可以提供 Facebook 所需要的一切，包括技術、經驗與資金。」

近年來，排在前幾位的加密數位貨幣交易所一直被幣安、火幣、 OK 等幾家交易所壟斷。如果攜大量使用者而來的 Facebook 有選擇性的與

哪家交易所展開合作，那麼目前的主流交易所競爭格局同樣會存在極大的變數。

我聽到過這樣一種聲音：Facebook 的 Diem 算不上真正意義的區塊鏈，因為受到資產發行方、管理方的限制，Diem 很難做到去中心化。

在我看來，Facebook 的 Diem 是不是真正意義的區塊鏈其實並不重要，網際網路和區塊鏈根本不是替代關係，而是最佳融合關係，不應過分的討論中心化和去中心化。

對於區塊鏈及數位貨幣市場來說，Facebook 發布 Diem，其意義恰如微軟在操作系統中嵌入 IE 瀏覽器。隨著 IE 的不斷疊代，讓當時的競爭對手網景瀏覽器變得不堪一擊，但更重要的是，它讓更多的人透過 IE 享受到網際網路世界的便捷，大大加快了網際網路應用的開發和落地，開啟了網際網路大繁榮的新時代。

Diem 的橫空出世會帶動更多的交易場景湧現，很可能把全世界 20 億以上人口引向通往投資比特幣、擁抱數位資產世界的大門。重新看看世界，未來可預期的時間裡，加密數位資產一定會有更加廣闊的市場基礎。

由區塊鏈新技術所推動的開放金融必將成為全球化競爭的下一個重要領域，誰也迴避不了。一場開放式金融革命將會湧現，中本聰和比特幣將更加偉大。

延伸閱讀：　Diem 的全球合作夥伴網路

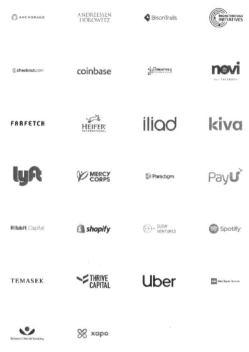

▲ 圖 3-4　Diem 合作網（截至 2020 年 7 月底）[1]

　　Diem 協會由各種企業、非營利組織、多邊組織和學術機構治理構成。組織如要加入協會，須在網路中運行驗證者節點並參與網路治理。

　　Diem 協會成員的職責包括以下幾點。

　　（1）治理。協會成員須參與制定關於 Diem 區塊鏈開發的關鍵決策、管理 Diem 儲備以及募集有社會影響力的資助。

1　資料來源：　Diem 官方宣傳資料。

（2）部署。協會成員須運行 Diem 區塊鏈所依賴的驗證者節點。驗證者節點負責保護 Diem 網路的安全和驗證區塊鏈上的交易。

（3）策略。協會成員負責制定 Diem 生態系統和 Diem 儲備的長期策略，並將帶頭進行有社會影響力的資助，作為對金融普惠的支持。

第 4 章
為什麼區塊鏈首先是一場金融革命

第 29 講
摩根大通推出摩根幣的背後，打的是什麼算盤？

在第一章介紹比特幣時，我們就提到了，比特幣是區塊鏈的第一個應用，把比特幣比作區塊鏈之母，一點都不為過。根據比特幣創始人中本聰的設想，比特幣就是無須依賴中間機構的電子交易系統，是對世界全新貨幣系統的一場偉大實驗，從這個角度說，貨幣、交易等這些金融屬性是區塊鏈從比特幣的娘胎裡帶來的，因此有人說，區塊鏈的天然屬性就是金融。

可能你還不了解，「金融」這個詞其實是個舶來語，源自明治維新（西元 1868 年）後的日本，它最早是指「金錢融通」。黃金是當時國際貿易中唯一的媒介，人們在製作標準金條時，需要將黃金熔化成型，才能用於流通，這可能就是「金融」一詞的本意，即將金屬熔化。後來，「金融」被引申到表示與貨幣、信用有關的交易和經濟活動。簡單的講，金融的內容可概括為貨幣的發行與回籠，存款的吸收與付出，貸款的發放與回收，金銀、外匯的買賣，有價證券的發行與轉讓，保險、信託、國內國際的貨幣結算等。

2015 年 10 月 31 日，區塊鏈首次登上英國知名雜誌《經濟學人》封面，標題是「區塊鏈，信任的機器」。在我看來，被稱為分散式加密技術的區塊鏈，主要解決的是信用問題。跨主體缺乏信任和需要資料確權的場景都有區塊鏈的用武之地，而這恰恰在金融行業具有廣泛的現實需求。

第 29 講　摩根大通推出摩根幣的背後，打的是什麼算盤？

　　像摩根大通、高盛、富國銀行等行業內有名的金融機構，自然不會錯過區塊鏈應用的機遇，事實上，發行區塊鏈通證也好，做聯盟鏈、私有鏈也好，這些金融龍頭們早已經在區塊鏈領域摩拳擦掌，有所布局。而這其中動靜最大的，應該就是擁有 2.5 萬億美元總資產、占美國存款總額四分之一的金融龍頭——摩根大通（見圖 4-1）了。

▲ 圖 4-1　位於美國紐約的摩根大通公司總部

　　接下來，我們一起來看看摩根大通都對區塊鏈做了什麼。

　　2019 年 2 月 14 日，摩根大通正式對外宣布，將推出自己的加密數位貨幣「摩根幣」，用於銀行客戶主要業務的即時結算。而摩根大通 CEO 傑米・戴蒙（James " Jamie" Dimon）過去曾多次把數位貨幣比作「騙局」，因此摩根大通發幣的消息讓業界大跌眼鏡。

　　那麼，這個摩根幣是做什麼的？如何幫助摩根大通呢？我們先來了解

第 4 章　為什麼區塊鏈首先是一場金融革命

下它的運行邏輯。摩根幣與美元進行 1：1 掛鉤，即 1 摩根幣＝ 1 美元。在摩根大通的信用背書下，任何擁有摩根幣的使用者都可以在摩根大通這家銀行中，換取與摩根幣數量相等的美元。當使用者進行交易時，可以先將自己帳戶的美元兌換成等量的摩根幣，然後再將這些摩根幣透過區塊鏈網路與其他持有摩根幣的使用者進行交易，完成即時的交易記帳，待交易完成後，使用者可以將自己手裡的摩根幣兌換成相同數量的法幣，從而完成整個交易流程。

借助摩根幣，摩根大通的一些業務痛點可以得到顯著的改善或解決，其中，減少結算時間和摩擦是最重要的功能之一。比如，摩根大通體系內大型企業客戶間的國際支付實現全天即時結算。由於不同的機構交易截止時間和國家在不同系統上運行，電匯有時需要花費一天以上時間。而當一個客戶透過區塊鏈向另一個客戶匯款時，使用摩根幣，將被轉移並即時兌換成等值的美元，大大縮短了傳統的結算時間。

實際上，除了基於區塊鏈的數位貨幣之外，跨境支付、權益證明、供應鏈金融、貸款業務、徵信業務、資產轉讓等領域，也逐漸成為區塊鏈技術落地金融行業的典型應用場景。

比如跨境支付，一直以來，傳統的跨境匯款業務因為到帳時間慢，常常被人們所詬病，如果在 19 點後匯款，最早也要次日才有可能到帳，通常要等幾天。因為跨境匯款涉及不同國家地區的不同機構，流程複雜，需要各個機構逐個進行審批。而如果借助區塊鏈技術，建構一套全球通用的分散式銀行間金融交易系統，交易雙方直接進行支付，不涉及中間機構，速度和成本都將得到大幅改善。

2018 年 6 月，支付寶在香港上線了全球首個基於區塊鏈的電子錢

包跨境匯款服務。如果使用香港版的支付寶 AlipayHK，向菲律賓錢包 Gcash 進行跨境匯款，你猜需要多久到帳呢？只用 3 秒。相信你用過一次，體驗過區塊鏈技術的甜頭後，便再也瞧不上傳統跨境轉帳支付這輛「老爺車」了。

再比如權益證明。在區塊鏈系統中，交易資訊具有不可篡改性及可追溯性，該屬性可充分應用於對權益的所有者進行確權。借助區塊鏈技術，股權所有者可證明其對該股權的所有權，股權轉讓也可透過系統轉讓給下家，整個過程清晰明確，也無須第三方的參與，而且交易紀錄可以得到永久的儲存。

早在 2015 年，美國的那斯達克交易所就推出了區塊鏈產品 Nasdaq Linq，它是一個私人公司股份管理工具，使用區塊鏈技術來完成和記錄私人證券交易。過去，沒有上市公司的股權融資和轉手交易，需要大量手工作業和基於紙張的工作，需要透過人工處理紙質股票憑證、期權發放和可換票據，需要律師手動驗證電子表格等，這可能會造成很多的人為錯誤，又難以留下審計痕跡。透過 Nasdaq Linq，可以極大的縮減結算時間，從過去 3 天的結算時間壓縮到 10 分鐘，而且結算風險還能降低 99%，大大降低了資金成本和系統性風險。

總之，區塊鏈透過對分散式系統、共識機制、時序資料結構和密碼學等技術方法的巧妙組合運用，實現了去中介化的信用背書，很大程度上解決了多中心由於資訊不對稱帶來的信任問題，對傳統金融中介的信用創造機制和商業模式帶來了衝擊。

最後，我想補充關於摩根幣的一個小花絮。目前，雖然摩根大通明確表示，摩根幣只在摩根系統內使用，無意向公眾發行，對一般使用者不可

用，但摩根大通 CEO 傑米·戴蒙又公開說：「摩根大通代幣可以是內部的，可以是商業的，也可以是消費者的。」這句話無疑給人很多聯想空間。

　　留一道思考題：如果有一天，其他商業夥伴、一般消費者都可以持有摩根幣，並允許自由交易，那麼摩根幣和美元又會有多少區別呢？

延伸閱讀：摩根大通的數位貨幣 JPM Coin

　　2019 年 2 月，摩根大通宣布計劃推出 JPM Coin（見圖 4-2），成為金融業加密數位貨幣先行者。以下摘自由火星財經編譯的摩根大通關於 JPM Coin 的官方公告。

▲ 圖 4-2　JPM Coin 的工作原理[1]

　　問題：　JPM Coin 究竟是什麼，有什麼用？

　　JPM Coin 是一種數位貨幣，旨在利用區塊鏈技術實現即時支付。不同

1　資料來源：摩根大通官方資料。

參與方在區塊鏈上交換價值（如貨幣）需要用到數位貨幣，因此我們創建了 JPM Coin。

問題：　JPM Coin 是法定貨幣嗎？

JPM Coin 本身不是法幣，而是一種代表美元的數位貨幣。在摩根大通的指定帳戶中，我們存放了與之對應的美元。簡而言之，1 個 JPM Coin 的價值相當於 1 美元。當一名客戶透過區塊鏈向另一名客戶轉帳時，JPM Coin 就會發生轉移，立刻兌換為等值的美元，從而縮短了結算時間。

問題：　JPM Coin 和其他數位貨幣有何不同？

1. 擔保抵押方面

（1）加密貨幣（如比特幣、以太幣）的特點：無擔保；價值是加密貨幣固有屬性。

（2）錨定法幣的穩定幣（如 USDC、 USDT）的特點：在銀行持有準備金、擔保品透明度因穩定性而異、大多數穩定幣聲稱擁有 1：1 的法定抵押物等。

（3） JPM Coin 的特點：可以 1：1 兌換摩根大通持有的法定貨幣（如美元）。

2. 區塊鏈技術

（1）加密貨幣（如比特幣、以太幣）的特點：面向公眾開放。

（2）錨定法幣的穩定幣（如 USDC、 USDT）的特點：面向公眾開放，某些穩定幣（如 USDC）只有交易所可以發行（用美元買入）或贖回（以美元賣出），但任何人都可以持有或交易。

（3） JPM Coin 的特點：許可制度（即由摩根大通及／或合作夥伴建立的企業級安全區塊鏈解決方案）；只有透過摩根大通 KYC 的機構客戶，

才能使用它們進行交易。

3. 使用者

（1）加密貨幣（如比特幣、以太幣）的特點：主要的零售者；有限的大規模投資者。

（2）錨定法幣的穩定幣（如 USDC、USDT）的特點：零售者；有限的大規模投資者。

（3）JPM Coin 的特點：專門服務機構客戶（如銀行、經紀交易商、公司）。

4. 主要用途

（1）加密貨幣（如比特幣、以太幣）的特點：投資。

（2）錨定法幣的穩定幣（如 USDC、USDT）的特點：投資。

（3）JPM Coin 的特點：涵蓋支付的區塊鏈具體應用。

問題：我可以用 JPM Coin 進行個人日常消費嗎？

JPM Coin 目前還是一款原型產品，暫時只在少數摩根大通機構客戶中進行測試。我們計劃在適當的時候擴大試點項目。JPM Coin 目前是為業務之間的資金流動而設計的，也正由於還處於測試階段，現階段我們不打算向個人使用者開發。也就是說，JPM Coin 帶來的成本節約和效率提升的好處，最終將惠及摩根大通機構客戶下的終端客戶。

第 30 講
上線 9 天使用者破千萬的「相互寶」，到底有什麼魔力？

　　這一講主要聊聊保險和區塊鏈的故事。

　　前不久，我看到普華永道的一份報告，提到目前全球正在進行的區塊鏈應用場景探索中，20% 以上涉及保險。可能有人覺得這個數字有些誇張，不過仔細想來，將信任視為核心價值主張的保險行業，與天生攜帶信任基因的區塊鏈技術天生就是一對，保險可能是區塊鏈最理想的實踐場景之一。

　　大家對於保險應該不陌生，醫療保險、失業保險、壽險、車險等，可以說每個人都和保險分不開。保險業作為一個古老的行業，已經成為當今社會重要的金融力量。

　　早在一千年前，中國的海運商人就把貨物集中在集體基金中，以支付個人船隻傾覆造成的損失。船毀人亡的風險讓船東望而卻步，如果由幾十、幾百位船東分擔，那麼誰也不會破產，於是保險業的雛形就應運而生了。

　　但是，在過去的十年裡，技術已經永久性的改變了許多行業，然而價值幾萬億美元的全球保險業在很多方面仍然停滯不前。保險涉及對象包括消費者、經紀人、保險公司和再保險公司，以及保險的主要產品──風險，在整個合作過程中的每一步都可能成為整個系統中潛在的失敗點。

　　一位行為經濟學家有這樣的說法：金融產品中，最好做的是貸款，最難做的是保險。貸款是先讓客戶有錢花，還本付息的痛苦在未來。保險卻先向客戶收錢，未來能否拿回來、能拿回多少都不確定，難怪買保險的遠

少於貸款的。

那麼，區塊鏈技術會如何促進古老的保險行業的發展，甚至是出現顛覆性的變革呢？整體來看，可能會帶來以下四個方面的變化。

首先，大大降低保險行業的營運成本。目前，保險公司拓展客戶的主要方式，就是派出大量銷售人員進行艱難的線下推廣，人力與材料成本龐大。我相信你在日常生活中，一定遇到過主動向你打電話或者面詢保險業務的業務人員。但是，運用區塊鏈的去信任化與共識機制之後，客戶只需要在平臺下單，智慧型合約就能把紙質合約轉變為可程式化程式碼，所有理賠在智慧型合約下自動發生，而且賠償標的價值可以追本溯源，並實現永久性審計追蹤。按照普華永道的研究結果，保險業採用區塊鏈技術可節省出 15% ～ 20% 的營運費用。

其次，區塊鏈技術能夠顯著提高保險公司的理賠效率，增強客戶的體驗滿足度。基於區塊鏈技術的電子單據作為理賠憑證，會在生成、傳送、儲存和使用的全過程中蓋上時間戳記，既保證了單據真實性，又節省了人工審核環節，理賠流程大大簡化；另外，區塊鏈智慧型合約保證了保險合約、條款的公開透明，一旦滿足理賠條件便自動觸發賠款流程。

再次，區塊鏈可以幫助保險公司產品開發的升級和疊代。比如，可以將同樣一份保單的合約按時間分段，在某些特定時間段內，根據風險的臨時變化提供臨時性保障。彈性賠付機制可以使保險公司更好的分布存量資金，也能提高賠付的精準度。

最後，區塊鏈有助於保險行業識別與防控客戶的道德風險。客戶或中介機構利用保險公司與自身的資訊不對稱進行騙保的欺詐事件時有發生。但是，搭建了區塊鏈平臺之後，保險公司一方面透過區塊鏈的公開資訊，

對個人身分資訊、健康醫療紀錄、資產資訊和各項交易紀錄進行驗證，做到核保、核賠之時實現十分準確的判斷。同時，客戶資訊存在於鏈上，第三方可以透過客戶的公共密鑰獲得這些資料，保險公司就可以根據完善的行為紀錄，將傳統理賠過程中一票多報、虛報虛抵等欺詐行為擋在門外。

2018 年 10 月，繼餘額寶之後，支付寶正式上線一個現象級爆紅產品──相互寶。上線後僅 9 天，使用者數量便突破了 1,000 萬。細心的朋友一開始還可以發現，在支付寶介紹產品畫面的底層，有「相互寶 × 螞蟻區塊鏈」字樣。沒錯，它背後還有區塊鏈技術加持。

為了保障公開透明，「相互寶」除了遵循法律法規進行資訊披露外，還引入了兩大措施：一是設立公示制度，接受全體成員監督，確保只賠給應該賠的人。二是引入了區塊鏈技術，所有的賠案相關證據、資金使用流向透過區塊鏈上的公證處、司法鑑定中心、電子證書中心、法院等全節點見證，除不可篡改外，也具有法律效力。

其實，不光是支付寶這個保險業的「門外漢」，很多傳統保險公司也已經未雨綢繆，嘗試區塊鏈技術。

2018 年，美國國際集團、渣打銀行和 IBM 成功的試行了首個跨國保險保單，使用區塊鏈數位身分和智慧型合約，讓客戶投保資訊、承保範圍和保費實現共享。歐洲保險業五大龍頭──安聯保險、荷蘭全球人壽保險（Aegon）、慕尼黑再保險、瑞士再保險和蘇黎世保險──聯合組建了新的區塊鏈研究組織聯盟B3i，對區塊鏈和數位身分在保險行業的應用進行實驗。

有報告顯示，全球區塊鏈＋保險的市場規模預計年平均成長率高達84%。雖然區塊鏈數位身分在各行業的應用尚處於起步階段，但無論是安聯保險和瑞士再保險這樣的業界龍頭，還是網路公司和新興區塊鏈公司，都在

努力開發探索，其不僅解決了信任問題，還成為前端管道、中端承保、後端再保之間的一座橋梁，為傳統保險行業的數位化轉型提供了新的機遇。

　　具體的說，區塊鏈依靠公開可查詢、不可篡改、不可偽造等特點，為保險再加了一道「保險」。未來保險業的蛻變和升級，區塊鏈真的會大有可為，我們也一定會見證並參與其中，體驗到更便捷、更高效能和更放心的保險服務。

延伸閱讀：「相互寶」的具體玩法是怎樣的？

　　2018 年 10 月 16 日，支付寶推出了一款名為「相互寶」的區塊鏈保險產品，一個星期後，參與人數就超過了 900 萬。除了支付寶所帶來的流量外，其不同於傳統保險的形式及結合區塊鏈技術所帶來的資訊透明，都是「相互寶」能在短時間內引起極大關注的因素。

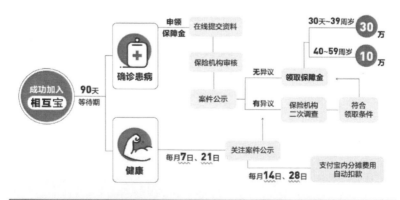

▲ 圖 4-3　相互寶

第 31 講
為什麼那斯達克交易所考慮用區塊鏈改造傳統證券業務？

這一講我們聊聊證券和區塊鏈的故事。

一提到證券，很多人腦海中可能首先想到的會是股票、基金等，除此之外就沒有什麼概念了，其實證券的範圍要比這個範圍廣泛得多。證券是用來證明券票持有人享有的某種特定權益的法律憑證，廣義上說，證券主要包括資本證券、貨幣證券和商品證券等；狹義上看，證券單指證券市場中的證券產品，如股票、債券、期貨等。

事實上，證券已經有五、六百年的歷史。早在 16 世紀到 17 世紀，荷蘭的東印度公司創造性的設立了「利益共享，風險共擔」的金融機制，借助股票發行籌集了大量資金，大膽踏上了遠征東方的海上航線，開創了荷蘭海上帝國之路。

西元 1609 年，荷蘭阿姆斯特丹誕生了人類歷史上第一家證券交易所。只要人們願意，可以隨時透過證券交易所購買東印度公司的股票，或者將自己手中的股票變現。只不過當時交易所採取的是證券實物交割方式，需要人們將實物證券存放於交易所才能進行交易。通常，當天的交易至少需要半個月至一個月後才能完成清算。

後來，隨著證券市場的發展擴大以及電腦和網際網路的普及，證券交易方式逐漸由實物變成無紙化，在極大提升證券交易效率的同時，也大大降低了清算的出錯率和營運成本。

第 4 章　為什麼區塊鏈首先是一場金融革命

大家對大數據、人工智慧應該多少有些了解，如利用大數據建個模型，可以實現更大範圍的資料共享或者提高資料使用效率。但中國證券業協會在報告中還特別提到了區塊鏈這個新名詞。那麼，區塊鏈對於證券交易能有什麼幫助呢？它如何促進證券業的改革？

首先就是降低運轉成本，提升運轉效率。有人會說，現在買股票太簡單了，點兩下滑鼠、敲幾下鍵盤就搞定，這樣的效率已經非常高了。站在使用者的體驗角度，確實沒錯，但是證券市場是一個巨無霸似的龐大的系統性工程。比如，證券交易結算流程包括了開戶、委託、競價成交、結算、過戶登記等程序，證券系統建設和維護則涉及買方和代理券商、賣方和代理券商、交易所、結算公司、集中證券交收帳戶、集中資金交收帳戶等多方的合作。

其次，目前的證券系統在安全性上也不是無懈可擊。除去技術層面的因素，管理上的風險也是很大的。上面提到的那麼多環節裡，任何一個地方資訊不對稱就容易被人鑽漏洞。

當前由中心化的第三方信用或資訊中介機構作為擔保，幫助人們實現價值交換的證券體系結構，可以依靠區塊鏈的共識機制、不可篡改等特性，實現從中心化信任到弱中心化的轉變，這為證券行業的發展帶來了更多可能。

比如，區塊鏈技術允許結算參與方在其中擁有不同的權限，並發揮不同的作用，某些環節的參與者只被允許作為發送和接收現有資產的資產轉移節點，其他參與者被許可發行新資產、驗證交易、將交易歷史更新到分類帳或僅限於閱讀分類帳。

接下來，我們分別拿私募股權管理和公募證券發行交易這兩個具體示

例，深入分析下它們各自是如何透過區塊鏈技術被重新設計和升級的。

政府、金融機構、工商企業等在發行證券時，可以選擇不同的投資者作為發行對象，由此可以將證券發行分為公募和私募兩種形式。顧名思義，公募主要是向廣大社會公眾公開發行證券；私募則主要針對少數特定投資者，以非公開發售的方式發行證券。

先來看私募股權管理。沒有上市公司的股權，目前往往是透過協議（工商部門等第三方登記）、資產證明（如股東名冊、股權證等）或者紙質證券，來證明資產的所有權。區塊鏈安全透明、不可篡改、易於追蹤等特點，可以在不改變私募證券流通規則的基礎上，替代紙質文件作為證券資產的自治電子化載體，實現私募證券的登記和流通。

再來看公募證券發行。區塊鏈除了在登記和流動環節發揮作用之外，還可以針對清結算環節存在多方對帳的效率問題，發揮分散式帳本的作用，提供一種證券清結算的解決方案。具體說來，在區塊鏈分散式記帳模式中，每個市場參與者都有一份完整的市場帳本，共識機制保證證券登記在整個市場中同步更新，保證內容的真實性和一致性，在沒有中央證券存管機構的情況下，實現交易結算。

我們來看一家公司——深圳證券通信有限公司（簡稱「深證通」），它是深圳證券交易所控股旗下的金融科技公司。早在 2015 年，深證通就開始研究區塊鏈技術，尋找其與證券行業相結合的應用場景。

2018 年 2 月，深證通正式落實了基於區塊鏈為證券行業提供可信存證服務，現在該業務正處於推廣階段。這一項目的主要流程在於，投資者在客戶端登錄後，根據客戶端身分資訊生成密鑰因子，經過簽章服務交換後，生成完整的加密私鑰。此時客戶端與雲端伺服器各提供一半密鑰因

子，簽章伺服器將客戶登錄資訊進行上鏈。在客戶辦理業務時，透過唯一的私鑰對業務進行簽名，得到簽章資訊，簽名成功後再將簽章相關資訊上鏈。

投資者、證券公司、數位身分認證技術提供方、區塊鏈平臺技術提供方，如此運轉形成了一個完備的系統，為證券投資者的交易提供可信安全的服務。

據 IDC 資料顯示，在去年全球區塊鏈市場的占比構成中，金融業占60.5%，而證券行業則成為繼銀行業之後部署區塊鏈應用的第二大市場。

中國網路龍頭也借助區塊鏈技術在證券行業中不斷發力，以此推動數位資產證券化。

2017 年 8 月，百度金融上線了中國第一個基於區塊鏈技術研發的交易所資產證券化產品「百度長安新生 ABS」，借助區塊鏈上資訊不可篡改的特性，增強資產證券化發行過程中的資料安全和信任；京東在 2018 年6 月實現了對京東金融 ABS 雲平臺區塊鏈底層技術的升級，不但應用到白條 ABS 這樣複雜度更高的專案當中，更建立了能廣泛支援各類資產的業務底層。2017 年 8 月，香港證券交易所計劃推出一個名為 HKEX Private Market 的共享服務平臺，使用區塊鏈技術為早期創業公司及其投資者提供股票登記、轉讓和資訊披露服務。

不只是中國，全球證券市場也同樣就「區塊鏈＋證券」進行了探索。

2016 年 5 月，美國那斯達克宣布推出 Nasdaq Financial Framework，向全球超過 100 家市場營運者提供區塊鏈服務，為使用那斯達克金融基礎設施服務的客戶提供端到端的解決方案，允許交易所、經紀商、清算機構和託管機構在統一的平臺上和那斯達克合作。

▲ 圖 4-4　創立於 1971 年的 NASDAQ，已成為世界最大的股票市場之一

　　2017 年 7 月，隸屬於倫敦證券交易所集團的義大利證券交易所和 IBM 共同宣布，它們正在建構一個區塊鏈解決方案，以助力歐洲中小企業（SME）的證券發行過程實現數位化。新系統旨在簡化股權資訊的追蹤和管理，創建一個包含所有股東交易紀錄的分散式共享登記表，從而發掘新的交易和投資機會。

　　雖然現在的我們還不能斷言，區塊鏈技術能夠為證券市場的發展帶來多大的變革，以及這場變革何時會出現，但未來，區塊鏈技術或許會改變整個證券行業的業務形態和邏輯，這也許是我們可以在幾年內很快看到的變化。

延伸閱讀： ICO 到底是什麼？

ICO 是 Intial Coin Offering 的縮寫，中文意思是首次代幣發行。

這個詞來源於股票市場的首次公開發行（IPO）概念，是指區塊鏈項目首次發行代幣，以及募集比特幣、以太坊等通用數位貨幣的行為。區塊鏈初創企業或者項目，都會發行一定數量的加密代幣（Crypto- Token），向愛好者和投資者公開預售加密代幣，為企業或項目籌集資金。

ICO 所發行的代幣可以基於不同的區塊鏈。常見的是基於以太坊（ETH）和比特股（BTS）區塊鏈發行，由區塊鏈提供記帳服務和價值共識，實現全球發行和流通。

第 32 講
區塊鏈技術能讓P2P網貸平臺「爆雷」事件無處遁形嗎？

　　這一講我們聊聊徵信和區塊鏈的故事。在聊這個話題之前，我們先聊一下可能會讓很多人都諱莫如深，甚至咬牙切齒的 P2P 網貸。

　　自 2015 年 e 租寶、泛亞、中晉等平臺紛紛爆雷後，近幾年，大量 P2P 網貸平臺跑路、失聯、爆雷……除了極少數平臺良性退出外，一大批黑心平臺被查，投資者的資金血本無歸的案子與日俱增。進入 2019 年，已經上線營運 10 年、累計出借人民幣 4,519 億元的 P2P 網貸平臺紅嶺創投宣布清盤；平安系旗下的陸金所退出 P2P 網貸業務…… P2P 網貸行業迎來了寒冬期。

▲ 圖 4-5　被指為「中國版龐氏騙局」的 e 租寶

第 4 章　為什麼區塊鏈首先是一場金融革命

　　那為什麼僅僅過了七、八年時間，P2P 網貸就從當初的火熱追捧、競相購買變成了人人唾棄、猶如過街老鼠一般了呢？徵信問題可能是被很多人忽視的重要一環。

　　金融行業中必不可少的環節就是風控，而徵信就是金融風控的基礎工具。以 P2P 行業為例，大部分的客戶徵信報告中是沒有借貸紀錄的，於是，許多獨立的第三方徵信公司就出現了，他們利用大數據進行徵信，建立大數據模型，幫助平臺透過考察電商資料、社交資料、營運商資料等指標，對借貸人的信用進行判定。

　　雖然大數據徵信能夠用更短的時間了解客戶的信用資訊，但是為了招攬更多的客戶，不少 P2P 平臺要麼放棄與第三方徵信平臺的合作，要麼採用了一些不具備公信力的徵信資料，徵信審查這道「保護屏障」形同虛設，導致 P2P 平臺壞帳率的成長。當投資與項目收益無法相配時，就會發生剛性兌付的困難，甚至造成了 P2P 平臺的爆雷。

　　徵信的本質其實是大數據。大量的企業都想從不同的角度獲取大量的客戶徵信資訊，但從目前的情況來看，已經獲取到的徵信資料依然存在許多問題。

　　首先，缺乏足夠的資料。就目前的情形來看，政府仍然掌握著最全面、價值最高的有效資訊，受隱私安全保護，這部分資訊往往不會被共享。一些網路大數據公司希望透過相關技術對客戶個人行為進行更深度的挖掘，進而間接判斷徵信情況，但效果並不理想。其次，大量的有效資料無法在各個平臺之間流通，於是出現了竊取徵信資料的現象。目前中國個人隱私非法從業人員已經高達 150 萬，形成了一條資訊需求、盜取、交易的成熟產業鏈，消費者的徵信隱私得不到保障，同時，越來越多的消費者

不願意公開提交個人的有價值徵信資料。

區塊鏈被譽為「信用機器」，其核心價值在於將相互之間不信任的節點連接在一起實現信任機制的傳遞，並具有不可篡改、可追溯、隱私保護等特性。區塊鏈網路作為底層架構，可以透過介面與應用層對接，從而實現資料的互動。

如果將區塊鏈技術應用在徵信領域，可能會對徵信領域產生以下幾方面的影響。

第一，在充分保護客戶隱私的前提下，實現機構間的徵信資料共享。當不同的機構以節點身分將客戶信用資料上傳時，區塊鏈網路會對其明文資料進行加密，在沒有獲得客戶授權的情況下，機構是無法對他方的資料進行查看或其他操作的，保證客戶資料隱私不被侵犯。

第二，保證徵信資料的不可篡改性以及可追溯性。鏈上各金融機構作為節點共同參與記帳，且各節點的帳本有且唯一，可有效防止對徵信資料的篡改，而且鏈上的資料可以追溯，提高了機構或個人的違約成本。

第三，提高徵信機構的積極性，更好的豐富徵信資料。當各金融機構將其所擁有的徵信資料上傳至區塊鏈網路後，可在沒有中心化後臺的情況下，利用智慧型合約實現自動化、公平化的激勵機制，對資料所有方進行激勵，從而鼓勵各機構積極共享和更新資料。

透過引入區塊鏈技術，有效解決了機構共享資料意願差、更新慢和人工採集資訊耗時長、成本高等問題，降低了接入門檻，使得資料來源的角度得以豐富，且各行業平臺還可以根據本行業的特定需求，客製化的開發大數據分析功能，靈活的滿足機構對風控的要求。

如何在保證合法合規的情況下，在機構間透過區塊鏈底層網路的形式

共享徵信資料是各企業需要與監管部門去共同探索的。從目前來看，數位證書（CA）是其中一種可行性比較大的解決方案。

據公開資料顯示，中國國家商用密碼管理辦公室已經許可了 40 餘家 CA 機構提供具備法律效力的電子認證服務。這些 CA 機構用自己的證書為個人或公司頒發一份認證其身分的數位證書，證書內包含該個人或公司的真實身分資訊以及證書持有者與頒發機構兩者的電子簽章。

未來，如果在區塊鏈上進行要求實名的交易時，雙方互相提供 CA 機構頒發的數位證書即可，並且保證了身分資訊只向對方披露。不參與交易的第三方不會獲得這些數位證書，也就無法得知雙方的身分資訊。不想進行實名認證的客戶也可以繼續使用匿名的帳戶，但是無法參與到對方要求實名的交易中去。

我們再來看一個案例。

銀稅互動是 2015 年中國國家稅務總局與中國銀監會為解決中小微企業「融資難，融資貴」問題展開的活動，但是傳統的銀稅互動項目存在架構複雜、成本高、即時性弱、隱私性差、擴展性差等一系列問題。

而基於區塊鏈的銀稅互動專案在獲取企業同意的前提下，將企業涉稅資料在加密後從稅務的業務系統中即時上鏈共享，交易對手銀行方若需要獲取該企業的涉稅資料，則視為一次資料交易。資料交易完成，銀行對資料進行解密後，開始對資料進行使用。基於資料的使用及風險控制考慮，銀行判斷是否可以給予相關企業信用貸款，並將相關貸款額度及交易對手銀行反饋資訊在銀稅互動的業務生態圈內分享。

對於銀行來說，因為企業涉稅資料的來源可信，使得其業務處理效率得以大幅提升，從而能大幅降低原有徵信成本；對於企業來說，能夠在確

保資料隱私性的前提下，將納稅信用轉化為可融資的資金信用。

信用是整個金融行業的基石，徵信市場的完備程度直接關係到企業，尤其是貢獻了大部分就業體量的中小企業的融資狀況，也關係到金融機構的成本與風險，乃至社會效益總和的提升。我們有理由相信，區塊鏈在徵信領域一定會大有所為。

延伸閱讀：P2P 網貸平臺爆雷不完全紀錄（2018 年 7 月）

2018 年端午節前後，中國國內 P2P 爆雷潮開始，像西洋骨牌一樣，從 6 月 22 日爆出的 13 家到 8 月底的 264 家，千億級爆雷事件頻發。圖 4-6 是 2018 年 7 月 3 日至 8 日，P2P 平臺爆雷情況的不完全統計。

P2P 爆雷平台統計

序號	平臺	城市	爆雷時間	爆雷原因	金額（億人民幣）
1	聚勝財富	上海	2018 年 7 月 8 日	跑路	66.9
2	多多理財	杭州	2018 年 7 月 8 日	提現困難	63.78
3	領奇理財	杭州	2018 年 7 月 8 日	提現困難	2.33
4	錢盆網	南寧	2018 年 7 月 8 日	提現困難	135.16
5	大穀倉	寧波	2018 年 7 月 9 日	提現困難	不透明
6	聯安貸	深圳	2018 年 7 月 8 日	跑路	14.93
7	車博所	杭州	2018 年 7 月 8 日	跑路	0.87
8	趕錢網	上海	2018 年 7 月 8 日	失聯	27.6
9	虹金所	上海	2018 年 7 月 8 日	提現困難	6.14
10	孔明金融	杭州	2018 年 7 月 8 日	經濟犯罪偵查介入	不透明
11	優儲理財	上海	2018 年 7 月 8 日	跑路	不透明
12	元泰資本	南昌	2018 年 7 月 8 日	提現困難	1.74
13	吆雞理財	深圳	2018 年 7 月 8 日	提現困難	2.8
14	即利寶	蘇州	2018 年 7 月 7 日	良性退出	16.99
15	點寶網	成都	2018 年 7 月 7 日	提現困難	45.63
16	存金錢包	深圳	2018 年 7 月 7 日	提現困難	不透明
17	人人愛家金融	杭州	2018 年 7 月 6 日	經濟犯罪偵查介入	232
18	蜂碩金融	天津	2018 年 7 月 6 日	提現困難	3.5
19	Formax 金融圈	深圳	2018 年 7 月 6 日	提現困難	不透明
20	豫商貸	鄭州	2018 年 7 月 6 日	提現困難	21.45
21	信融財富	深圳	2018 年 7 月 6 日	提現困難	10.82
22	華夏萬家	北京	2018 年 7 月 6 日	提現困難	不透明
23	璽鑒金融	上海	2018 年 7 月 6 日	跑路	不透明
24	51 財融融	寧波	2018 年 7 月 6 日	提現困難	0.31
25	祺天優貸	杭州	2018 年 7 月 6 日	經濟犯罪偵查介入	68.5
26	小當家理財	瀋陽	2018 年 7 月 6 日	跑路	不透明
27	金橋梁	成都	2018 年 7 月 6 日	提現困難	39.58
28	浙鼎金融	上海	2018 年 7 月 5 日	提現困難	2.67
29	E 周行	天津	2018 年 7 月 4 日	跑路	43
30	蜂投網	長沙	2018 年 7 月 4 日	提現困難	33.5
31	米袋子	杭州	2018 年 7 月 4 日	經濟犯罪偵查介入	4.67
32	金柚金服	杭州	2018 年 7 月 4 日	提現困難	不透明
33	飯團金服	北京	2018 年 7 月 4 日	提現困難	不透明
34	映貝金服	杭州	2018 年 7 月 4 日	經濟犯罪偵查介入	15
35	牛板金	杭州	2018 年 7 月 3 日	經濟犯罪偵查介入	390.88
36	得寶理財	杭州	2018 年 7 月 3 日	提現困難	不透明
37	小金庫	杭州	2018 年 7 月 3 日	經濟犯罪偵查介入	1.26
38	E 人一鋪	北京	2018 年 7 月 3 日	提現困難	不透明

▲ 圖 4-6　P2P 爆雷平臺統計（2018 年 7 月 3 日至 8 日）

第 33 講
登記資本只有人民幣 30 元的小公司也能快速貸到款？

　　本講談談供應鏈金融和區塊鏈的故事。

　　提起供應鏈金融，猜想大部分人可能對它沒什麼概念。簡單的說，所謂供應鏈金融，就是銀行將核心企業和上下游企業連結在一起，提供靈活運用的金融產品和服務的一種融資模式。

　　俗話說，巧婦難為無米之炊，缺乏資金支持會嚴重影響企業的發展和日常運作。供應鏈金融就是解決企業，特別是中小企業融資難、融資貴、無投資的重要工具，而中小企業是構成市場經濟主體中數量最大、最具活力的企業族群。所以說，供應鏈金融能夠成為振興實體經濟、推動產業升級的重要推手。

　　世界銀行關於中小微企業融資缺口的報告顯示，中國有 41% 的中小微企業存在信貸困難，或是完全無法從正規金融體系獲得外部融資，或是從正規金融體系獲得的外部融資不能完全滿足融資需求，有 1.9 萬億美元的融資缺口，接近人民幣 12 萬億元。

　　面對這麼大的融資需求，區塊鏈能為供應鏈金融帶來哪些方面的改進或提升呢？我們先來看一個案例。

　　在成都，百腦匯電腦城的蔡世蓉先生經營著一家「冠勇專賣店」，登記資本很少，只有人民幣 30 元，常常因為上游帳期問題被資金缺口難住。而申請貸款需要抵押，蔡先生又沒有什麼資產，能拿出來的只有上游

客戶的欠條。一般來說，像「冠勇專賣店」這樣的小店，信用等級不高，經營風險相對較大，很難獲得金融機構的擔保和授權。

2018 年 7 月 30 日，螞蟻金服推出了基於區塊鏈技術的供應鏈合作網路——螞蟻區塊鏈「雙鏈通」，這一服務運用區塊鏈技術，可以讓小微商家也能享受高效能、便捷的金融服務。「雙鏈通」完成了供應鏈金融的全鏈路涵蓋——上鏈後，整個融資流轉過程清晰留痕、不可篡改，所有參與方透過「雙鏈通」基礎設施進行身分核實和意願確認，數位簽章即時上鏈，不能抵賴，一鏈杜絕了資金挪用等風險。

而成都百腦匯「冠勇專賣店」就成了「雙鏈通」的首批受益者。中科大旗是「冠勇專賣店」的上游供應商企業，透過「雙鏈通」，中科大旗的技術資質和應付帳款可以成為產業鏈上信用逐級流轉的背書，惠及像「冠勇專賣店」這樣的下游供應商。「冠勇專賣店」透過「雙鏈通」，順利完成了第一單融資。

其實，在傳統的供應鏈金融領域，一直存在著不少「雷區」，例如，在信用資質判斷方面，擔保方的信用資質較弱，核心企業的信用資質惡化；在操作監督上，識別虛假貿易存在盲區，合約、發票等涉及貿易背景真實性的問題，為審核方帶來很大風險。因此，各家金融機構一般會增加對融資方的授信、核心企業的確權及其他附加方式降低風險。

而區塊鏈技術可以在很多方面改善供應鏈金融的流程和效率。

首先，透過把基礎資產對應的交易資料上鏈，從源頭上確保資產的真實性。其次，金融機構也可以基於區塊鏈應收憑證，對中小微企業進行信貸投放，最終建立起一個可靠和穩定的供應鏈金融生態系統。最後，透過應用區塊鏈技術，可以對底層資產進行公開、透明、無法篡改的監管，讓

各參與方直接面對資產，最大程度的消除投資方對資產的不信任、對評級機構的不信任，同時也減少發行方、會計、評級機構等服務方調查的難度。

　　總之，區塊鏈的信任傳遞，能很好的解決供應鏈金融下中小企業缺乏信用的問題，讓優質核心企業閒置的銀行信用額度傳遞給中小企業，實現整個鏈條上的信任流通。

　　例如，某大型 A 公司有 B1、 B2、 B3 等多家上游供應商和 C1、C2、 C3 等下游產品經銷商。當經銷商 C1 在經銷 A 公司產品時，如果出現壓貨等情況，便容易出現資金周轉困難，而在自身沒有足夠信用的時候，也很難從銀行獲得貸款。此時，如果 A 公司能夠以自己在銀行的授信為 C1 經銷商做授信，那麼既能緩解 C1 的資金壓力，又能增加自身商品的銷售量。前述提到的「雙鏈通」解決的就是信用傳遞的問題。

　　目前，除了螞蟻金服以外，中國還有很多企業已經著手將區塊鏈應用於供應鏈金融領域，已有一批企業針對各類應用場景提出了相應的應用方案。

　　從小而美的閉環場景做起，區塊鏈和供應鏈金融相互融合的未來一定會更加豐富、更加美好！期待看到更多創新和改變發生。

延伸閱讀：螞蟻金服雙鏈通──基於區塊鏈的供應鏈合作網路

　　螞蟻金服雙鏈通平臺以核心企業的應付帳款為依託，以產業鏈上各參與方間的真實貿易為背景，使得核心企業的信用得以在平臺內流動，使更多產業鏈上下游的小微企業獲得平等高效能的普惠金融服務。開放平臺歡迎更多的核心企業、金融機構、合作夥伴加入，共建區塊鏈＋供應鏈的信任新生態。螞蟻金服雙鏈通的業務架構如圖 4-7 所示。

雙鏈通平臺旨在解決的主要行業痛點包括：

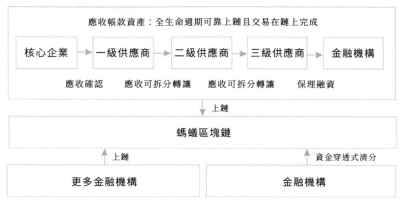

▲ 圖 4-7　螞蟻金服雙鏈通的業務架構圖

・小微企業融資難、融資貴問題突出。傳統的供應鏈金融實踐通常只能服務到核心企業的直接上下游，供應鏈條上末端的小微企業較難觸達，小微企業存在融資難、融資貴問題。

・金融機構操作風險與成本較高。金融機構在貿易背景核實、可靠質權、回款控制等方面的操作風險與成本均較高，而貿易鏈條中的企業或平臺又難以自證，金融機構發展供應鏈金融業務的成本、風險和收益較難平衡。

・核心企業參與意願不足。金融機構發展供應鏈金融業務通常僅從金融風險與收益去切入，與企業自身供應鏈管理升級結合太少，甚至某些方面還形成打擾，造成核心企業參與意願度低，業務較難推展。

（以上內容節選自螞蟻金服官網對外宣傳資料）

第 34 講
去中心化金融（DeFi）會帶來一場傳統金融的革命嗎？

　　本講主要談談「DeFi」。單從字面上看，我們可以把 DeFi 這個詞拆解為 De 和 Fi，它們其實分別代表了 Decentralized（去中心化）和 Finance（金融），DeFi 就是去中心化金融的英文表述。

　　DeFi 概念最早是 2018 年 8 月，Dharma Labs 的聯合創始人布蘭登·福斯特（Brendan Forster）懷著去中心化金融會成為未來主流的信念，在 *Announcing DeFi, A Community for Decentralized Finance Platforms* 一文中首先提出的。

　　布蘭登·福斯特認為，DeFi 項目需要滿足以下四個特點：第一，建構在去中心化公有鏈上。第二，金融應用。第三，程式碼開放。第四，具備完整的開發者平臺。

　　什麼是 DeFi？我發現維基百科都還沒有收錄。一些機構是這樣解釋的：「DeFi，Decentralized Finance 的簡稱，也就是去中心化金融。借助區塊鏈技術，可以用來解決傳統或中心化金融存在的天然短處，如金融體制不平等、審查流程煩瑣、缺乏透明性及潛在的交易風險等。」

　　據 ConsenSys 報告，有數百個前端的區塊鏈項目在去中心化金融領域進行著開創性的工作，如基於以太坊的穩定幣、去中心化交易所（DEX）、投資、衍生品、支付、貸款和保險平臺等。

2019 年 9 月，DeFi 的 帶 頭 項目 MakerDAO[1] 聯 合 創 始 人 Rune Christensen 在做客《王峰十問》第 33 集訪談時提到了他對 DeFi 的認識：「DeFi 是營運在公有鏈上的熱門金融應用，它的優勢在於透過更低以及更公平的費率提高安全性、透明性及效率，但更重要的是它具有令人難以置信的潛力，可以透過無縫互操作性充當『Money Legos』，與獨立的區塊鏈相比，它可以從網路效應中獲得更大的協同效應。」

「Money Legos」（見圖 4-8）是什麼呢？

我們都玩過樂高玩具，把一大堆隨機的各式各樣的小碎塊，以新的和創造性的方式結合在一起。樂高的樂趣在於近乎無限的組合可能，據統計，六塊有八個搭扣的標準樂高積木，最多可以實現上億種組合。同樣，在 DeFi 中，產品之間也可以互動，像搭樂高積木一樣，拼接出多樣的形態。

有公開資料顯示，DeFi 類應用程式的成交量已超過一度被看好的區塊鏈遊戲和博彩類 DApp：在 7 日成交量 TOP10 中，DeFi 類應用程式的

去中心化交易所、槓桿交易、資管工具等

錢包：與外部世界的連接方式

基礎設施＋貨幣體系

▲ 圖 4-8　DeFi：貨幣樂高（Money Legos）

1　MakerDAO 是目前最熱門的 DeFi 項目之一，其鎖倉值最高曾占到 DeFi 項目鎖倉總市值的 85%，算得上現象級的區塊鏈應用程式了。

成交量總和（5,930 萬美元）已經超過博彩 DApp（5,470 萬美元）；在遊戲 DApp 榜單排在 7 日成交量第一的 My Crypto Heroes（8.7 萬美元）只有 MakerDAO（600 萬美元）的約七十分之一。

在我看來，DeFi 幾乎成了區塊鏈目前最大的應用程式之一，它的爆紅在一定程度上應驗了一個事實——區塊鏈目前真正的核心應用是金融創新。

目前，DeFi 項目已有數千個，我們正在看到一個全新行業的早期階段。從穩定幣到去中心化交易所、錢包、支付網路、借貸和保險平臺，再到關鍵的基礎設施、市場和投資引擎，整個 DeFi 生態系統雛形已經形成，並且正在蓬勃發展。而業界普遍認為，穩定幣、借貸市場和 DEX 是當前 DeFi 行業最熱門的三個市場。

既然是去中心化金融，DeFi 和中心化的傳統金融有哪些區別呢？我來舉幾個具體的例子。

區別之一，誰來做決定。

傳統金融體系的生死存亡取決於大型金融機構及其監管機構的實力、穩定性、權威性和可信度。如果一家大銀行破產或政府違約，整個體系就會崩潰。

如果你了解雷曼兄弟（Lehman Brothers）的客戶，或者與阿根廷、烏拉圭、希臘和委內瑞拉的人民聊一聊，你會有更深刻的理解。相比而言，DeFi 的生死存亡則取決於其協議、密碼學和智慧型合約的強度。

區別之二，如何申請貸款。

在傳統金融的舊世界裡，你向銀行申請貸款，需要首次提供你的信用紀錄、財產和流動資產的資訊，他們甚至會綜合考慮你在哪裡上學，住在哪裡，以什麼為生。然後他們將其歸結為一個簡單的問題：你能被信任嗎？

而在 DeFi 的新世界中，這個過程是完全自動化和去中心化的。

第4章 為什麼區塊鏈首先是一場金融革命

區別之三，如何產生信用評級。

在主宰全球經濟數百年的盛衰週期中，傳統金融機構的信用評級體系從一個極端走向另一個極端。在繁榮週期的極端階段，放貸機構瘋狂投機，忽視風險，甚至操縱評級程序；在經濟蕭條週期，他們甚至把最有價值的借款人拒之門外，嚴格貸款給那些根本不需要用錢的人。DeFi 則取消了對借款人進行的大量耗時的背景調查，以及貸款機構進行的大部分成本高昂的盡職調查。事實上，如果你是一個放貸人，你甚至不需要知道借款人是誰。

當然，這三個區別不足以完全說明DeFi和中心化金融的所有不同之處。

很多人會問，既然 DeFi 這麼紅，能解決這麼多傳統金融的問題，未來 DeFi 會對傳統金融產生很大挑戰，甚至帶來一場革命嗎？

我想先帶大家回顧一下BitTorrent的歷史，看看能從中得到哪些啟發。

BitTorrent 作為最大的 P2P 文件分享協議，曾經在 2006 年最高峰時期占據了整個網際網路流量的 70%，如鼎鼎大名的《魔獸世界》的線上更新就是採用 BT 的技術進行下載分流。毫不誇張的說，BitTorrent 是匯聚了最多使用者流量的去中心化應用程式。

儘管 BitTorrent 是一種顛覆創新技術，但它本身卻不是一個好的商業模式。2018 年被波場以僅僅 1.4 億美元收購，被收購後的第 30 天，創始人 Bram Cohen 宣布離職。

BitTorrent 雖然沒有獲得預期的商業成就，但在 BitTorrent 的 P2P 技術消滅了「下載」之後，我們發現很多舊媒體以一種全新的、更好的形式重生了，這方面最典型的例子就是音樂串流媒體提供商 Spotify 和影片內容服務提供商 Netflix，它們的成功得益於所謂的「典範轉換」，即一種將「文件」抽象化的顛覆性創新。

同理，只有當 DeFi 足以推動傳統金融中某個部分的功能進行典範轉換，新商業體的建構才能開始浮出水面，DeFi 的商業模式才能得到市場更進一步的驗證。但從現階段來看，我們還沒有看到類似的情況出現。

所以，我認為短期內 DeFi 不會取代傳統金融，長期看兩者都會互相滲透，使得邊界變得不那麼清晰。

微信之父張小龍在闡釋他的產品觀時，有一個觀點我很認可：「不要一開始就做一個大的變革，要把最緊急、最核心的需求做到極致。」

總而言之，DeFi 的設計者們接下來最應該重視的是需要脫掉烏托邦的幻想，從社群化鬆散的組織，儘快進化到更高效率的商業化營運。只有真實應用場景的建設做好了，把金融「最緊急、最核心的需求做到極致」，DeFi 的前景才會更加輝煌。

延伸閱讀：急遽成長的以太坊 DeFi 鎖倉金額

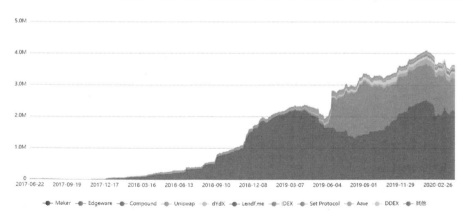

▲ 圖 4-9　ETH 鎖倉趨勢[1]

1　資料來源：　DAppTotal 網站。

第4章 為什麼區塊鏈首先是一場金融革命

　　DeFi，Decentralized Finance 的簡稱，即去中心化金融，其借助區塊鏈技術，來解決傳統及中心化金融存在的天然短處，如金融體制不平等、審查流程煩瑣、缺乏透明性和潛在的交易風險等。截至 2019 年 8 月 30 日 DeFi 行業的總鎖倉價值為 10.2 億美元，較 1 月 1 日的 3.02 億美元，半年時間成長了近 230%。當前 DeFi 的三個熱門應用領域是穩定幣、借貸市場和去中心化交易所。

　　DeFi 幾乎成了當下區塊鏈最大的應用之一，它的爆紅在一定程度上應驗了一個事實——區塊鏈目前真正的核心應用是金融創新。但是，DeFi 也可能會像不斷前行的加密數位世界那樣，遇到來自市場創新、技術突破、政策監管等方面的種種挑戰，經歷「冰火兩重天」般的起伏。

第 5 章
區塊鏈會如何改變各行各業

第 35 講
分散式儲存市場會出現阿里巴巴這樣的龐然大物嗎？

　　對於我們絕大多數人來說，儲存並不是個新詞。如果要追溯儲存設備的歷史，可能要從第一臺電腦的誕生算起，而面向公眾的儲存服務，最早可追溯至 2006 年美國亞馬遜公司發表的 S3 企業級對象儲存服務。後來，由於操作簡便，原本服務於亞馬遜的雲端伺服器，開始被眾多對資料有儲存需求的企業所用，整個雲端儲存行業逐漸發展起來。

　　如今的雲端儲存市場，可謂兵家必爭之地，匯聚了亞馬遜、微軟、Google、阿里雲、騰訊等科技和網路龍頭。據國際數據資訊（IDC）統計，2017 年全球雲端儲存行業市場規模為 307 億美元，預計 2022 年將成長到 889.1 億美元，複合年均成長率高達 23.7%。

　　從目前來看，雖然服務商利用雄厚的資金與技術實力，在全球搭建多個資料中心，為企業提供雲端儲存服務，但雲端儲存暴露出的問題也越來越明顯。

　　首當其衝的就是技術瓶頸和安全問題。

　　現有雲端儲存服務商為了確保資料的可靠性，一般會將資料存三個副本，這就意味著資料的冗餘率達到了 300%。除了資料冗餘，雲端儲存服務商還需要對資料進行故障隔離，以保證即使一部分資料出現故障，也不會影響其他部分的資料，但無限制的降低硬碟的故障率，已經不太現實。

　　有業內人士指出，「對儲存行業從業者來說，應該要有這樣一個價值

觀，那就是資料本身是有生命的，必須對客戶的資料負責，確保資料安全與可靠。」

　　舉一個簡單的例子，如果把資料比作存款，某天客戶急需用錢的時候，銀行告知客戶機器損壞，無法領用，這是可用性出現了問題；如果是客戶的存款金額被人知曉，那是安全性出現了問題；但如果是錢都沒了，那就是可靠性出現了問題。

　　雲端儲存出現之前，企業是把資料都儲存在硬碟中；雲端儲存發展起來後，企業開始把資料儲存到雲端的伺服器。但儲存到雲端並不代表著就是絕對安全的，伺服器系統發生故障的事故比比皆是。

　　例如，2019 年 3 月，阿里雲出現大規模故障，導致部分網路公司和 App 運行不暢，甚至癱瘓，阿里雲官方微博幾乎被「當機」問題的留言攻陷，更有網友戲稱「程式設計師、營運、維運都要從被窩裡爬起來工作！」2018 年 9 月，微軟的某業務資料中心停止服務長達 20 多個小時，後來查明原因，是雷電擊壞了資料中心製冷設備造成當機；2018 年 8 月，騰訊雲徹底丟失客戶資料，事故原因是硬體故障加維運人員操作失誤；2017 年，亞馬遜公司旗下雲端運算服務平臺 AWS 的對象儲存服務故障，原因是維運人員操作失誤；2017 年，支付寶因為光纖被挖斷造成停服事件。

　　除了安全問題，還需要考慮儲存的成本問題。

　　雲端儲存最主要的成本是頻寬成本，這也是很多網路硬碟都在上傳文件大小上做文章的原因。再比如，建設資料中心要面對龐大的資金壓力。雲端儲存中心的製冷需要配備專門的製冷系統，而這個製冷系統運行中的耗能大約是伺服器耗能的 0.5 倍至 1 倍，如此導致了大量能耗成本支出。

第 5 章　區塊鏈會如何改變各行各業

如果借助區塊鏈技術，會帶給儲存行業，特別是雲端儲存行業哪些新的變化呢？

有業內人士認為，區塊鏈儲存將全球的儲存節點池化，建構成一個規模龐大的全球統一、全球共享的儲存池。儲存是數位形式存在的實體經濟，其上鏈的過程可以完全透過程式碼來控制。而且，分散式儲存能夠透過將資料分散在多處，來增強資料的可靠性、可用性、異地容災性等特性。此外，儲存還有去重的特性，也就是使用者越多，成本越低，適合用區塊鏈來激勵。

▲ 圖 5-1　微軟將分散式文件系統 IPFS 用於旗下的 Azure 雲端運算平臺

你也許會問，如果拿區塊鏈儲存與企業級儲存、雲端儲存做個對比，區塊鏈儲存有什麼優勢嗎？優勢可能主要展現在以下四個方面。

一是更高的可靠性和可用性。區塊鏈儲存將資料儲存到全球上千萬個節點上，而不是用多副本模式，這樣做的好處是：一方面，避免了單點故障帶來的負面影響，僅在硬碟故障這一項上，區塊鏈儲存的可靠性就比

雲端儲存高 10^{64} 倍，綜合可靠性也至少高 1 萬倍以上；另一方面，由於負載已經分散到各地節點，區塊鏈儲存的服務可用性比雲端儲存至少高 1 億倍。

二是更低的建設和維護成本。區塊鏈儲存成本低的根本原因在於區塊鏈技術對去除資料重複率有良好的解決能力，透過資料去重能將成本大幅降低。同時，區塊鏈儲存能降低資料冗餘率，從而降低成本。

三是更容易形成規模效應。利用區塊鏈的激勵作用，可以無須鉅額投資和鉅額行銷費用即可迅速在全世界招募眾多儲存節點加入區塊鏈儲存系統，並吸引大量使用者使用，很快形成規模。快速的規模化有助於提高儲存的品質、增大儲存空間、降低成本。

四是更強的安全性。相對於傳統的中心化儲存來說，一般兩地三中心就屬於最高級別的容災，即使是雲端儲存，依然要解決儲存中心節點的建設問題，要知道，即使是全球第一大雲端服務商亞馬遜，全球範圍也不過幾十個節點。但區塊鏈儲存的「千地萬中心」特徵，能顯著提升容災的安全級別，把中心化儲存裡是奢侈品的「容災」變成標準配置。

概括起來，更高的可靠性和可用性、更低的建設和維護成本、更容易形成規模效應、更強的安全性，是區塊鏈儲存的突出優勢。

現如今提到分散式儲存，有一個項目不得不提 ——IPFS，即 InterPlanetary File System，星際檔案系統。它是一個面向全球的、點對點的分散式版本檔案系統，目標是為了補充（甚至是取代）目前統治網際網路的超文本傳輸協議（HTTP），將所有具有相同檔案系統的計算設備連接在一起。

IPFS 的基本原理是用基於內容的位址替代基於域名的位址，也就是

說，使用者尋找的不是某個位址，而是儲存在某個地方的內容，不需要驗證發送者的身分，而只需要驗證內容的雜湊，透過 IPFS 的網路，網頁的速度更快、更安全、更健壯、更持久。

IPFS 項目自發表以來，吸引了世界各地區塊鏈和網路從業者的密切關注。以 IPFS 激勵層的加密數位貨幣（代幣）Filecoin 為例，它有點類似於以太坊平臺上的以太幣，是迄今為止涉及金額最大的首次代幣發行，僅一小時就募集了近 2 億美元。此外，Google、Netflix、京東等網路公司也紛紛加入 IPFS 的合作生態。

當然，事物都是一分為二的，雖然我們在上面提到了區塊鏈技術具有很多優勢，但區塊鏈儲存目前的最大缺陷是性能瓶頸。客觀的看，區塊鏈儲存的性能目前還遜色於中心化儲存的表現。

如今，5G 技術正在蓬勃興起，這將為區塊鏈儲存帶來新的機遇。5G 技術所具備的高速率、低延遲等特點，將會大大提升區塊鏈性能，改善區塊鏈由於儲存導致的性能瓶頸問題。

區塊鏈裡的儲存是去中心化應用的底層技術及基礎服務，其上也會生長出應用生態，這個市場一定會跑出世界級的公司，而且會有一、兩家在中國成長起來。

延伸閱讀：區塊鏈儲存不斷挑戰中心化儲存的霸權

在雲端運算時代，區塊鏈儲存（見圖 5-2）不斷挑戰中心化儲存的霸權，因為其不但解決了儲存的資料可靠性、儲存成本、容災性、抗 DDos、閒置資源利用等問題，而且其基於 Token 的激勵體系設計，無須鉅額投資

和鉅額行銷費用，就能迅速在全世界招募眾多儲存節點加入區塊鏈儲存系統，並吸引大量使用者使用，很快形成規模。

儲存自身有去中心化需求
更可靠、容災、抗 Ddos、網路加速

A

D
儲存可以直接 tokenize

使用者越多，
去重的放大效應越高

B

E
在數百億美元的持久化儲存和
網路加速領域有壓倒性優勢

區塊鏈激勵礦工加入
激勵使用者使用

C

F
區塊鏈儲存將超越中心化儲存
的規模
像 Airbnb 超越中心化飯店規模一樣

▲ 圖 5-2　區塊鏈儲存

第 36 講
一隻看不見摸不著的電子貓，憑什麼賣 13 億元？

　　2019 年，中國遊戲產業總收入超過了人民幣 2,300 億元，所有玩家加起來超過 5.5 億人。面對如此龐大的市場，各大遊戲公司都在思考如何從這個大市場分一杯羹。那麼，區塊鏈和遊戲這兩者能碰撞出什麼火花呢？

　　前面我們介紹以太坊創始人 V 神時，提到以太坊的創立可能還和遊戲有些關係：當 V 神還是一名網路成癮少年時，他最愛玩的遊戲是《魔獸世界》，因為作為遊戲官方的暴雪公司未經玩家同意就修改了角色的技能，引發了 V 神的不滿和思考。V 神很反感暴雪的一刀切做法，但是因為暴雪是中心化的組織，擁有絕對的話語權，V 神也無能為力。這件事情激勵 V 神設計並實現了以太坊。

　　第一，在以太坊網路上，任何人都是平等的，假如暴雪想在以太坊的系統上對遊戲做重要修改，那就必須經過超過 51% 的節點同意，才能修改成功。這樣，就能從根本上保障玩家的權利，從而提高玩家的參與感。

　　第二，區塊鏈技術有希望解決遊戲行業存在了幾十年的盜版頑疾。在遊戲產業的光碟儲存時代，只要有人複製了光碟中的內容，就可以免費玩遊戲。為此，廠商設計了加密的光碟，但是光碟加密馬上就被破解了。遊戲開發商又提出了自家的遊戲平臺，只有註冊平臺帳號才能開始遊戲。遊戲商還花了大力氣打擊破解網站，或是和當地發行商組團，利用法律保護自家的遊戲不被盜版，投入了很大的人力、物力。而利用區塊鏈可以透過

網路確權，就算玩家在自己的節點上破解了，也無法破解大多數節點的資訊，這樣就從根本上解決了盜版問題。

第三，遊戲產業走過了預付費和免費兩個時代，前者是玩家在玩遊戲之前就要付全款，後者是玩家可以先免費玩，後期再自願購買道具。因為《魔獸世界》的成功，有些玩家專職做練級，專門幫別人刷等級，或是刷道具。也有的玩家收集到了高等級的寶物，然後透過拍賣或是購物網站，把自己的帳號賣給別人。稀有道具往往可以賣出非常高的價格，因此圍繞道具和帳號，線上盜竊也是層出不窮。假如透過區塊鏈技術，將道具、寶物和人物等級保存到區塊鏈上，並且透過區塊鏈網路進行交易，就可以很好的保護玩家的利益。

以太坊推出之後，人們除了在上面發表項目，更是基於區塊鏈的優勢，開發了一批去中心化應用程式──DApp，其中 D 是 Decentralized（去中心化）的簡寫。在 DApp 中，遊戲應用程式是最活躍的類別之一。有一款名叫《謎戀貓（*CryptoKitties*）》的區塊鏈遊戲，爆紅一時，一隻貓高達百萬美元，還求之不得。

得益於區塊鏈遊戲加密貓的爆紅，業內的網路龍頭也掀起了一陣加密寵物熱。基於區塊鏈的加密寵物遊戲，成了那段時期大廠們爭相搶占的藍海市場。

為了快速圈攏用戶，百度、360、小米等大廠們於 2018 年 3 月前後推出了「萊茨狗」、「區塊貓」、「加密兔」等一系列區塊鏈寵物遊戲，市場迴響熱烈。

那段時期的區塊鏈遊戲被稱為 1.0 時代，又因為這些加密寵物都是部署在以太坊這樣的公有鏈上，也被很多人稱為區塊鏈遊戲的公有鏈時代到

來了。

2019 年，加密寵物熱潮過去之後，又一款現象級遊戲 Fomo3D 誕生了，Fomo3D 也是部署在公有鏈上的區塊鏈遊戲。玩家前赴後繼的「進貢」，企圖以小博大，爭奪最終鉅額大獎，因此也有人稱之為「一場無法結束的資金盤」。Fomo3D 曾短短 20 天虹吸逾人民幣 3 億元，最終獲獎者拿到人民幣 2,200 萬元。

Fomo3D 存在的爭議比較大，一方面，開發者明確表示該項目存在一系列的風險，如安全漏洞、有可能跑路、無法追溯等；另一方面，因為投機性的遊戲屬性，市場上普遍認為 Fomo3D 是一個負能量的應用程式，對它貼上了「人性試驗場」、「現象級遊戲」、「龐氏騙局」等標籤。

在很多資深遊戲玩家看來，不管是加密貓還是 Fomo3D，區塊鏈遊戲其實就是一種金錢遊戲，從可玩性來說，並不如傳統遊戲好玩，人們還是更喜歡《王者榮耀》這樣的全民手遊。我雖然玩《王者榮耀》不多，但是經我觀察，從小學生到職場男女，不少人都被這款遊戲迷住了。有八卦說，《王者榮耀》團隊某年的春節年終獎金達到了 100 個月的月薪之和，這從側面反映了這款手遊的熱度。此外，以《精靈寶可夢》為代表的擴增實境（AR）和虛擬實境（VR）遊戲等新技術遊戲也很受玩家青睞。

如果有一款區塊鏈遊戲能達到《王者榮耀》的可玩性，又有《精靈寶可夢》的新技術，再融入區塊鏈技術，應該能得到市場的高度認可。

作為目前中國乃至全球遊戲業的霸主，騰訊自然也沒有放掉區塊鏈這個風口，《一起來捉妖》正是區塊鏈爆紅期的產物。在最初的宣傳中，區塊鏈也是《一起來捉妖》的最大賣點。騰訊遊戲官方表示，《一起來捉妖》是騰訊在遊戲虛擬內容價值現實化方面的第一個嘗試。遊戲裡誕生的專屬

貓將在區塊鏈上被保存，永不消逝。

在區塊鏈遊戲金融屬性過強、品類單一、可玩性不高的大背景下，騰訊宣稱推出一款融合了 AR（擴增實境）、LBS（行動定位服務）、PVE（玩家對戰環境）以及區塊鏈養成等多種玩法的區塊鏈遊戲，更是賺足了業界人士的期待。

不過，在《一起來捉妖》的官網中，幾乎沒有再提及區塊鏈，更多的是將其宣傳為一款 AR 手遊。在遊戲中，區塊鏈的部分也不如想像中的重。只有玩家升到了 22 級之後，才能玩到區塊鏈貓的環節，養成、繁育區塊鏈貓也並非遊戲的主線任務。

在遊戲中，玩家將區塊鏈貓上鏈後，能獲得關於其區塊高度及最新一次交易哈希的區塊資訊。上鏈之後，我們知道區塊鏈貓會永遠留存，但在哪裡能查到區塊鏈貓的具體交易資訊，似乎並沒有更多的途徑。

雖然騰訊的這次試水溫還有許多不足，但是吹響了大廠開發區塊鏈遊戲的號角。一些大公司相繼推出了區塊鏈遊戲，如育碧的 *Hashcraft*、網易的《逆水寒》等。因為這些遊戲都是建立在聯盟鏈之上的，相比《以太貓》等公有鏈遊戲，無論是遊戲的趣味性，還是技術性都提高了不少，因此被稱為區塊鏈遊戲 2.0 時代。

可以說，區塊鏈遊戲正在快速向新的階段發展。在這一階段，強調的不僅是遊戲的可玩性，也強調玩家的參與度。遊戲開發商與玩家會從以往的商家與顧客的關係，變得更加像合作者。但是，因為當前區塊鏈的交易處理速度還存在瓶頸，並且不同的公有鏈和聯盟鏈的標準並不統一，區塊鏈遊戲 3.0 時代還面臨著不小的挑戰。我們期待區塊鏈和遊戲碰撞出更大的火花。

延伸閱讀：世界首款區塊鏈遊戲 *CryptoKitties*

　　《謎戀貓（*CryptoKitties*）》是世界首款區塊鏈遊戲（見圖 5-3）。區塊鏈是支援類似比特幣這樣的加密貨幣的運作技術基礎。儘管謎戀貓不是數位貨幣，但它也能提供同樣的安全保障：每一隻謎戀貓都是獨一無二的，而且 100% 歸遊戲者所有。它無法被複製、拿走或銷毀。

▲ 圖 5-3　各種類型的謎戀貓[1]

1　資料來源：CryptoKitties 官網。

第 37 講
出租家用電動充電樁，會是一門好生意嗎？

　　這一講我們聊一聊區塊鏈和能源行業。

　　提到能源行業，你首先想到的是什麼呢？煤炭、石油、電力等，沒錯，能源行業就是一個採掘、採集和開發自然界能源，或者把自然資源加工轉換為燃料和動力的行業。能源行業的發展關乎民生幸福，沒有能源就無法進行商品和服務的傳遞，能源的重要性不言而喻。那麼，這麼「重」的一個行業，能和區塊鏈有什麼交集呢？

　　最近幾年，能源互聯網這個概念非常紅，在政策層面，它還被寫在「一帶一路」倡議之中。隨著能源互聯網的興起，過去能源企業的傳統業務模式和盈利模式不再符合數位化、低碳化的新需求。

　　區塊鏈技術作為一種新型資料庫技術，可以增加能源互聯網中多利益主體之間的相互信任，其去中心化、公開、透明等特性也與能源互聯網的理念高度一致，有助於解決能源行業面臨的生產、消費、輸送、儲存、交易以及資本融通等諸多環節中的低效能問題，在未來能源領域具有廣泛的應用潛力。

　　目前來看，能源區塊鏈項目主要分布在分散式能源管理、碳交易、融資等應用領域。

　　我們先來看看分散式能源管理。

　　區塊鏈的去中心化特點，能夠大幅度降低分散式電力的交易成本，提

升交易效率。這種應用可能會反過來對分散式電力行業帶來革命性的變化。原本無法動態交易的家庭分散式設備，在未來都有機會接入一個大的網路中。透過智慧型合約，供應商和消費者能夠透過創建基於價格、時間、地點和允許的能源類型等參數，實現銷售自動化。

早在 2012 年，西門子公司就利用區塊鏈能源技術的分類帳目資料庫，為美國布魯克林公園斜坡地區的居民開發了一套「微電網」系統，微電網包括了網路控制系統、轉換器、鋰離子電池儲存和智慧電錶。布魯克林地區的居民可以透過啟用微電網，交易屋頂太陽能電池板所產生的多餘電力，而且所有交易被自動記錄在當地公用事業區塊鏈上，對所有居民公開可見且無人可以修改。而在區塊鏈技術問世之前，所有的這些交易行為紀錄，都需要人工手動操作去完成，缺乏透明度和可信度，資源也得不到更好的利用，浪費現象相當嚴重。

再舉個電動汽車的例子。電動汽車已經走進越來越多的家庭，隨之而來的是各式各樣的充電基礎設施，有資料說，目前全球約有 168 萬套私人電動汽車的充電設備，且繼續保持很高的增速，然而絕大多數充電設備在每天的大部分時間內都處於閒置狀態。如果建立起通證經濟體系，為私人充電設備的車主提供補貼獎勵，就可以讓它們共享給公眾使用，同時車主可以自己設定充電價格，透過區塊鏈技術即時、高效能、安全的處理所有計費、支付和身分驗證問題。

此外，碳排放領域也是區塊鏈＋能源的重要用武之地。

減少溫室氣體排放是全球各國的統一目標，然而碳排放的每項技術和政策途徑都依賴於在全球市場中準確測量和記錄碳含量的方法。但目前這些方法的透明度有限，各個主體之間的標準不連貫，各國監管制度也不統

一，造成了嚴重的信任問題。

　　作為交易資料的可信儲存庫，區塊鏈技術讓我們有機會創建不可更改且透明的市場資料紀錄，有助於在碳捕捉、利用和儲存活動等方面追蹤碳排放。針對碳排放識別和認證困難，以及交易流動性太小的痛點，美國一家區塊鏈初創公司就在尋求使用區塊鏈技術促進碳排放市場升級的方案，客觀驗證二氧化碳總量，並促進供應商和買方之間的交易。

　　難怪聯合國的高階官員曾經說：「區塊鏈技術可以促進更廣泛的利益相關者參與，提高透明度和參與度，並幫助提供信任和氣候進一步變化的創新解決方案。」也許，用區塊鏈技術去重新建構和設計《巴黎協定》，各國在一個公開、透明、公平的環境下去討論和解決氣候問題，可能就不會出現 2017 年美國總統川普決定「美國將退出《巴黎協定》」的歷史性倒退了。

　　當然，區塊鏈也可以發揮能源行業新項目的融資功能，在符合當地法律法規的前提下，允許項目以通證化的形式，透過透明公正的區塊鏈合約機制向公眾募集資金，並使用項目的收益向投資者分配獎勵。

　　不過，我們歷數了目前市面上的區塊鏈項目後發現，美國依然是「區塊鏈＋能源」創業的最佳土壤，美國的矽谷、紐約等地區都聚集著大批能源區塊鏈創業者。前面提到的紐約布魯克林「微電網」的能源區塊鏈交易，到今天還時常被很多業內人士提起。

　　至於美國為什麼能夠誕生如此多的能源區塊鏈項目，除了美國強大的IT 及科技金融技術基礎和人才之外，還有一個重要原因不容忽視：美國各個州的能源市場和政策都有很大的區別，既有完全開放的能源市場，也有較為保守的能源市場，這為能源區塊鏈創業者們提供了絕佳的試驗場。

　　以美國電網為例，與很多國家由幾大公司控制輸電網不同，美國電網公司的數量超過500家，美國也沒有全國性的電力市場，只有大約8～10個區域電力市場。電力市場主體的分散化和交易模式的多樣化，使得能源區塊鏈從底層技術到商業應用在美國得到了迅速發展。

　　相比國外的區塊鏈能源投資與應用的活躍程度，中國的能源區塊鏈領域依舊是一片藍海，也希望有更多的「區塊鏈＋能源」探索者在這片藍海中創出一片新天地。

延伸閱讀：區塊鏈賦能的智慧電網是如何實現交易的

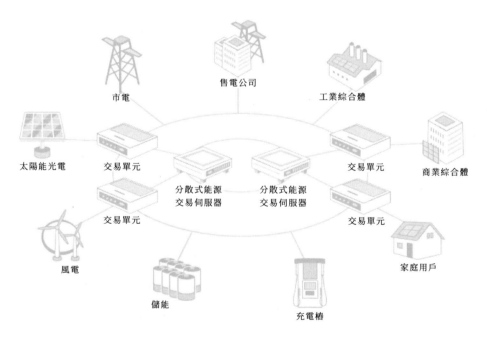

▲ 圖 5-4　電力的分散式交易平臺流程圖

第 37 講　出租家用電動充電樁，會是一門好生意嗎？

1.　主要功能

（1）交易結算：建立去中心化的交易規則，參與方共享資料，結算透明。

（2）智慧型合約：為交易雙方提供客製化交易模板。

（3）資產證書：生成數位資產證書在平臺進行交易。

（4）終端感測器：提供區塊鏈資料採集硬體模組。

2.　技術優勢

（1）基於 P2P 網路支援分散式主體間的自由交易。

（2）基於區塊鏈技術建構智慧型合約機制，形成統一交易規則。

（3）資料採取多重加密和多重認證，保障鏈上資料準確、可靠。

（4）採用深度學習—神經網路等技術，實現交易預測分析。

（以上圖片及內容節選自融鏈科技產品資料）

第 38 講
有了區塊鏈發票，「貼貼貼的日子」一去不復返？

這一講我們聊聊區塊鏈能幫助政府做些什麼。

兩年前，有則新聞引起了媒體和大眾的廣泛關注：2018 年 8 月 10 日，中國首張區塊鏈電子發票在深圳出現，在中國國家稅務總局、深圳市的相關領導和多家媒體共同見證下，深圳國貿旋轉餐廳開出了中國首張區塊鏈電子發票，宣告著深圳成為中國區塊鏈電子發票的第一個試點城市。

那麼區塊鏈電子發票和過去的發票有什麼不同呢？為什麼會引起這麼大的關注？

如果仔細觀察影印後的區塊鏈發票右上角的密碼區，會發現有一連串數字和字母的組合，乍一看它好像和普通發票沒什麼區別，都是毫無規律的數字、字母組合，但實際上，區塊鏈發票上的這串密碼組合和普通發票相比升級了不少。它是在結合區塊鏈技術下產生的，使用的是哈希散列函數算法，簡單講就是它可以把任意長度的輸入，透過散列算法變換成固定長度的輸出。

不要小看這個新的密碼組合隊列，透過哈希算法的加持，任何人都無法從密碼組合推斷出原始的輸入值，發票資料的保密性和安全性都得到了品質的提升，它會透過區塊鏈分散式儲存技術，連接商家、公司、稅務局等每一個和發票有關的人。

對商家來說，以前人多開票慢、手滑開錯票等煩心事，讓消費者的體

驗很不好，影響到商家的口碑；現在，消費者結帳之後就能自行獲取電子發票，大大節省了等待時間和商家在硬體、人員上的成本。

對企業來說，採用區塊鏈電子發票，可以安全快捷的實現發票申領、開具、查驗。

對稅務監管方、管理方而言，透過區塊鏈管理平臺，可即時監控發票開具、流轉、報銷全流程，實現無紙化智慧稅務管理，保障稅款及時、足額入庫。

對一名普通員工來說，過去需要把電子發票影印出來形成紙本憑證，接著提交到公司財務，再由財務審核統一整理，每月在固定時間向上級申報，最後才能獲得報銷。過程複雜，而且涉及多個需要驗證的環節，效率很低，讓人頭大。如今，借助區塊鏈發票，員工的發票可以在第一時間實現一鍵報銷，發票資訊將即時同步到企業和稅務局，員工在線上就可以拿到報銷款，可以說，區塊鏈發票讓「貼貼貼的日子」一去不復返了。

在 2018 年，騰訊區塊鏈業務總經理蔡弋戈首度公布了騰訊區塊鏈在電子發票領域的成果：半年時間，區塊鏈電子發票累計開票 130 萬張，累計金額 15 億，登記企業 1,500 多家。不誇張的講，區塊鏈發票的產生象徵著納稅服務正式開啟了區塊鏈時代。

其實，不只區塊鏈發票，還有區塊鏈營業執照。2019 年 3 月，重慶發出了第一張基於區塊鏈技術的電子營業執照。它同樣是利用了區塊鏈技術資訊安全、資料溯源、可信共識等特性，減少辦事企業、群眾重複提交證照和證明資料，窗口工作人員反覆審核的人力和時間成本，使政務服務效能得到極大的提升。

相對於紙本營業執照或者普通電子營業執照主要用於記載企業的基本

資訊，區塊鏈營業執照還可以記載企業經營全過程的資訊，包括辦照前主體資訊、前置審批資訊，辦照時的登記、變更資訊，辦照後的後置審批資訊、財稅資訊、信用監管資訊等，所有過程資訊一經上鏈，無法篡改。

區塊鏈發票、區塊鏈營業執照只是區塊鏈應用於政務領域的兩個細分場景，我們再來看一個示例——雄安新區是如何把區塊鏈應用到政務領域的。

有人說，不讀懂雄安就無法讀懂當下中國的走向。雄安到底有多重要？「千年大計、國家大事」，這一措辭的內涵極具想像力。但你可能未必了解，在中國，還沒有哪一個城市或地區如雄安這般重視區塊鏈。從租售的第一間房子、建設的第一棟樓、種下的第一棵樹開始，區塊鏈已經融入雄安建設發展的血脈中。

2018 年 2 月，雄安上線了中國國內首個區塊鏈租房應用平臺，在這個平臺上，掛牌房源資訊、房東房客的身分資訊、房屋租賃合約資訊等將得到多方驗證，不得篡改。還有「千年秀林」工程，它的目標是把雄安新區的森林涵蓋率由現在的 11% 提高到 40%，資金占用龐大，任務非常繁重，借助區塊鏈技術來管理造林資金，把植樹造林資金支付鏈條延伸到付款的最末端，工程款、勞務薪資都可以在區塊鏈系統完成，確保專款專用，杜絕了政府專項資金被違規使用的問題。

總結一下，面對電子政務中的資料孤島、成本高昂、網路安全、效率低下、監管缺失等痛點，區塊鏈可以在電子票據、政府審計、數位身分、資料共享、涉公監管、電子存證、出口監管等細分領域，為電子政務提供新的解決方案。

未來，區塊鏈智慧型合約技術將為不同人群設計不同政務服務的解決

方案，並與雲端運算、人工智慧等技術融合，共同推動政務智慧化的進一步發展。

　　最後，留一道關於區塊鏈發票的思考題：如果借助區塊鏈和人工智慧技術之後，企業財務人員不必再為每天記帳、核算、報稅、報銷、發薪資之類的瑣事所累，那麼一個企業還需要那麼多財務人員嗎？過去的會計、出納等基礎業務職位還會繼續存在嗎？

延伸閱讀：中國首張區塊鏈電子發票長什麼樣？

　　2018 年 8 月 10 日，深圳國貿旋轉餐廳開出了中國首張基於區塊鏈技術的電子發票（見圖 5-5），正式宣告深圳成為中國區塊鏈電子發票首個試點城市，也意味著納稅服務正式邁入區塊鏈時代。

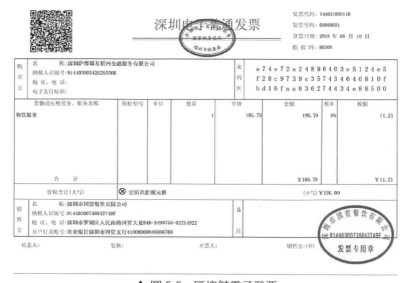

▲ 圖 5-5　區塊鏈電子發票

第 39 講
怎樣做才能讓問題疫苗徹底消失？

　　這一講聊一個和你生活息息相關的話題：區塊鏈和醫療健康。

　　大家都有過感冒發燒和身體不舒服的時候，有時候因為工作忙就忍忍，懶得去醫院排隊掛號看病，但是有時候卻將病情拖得更加嚴重，不得已還要去醫院。這個時候，你可能會想，有沒有一種技術可以讓人不用去醫院，就能實現線上就診、開藥，並且還能夠將藥品送貨上門呢？其實，借助區塊鏈技術就可以實現這個「懶人看病」的想法。

　　螞蟻金服和上海復旦大學附屬華山醫院早在 2018 年 9 月，就在中國國內率先推出了首個區塊鏈電子處方方案。有了這個區塊鏈解決方案，電子處方、線上開藥、配藥、送藥、簽收藥等流程都將被記錄，不可篡改且可追溯，處方的權威性和可信度得到保證。同時，一張處方被標記已配送後，就不可再次配藥，這也可以避免處方濫用問題。雖然華山醫院當時只是以內分泌科為試點，但是相信不久的將來，就可以逐漸大範圍使用到如此便捷的區塊鏈電子處方了。

　　和電子處方相似，區塊鏈在醫療健康領域還有一個更大的應用場景，就是電子健康病歷。

　　可以把病歷想像成一個帳本，原本它是掌握在各個醫院手上的，患者自己並不掌握歷史醫療紀錄，這會對患者就醫造成很大的困擾，因為醫生無法詳盡了解患者的病史記錄。

　　例如，在 A 醫院看病的紀錄可能無法在 B 醫院聯網查詢，等到去看病時，還需要帶齊所有的檢查結果，醫生需要再次詢問和了解過往全部病史，而且病歷和紀錄又以完全不同的電子形式呈現，醫生看病時還需要再次輸入記錄。看病真是既費時又費力。

　　雖然現在很多大醫院普遍都開通了電子病歷系統，也就是 EHR（Electronic Health Record）系統，患者過往的就醫資訊都可以線上保存和調閱，但考慮到利益、安全性等諸多原因，各個醫院之間的系統往往沒有實現資料的完全共享。

　　2015 年 7 月，美國加州的 UCLA 醫院的資訊系統遭到駭客入侵，導致 450 萬份醫療紀錄被洩露，這其中包括了病人的姓名、地址、生日、社會保險卡號、醫療保險號碼、藥物清單和體檢結果。你也許不知道，在黑市上，單單一份完整的醫療保險資訊就可以賣到 20 美元以上。所以，醫療機構出於安全考慮，大都不敢輕易將自己家的電子病歷系統放到網路上。

　　而借助區塊鏈技術保存病歷紀錄後，患者在不同醫療機構的所有就醫歷史資料都會保存在區塊鏈上，也就是說，原本掌握在各個醫院手上的患者的電子病歷資料會被打通，而且安全可靠，不能篡改。今後看病也好，對自己做健康規畫也好，就有共享的歷史資料可供使用。

　　總之，如果能更安全、更準確的獲取病人的病歷資料，病人的安全將得到更好的保障，治療效果也會顯著提升，甚至出現醫療事故的機率和醫療成本都會大大降低。

　　除了日常的就診，基因領域也是區塊鏈應用到醫療健康領域的重要陣地。

　　日常生活中，我們看到一對父子長得很像，會不由自主的感嘆：「長得真像，基因真強大！」基因其實是 DNA 分子上的一個功能片段，但它

卻可以決定人的生老病死。隨著科技的發達，我們個人也可以去監測基因，進而評估出與基因遺傳有關的疾病、體質、個人性格等要素，準確率可達 99.8% 以上。

可以說，基因是連接醫療和健康的紐帶。那麼問題來了，如果涉及個人隱私和生命密碼的基因檢測資料被別人販賣或者盜走，再或者被機構做進一步研究開發，會不會對個人造成不可估量的損失？

為了解決這個問題，DNA 錢包應運而生。運用區塊鏈技術，把個人基因資料進行安全儲存，使用私人密鑰才能獲得使用或修改權限。如果用一個具體的比喻，就是為個人的基因做了一個加密數位版的「錢包」。錢包裡的個人基因資料，其他人可以看，但不能複製、修改，更不能移動，真正實現了個人基因自己說了算。有了 DNA 錢包，使得醫療健康服務商能夠在獲得授權的情況下，安全分享和統計病人基因資料，幫助藥廠更有效率的開發藥物。

此外，區塊鏈具備可追溯性，這使得藥品的回溯與監管不再是難題。

在 2018 年 7 月，有一篇名為〈疫苗之王〉的文章迅速在微信朋友圈引爆，把疫苗安全的問題推到風口浪尖。長春長生、武漢生物等企業被查出有問題的疫苗高達 65 萬支，涉及數十萬家庭，觸目驚心。比如，出事的疫苗批次中就有百白破疫苗，它主要是用來預防百日咳、白喉、破傷風三種比較危重的疾病，沒有了疫苗的保護，孩子們感染的風險大大增加，一下子讓所有家長都提心吊膽，害怕自己家的孩子接種了問題疫苗，人心惶惶。

這次疫苗事件暴露了現有疫苗產業的諸多問題，如企業擅自編造生產紀錄和產品檢驗紀錄，在案件回溯中，無法確認是哪個環節紀錄造假；疫苗需要冷鏈配送，但物流企業是自我監控，缺少監督；疫苗流通銷售環節存在腐敗可能，但追責卻十分困難等等。

而透過區塊鏈技術，可對疫苗在供應鏈上所有環節的關鍵細節和相關資訊進行查詢，包括疫苗的生產日期、價格、療效、流通情況等，並可以追溯到原材料的採購階段。同時，還可以引入共識機制，各個環節參與者共同記錄和維護資料，防止某個環節的參與者單方面修改或刪除資料。總之，每一劑疫苗的生產到使用全過程都被記錄下來，任何一個環節出了問題都能被查究出來。

　　或許，區塊鏈技術的出現能讓問題疫苗徹底消失，也希望我們能夠與問題疫苗告別，類似的悲劇永遠不再出現。期待那一天早日到來。

延伸閱讀：華大區塊鏈在個人生命資料的應用場景

　　華大區塊鏈從自身實踐做起，為員工搭建了一套基於區塊鏈的跨組學資料安全共享系統（見圖 5-6），支撐個人生命資料的價值實現。這是華大區塊鏈的首個應用場景，後續也將推廣、升級到華大對外與政府、醫院在跨組學資料的科學研究、臨床和產業應用等方面的合作中。

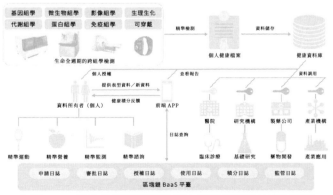

▲ 圖 5-6　華大集團區塊鏈技術在跨組學資料的應用場景

第5章　區塊鏈會如何改變各行各業

（1）透過生命組學工具（測序儀、質譜儀、影像設備、可穿戴設備等）收集全方位全週期的生命大數據，形成人人、即時、終身的生命健康檔案，形成數位化生命。

（2）所有資料將加密處理，由國家基因庫進行統一儲存，確保資料硬體安全、物理安全和訪問安全。

（3）使用者可透過前端 App 授權個人資料被內部科學研究團隊、合作醫院、健康管理團隊等使用，所有的使用日誌將以區塊鏈形式記錄，使用者可即時查詢、授權個人資料使用情況，實現使用者對個人資料的控制權，將資料價值還於個人。

（4）對於授權資料使用或主動提供組學資料的使用者，華大以健康積分作為獎勵。健康積分可用於各類健康促進服務（精準運動、精準營養等），實現個人生命資料價值的正向反饋。

基於區塊鏈技術的資料互動模式現已應用於對內的跨組學資料員工健康計畫以及對外的腫瘤關愛計畫，已實現近萬人的組學資料安全共享與價值實現。隨著華大業務涵蓋更多人群，該模式將重構個人組學資料的生產互動模式，真正實現「我的資料我掌控、我的健康我做主」。

（以上圖片及內容節選自華大區塊鏈白皮書資料）

第 40 講
匯集萬物感知的「潘朵拉星球」真的可能存在嗎？

　　在詹姆斯・卡麥隆（James Cameron）的電影《阿凡達》中，IMAX 技術逼真的將一個神奇的世界呈現在觀眾面前。在潘朵拉這顆星球（見圖 5-7）上，所有樹木的根相互連在一起，形成了一個覆蓋全球的網路。和任何一棵樹相連，都能感知全球的變化。當我在看這部電影時，看到潘朵拉星球那一刻，我就在想，這不就是很多人心中理想的全球物聯網嘛。

▲ 圖 5-7　電影《阿凡達》中的潘朵拉星球

第 5 章　區塊鏈會如何改變各行各業

　　在小米手機的一場發表會上，小米 CEO 雷軍宣布要在 AIoT 領域持續投入人民幣 100 億元，作為接下來五年的公司策略。AI 是人工智慧的意思，IoT 是物聯網的意思。其實在宣布這個策略之前，小米就已超越蘋果公司，成為世界上最大的智慧型穿戴產品廠家了。在小米打造的生態中，大到電視機、冰箱、空調，小到手機、手環、攝影鏡頭，都可以聯網，共同建構起一張無邊無際的物聯網系統。

　　曾有一則女子在深夜街道被陌生男子暴打的新聞傳遍了全網。由於男子的暴行被路邊商店的監視攝影機拍了下來，不到 24 小時，這名嫌疑犯就被抓捕了。但是無處不在的攝影鏡頭也對人們的隱私構成了威脅。一對夫妻在飯店房間中發現了隱藏攝影鏡頭，告知飯店後，飯店卻說百分之八十的飯店都裝了隱藏攝影鏡頭。另外，因為有了語音喚醒，我們身邊的智慧型音箱和智慧型手機每時每刻都可以監聽周圍的對話。不知道智慧型音箱的公司收集到了多少隱私資訊，這些資訊又被如何處置和使用了。

　　所以說，物聯網的概念雖然很好，但個人隱私保護、安全保障等方面的問題也越來越多的暴露出來。

　　2019 年 6 月初，中國工信部向中國移動、中國聯通、中國電信和中國廣電發放了 5G 牌照。這一舉措的推出速度大大超出市場的預期，意味著中國 5G 商用正式提上日程，5G 時代加速到來，這為物聯網的建構提供了重要的硬體技術支撐。

　　原騰訊副總裁吳軍預測，相比前兩代網際網路，也就是固定網路和行動網路，作為第三代網際網路的物聯網將創造一個千萬億美元的新市場。但是，物聯網如果要大規模使用，還需要克服兩大難題：容量和安全性。5G 的低延時、高速率、高容量、設備的大規模連結等特點讓萬物互聯成

為現實。有人做過實驗，5G 的下載速度達到了 4G 的 15 倍。據國外機構預測，到 2025 年，全球物聯網連接數將超過 250 億。

物聯網設備的運行依賴於基礎設施和雲端之間的互聯，因此，幾乎所有使用者的使用資訊都將被傳輸到雲端。

在 5G 技術的加持下，基礎設備與雲端中心的聯絡速度變得更快，而一旦雲端出現問題，所有使用者的隱私將無法得到保障。

人與人、人與物、物與物之間的安全、隱私問題該如何解決？當一切終端以開放的方式接入物聯網，資料安全如何保障？隨著 5G 技術的普及，這些都成為亟待解決的問題。

區塊鏈眾多的優點中，最重要的就是去中心化。

如果在 5G ＋物聯網的基礎上接入區塊鏈技術，那麼就能讓整個系統由中心化變為去中心化。既然是去中心化，那麼物聯網上的每個節點就都是一個獨立的中心，因此，當一個節點出現問題時，並不會對相鄰的其他節點產生影響。這樣一來，就能避免出現當駭客攻擊一個節點時，導致整個網路癱瘓的問題發生。

此外，在算力方面，得益於區塊鏈的分散式特性，區塊鏈技術將物聯網的每個節點都變成一個「電腦」。在中心化網路中，每一個物聯網電子設備的每一個節點在運行過程中，都要依靠中央伺服器（雲端）來做出判斷。然而，當物聯網加入區塊鏈技術以後，物聯網上的每個節點都具有了獨立運算的功能。這樣，每個節點面對自己需要解決的問題時，就能夠透過自我計算自行處理，只需要及時向中央伺服器進行資料報備即可。這樣一來，就能實現指令之間的互相確認，一舉提高整個物聯網的計算能力。

5G 的推出將使設備之間的交易和支付呈爆炸式成長，到那時，當前

的中心化和去中心化的金融基礎設施就會變得相形見絀。

　　海爾算得上中國傳統企業嘗試區塊鏈的先行者，海爾 CEO 張瑞敏看到了區塊鏈的革命性，對公司組織和業務方向進行了前瞻性布局。目前，海爾集團從事區塊鏈研究的主要是兩個部門：一是海爾集團的 IT 部門，負責底層技術研發。二是海創鏈，負責提供生態鏈的應用解決方案，海創鏈正是海爾集團內部孵化的公司。

　　海爾對於區塊鏈技術的應用嘗試主要是「食聯網」和「衣聯網」。

　　食聯網由海爾冰箱主導。未來的冰箱一定都是智慧型的，會有很多感測器、攝影鏡頭，還會有螢幕，可以進行人機對話。因此，海爾認為冰箱可以作為食聯網的銷售終端和互動終端。

　　在農產品種植管理環節，透過物聯網採集種植區原始資訊，將農作物種植資訊上鏈儲存；在農產品加工環節，將農產品包裝過程資訊儲存，農產品合格證資訊上鏈；在物流配送環節，農產品運輸過程可即時追溯；在消費終端，每個產品都有編碼，每件貨物的產地、合格資訊都有源可查。

　　在海爾的構想中，食聯網和傳統溯源相比的最大優勢就是食品行業鏈條的真正閉環。作為終端，海爾智慧型冰箱能夠完全掌控食品在家庭中的生命週期。

　　再來看衣聯網，它是由海爾洗衣機主導的。一方面，通常服裝上都有洗標，會標明它的成分。使用者可以即時獲取產品資訊，包括服裝的原材料追溯、工藝、設計等，讓使用者穿得安心。另一方面，這個「身分證」也可以成為服裝品牌的「名片」，向使用者展示每件服裝背後的設計、生產、銷售的全部流程，為服裝企業真實可信的品牌做背書。

　　海爾的區塊鏈革命展示了區塊鏈和傳統製造企業的化學反應。區塊鏈

是體，物聯網是用，物聯網的發展離不開區塊鏈的幫助，物聯網讓生活智慧化，區塊鏈攜手物聯網讓智慧化的生活降低成本，從而人人都可擁有智慧生活。

最後，我還想強調的是，物聯網要實現完整的商業閉環，離不開與區塊鏈的相輔相成。

在物聯網實現商業閉環的路徑中，區塊鏈可以提供重要的輔助作用：區塊鏈技術賦予數位設備身分的不可篡改，為物聯網中設備網路化提供了基礎保障；依靠區塊鏈的分散式帳本、非對稱加密算法等，保證了物聯網的網路資料化、資料資產化和資產占比化；同時，通證設計讓物聯網商業中的占比交易化、交易金融化的實現成為可能。

總之，沒有區塊鏈技術的賦能，物聯網很難發揮其在經濟結構、經濟制度和商業模式上的重大革新作用。期待著區塊鏈與物聯網的深度整合，為我們建構一個「潘朵拉星球」式的理想國。

延伸閱讀：基於即時資料的物聯網供應鏈管理

在圖 5-8 所示的場景中，從原材料到最終產品，再到客戶使用的全過程，資料由區塊鏈進行記錄，無須中心資料庫、無須第三方信任機構。區塊鏈賦能物聯網之後，保證所有資訊「在一個相當高閾值範圍內」可信、不可篡改、不可抵賴，全程可監控、可溯源，有利於建立互信、明晰責任、提升效率。

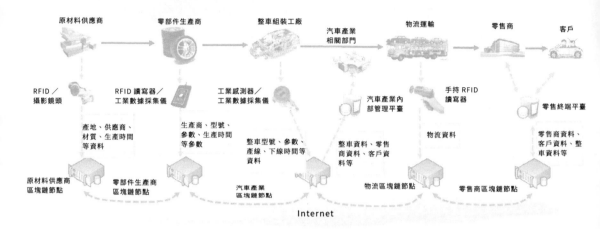

▲ 圖 5-8　區塊鏈＋物聯網的應用場景：基於實時數據的供應鏈管理

第 41 講
蜘蛛人和綠巨人浩克的故事可能因為區塊鏈而重寫？

本講先從電影聊起。2019 年上映過一部巨作——《復仇者聯盟 4》，影片一經上映便受到市場熱捧，總票房約 28 億美元，一舉打破了《阿凡達》創造的影史票房紀錄，成為迄今為止全球票房最高的電影。作為頂級 IP，復仇者聯盟系列電影累計為漫威賺取了 200 億美元，《鋼鐵人》、《美國隊長》這些電影中的角色更是深入人心。

▲ 圖 5-9　復仇者聯盟中的不同英雄角色

　　然而，當年漫威影業還只是一個工作室的時候，為了能餬口度日，不得不出售大量的角色版權，把「蜘蛛人」賣給了索尼，把「X 戰警」賣給了福斯。像「超人」和「蝙蝠俠」這些大眾也很熟悉的角色，實際上並不屬於漫威，而是屬於美國另一家動漫公司——DC 漫畫。

　　後來，因為角色互相抄襲，版權界定不清晰，漫威和 DC 漫畫兩家公司打過不少官司，最典型的就是「死侍」和「喪鐘」，兩個角色的人物造型相差不大，超能力也很像。搞笑的是，在 DC 漫畫內部也免不了抄襲，「超人」和「沙贊」就最為典型，除了穿的衣服不一樣，其他幾乎一模一樣。

　　在第一部改編自同名系列漫畫的電影《鋼鐵人》大紅之後，漫威度過了青黃不接的難關，逐步將旗下的超級英雄們「接回了家」，所以我們才能在《復仇者聯盟》裡看到蜘蛛人的身影。但是，收回並不順利，索尼影業前後拍了幾部蜘蛛人相關電影，賺得盆滿缽滿之後，才將蜘蛛人的版權還給了漫威。因為蜘蛛人所有的角色故事幾乎都被索尼榨乾了，漫威不得不又重新設計蜘蛛人的新劇情。

　　如今，X 戰警、死侍、驚奇 4 超人等曾經的漫威英雄們的版權依然屬於 20 世紀福斯公司。由於 20 世紀福斯對這一系列的動漫角色開發得相當充分，花費了不少精力和財力，再加上最初簽署版權協議時和漫威存在一些有爭議的條款，所以在外界看來，它們將會是漫威最難收回的英雄角色。

　　無獨有偶，2019 年，視覺中國因黑洞及國旗國徽圖片導致的版權維權爭議，引發了公眾對「版權碰瓷」行為的關注。許多網路名人和自媒體紛紛訴苦，因為曾經文章引用的圖片沒有註明出處是視覺中國，而收到視

覺中國的律師函。

　　據中國某顧問公司資料顯示，78.8% 的受訪企業認為，視覺中國的維權方式屬於敲詐，而超過 75% 的受訪企業解決版權糾紛耗時在 3 個月以上，且 69% 的受訪企業認為處理「版權碰瓷」糾紛已成為企業的負擔。

　　版權保護關乎所有原創者的利益。目前，中國版權保護方案並不能有效解決版權糾紛問題。如何利用先進技術有效解決版權問題，已經演變成一個當下亟須解決的社會問題。

　　目前來看，數位版權行業存在三大痛點：

　　第一，確權難。傳統版權登記週期長，同時登記價格偏高，對於大量的微作品不適用。

　　第二，授權難。如果確權環節沒做好，授權就會出現問題，導致權屬不清晰，結算不透明，交易無保障。

　　第三，維權難。證據難固定，侵權主體難尋，流程煩瑣，維權成本過高，得不償失。

　　那麼，應該如何運用區塊鏈技術去解決版權領域存在的問題呢？

　　首先，在區塊鏈裡面要有節點規畫，如果鏈上沒有節點是沒有意義的。有節點之後，再協商具體事項實現共識。節點包括版權保護業務的相關方、司法服務第三方以及其他可信第三方。

　　其次是版權區塊鏈的存證。確權存證就是證明這個東西是你的，而授權一個合約備案即是一個合約存證，確權後將資訊登記上鏈，也是一個存證。例如，京東的溯源區塊鏈，從大小倉庫到承包商、批發商，都有資訊的存證紀錄。

　　而做存證，離不開三大要素：人、事、時間。

關於人：數位身分認證的廠商提供的服務必須是實名制的，如果它是匿名的，按照新的監管要求，那是不行的。

關於存證這件事：難點根本不在區塊鏈上，怎麼保證鏈上鏈下資料一致才是最主要的問題。但是數位作品沒問題，數位作品有一個哈希值，只要作品發生改變，哈希值也會改變。

關於存證的時間：區塊鏈上的時間是不準的，區塊網路內會有時間差，而使用可信時間可以增強信用。

那麼提出解決方案之後，如何運用到具體場景裡呢？

版權區塊鏈應用包括三個方面：第一，確權的存證，證明東西是你的。第二，交易授權，證明我授權給你了，出具授權證明。第三，侵權取證，把授權憑證透過螢幕錄影、螢幕截圖的方式儲存在區塊鏈上。

我們拿一個「版權保管箱」的場景應用來做例子：創作者的作品一旦生成，版權保管箱就開始保護創作者的數位內容版權，它會跟版權區塊鏈即時通訊，也就是說創作者任何作品的任何版本，只要放入版權保管箱，就都有留存並寫到區塊鏈上，實現版權證明。基於這個證明，我們就可以展開相應的版權交易，版權單位可以替作品蓋章，並且可以得到法院司法認可的存證。

即時上鏈，實現創作即確權、使用即授權，授權證據上鏈，隨時保留追責權利，這樣才能讓創作者安心創作。

人類傳播史上，經歷了語言、書寫、印刷、電子、互動等 5 次革命，區塊鏈的出現，可能會把人類帶入價值傳播的新時代。有了區塊鏈的助力，「人人都是創作者、人人都是版權人」的理想化場景離我們將越來越近。

　　有了區塊鏈技術的應用，類似復仇者聯盟角色的版權歸屬、視覺中國的圖片版權糾紛等問題，可能就不復存在了。甚至，我們可以想像，如果漫威角色的版權能夠透過區塊鏈早日得到解決，蜘蛛人和綠巨人浩克的故事說不定都會重新改寫吧。

延伸閱讀：百度智能雲區塊鏈如何做到可信存證

　　區塊鏈能助力影片版權保護，促進版權交易合約化和高效率（見圖 5-10）。

　　解決痛點：

・影片內容盜取盜用，內容造假。

・內容生產者以及平臺維權困難，缺少法律保護。

・無法及時發現版權內容被盜用。

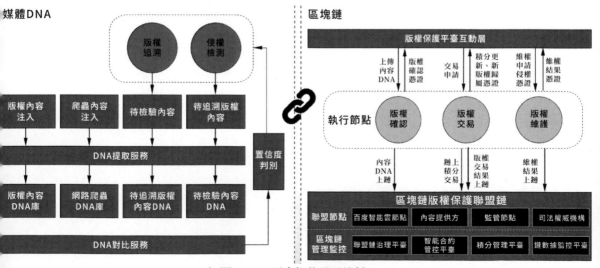

▲ 圖 5-10　百度智能雲區塊鏈

解決方案：

・建立版權業務的共享帳本，提高版權的公信力和司法效力。

・智慧型合約助力版權交易的合約化，提高交易效率。

・結合影片 DNA，為多種數位內容提供唯一標記，保證唯一性、穩定性、高準確、抗攻擊性。

場景案例：

・短影片 UGC 內容版權保護。

・自媒體 UGC 文章版權保護。

・版權聯盟。

（以上圖片及內容來自於百度智能雲區塊鏈白皮書資料）

第 42 講
用區塊鏈社交工具能免費發訊息，零廣告還讓你賺錢？

　　社交平臺是互聯網最大的應用方向之一。從 MSN 到 QQ，從 Facebook 到微信，儘管搭載平臺一直轉變著，但人們渴望交流溝通的需求始終存在。

　　然而，目前的社交網路始終是中心化結構的，社交平臺制定規則後，使用者在遵守規則的基礎上發表內容，平臺負責內容的儲存和轉載推廣。這些社交平臺雖能提供使用者的溝通互動，但為了自身盈利，它們不僅僅針對個人使用者，同樣還為大量廣告商提供服務，時時收集使用者資訊、動態，並分類分析，獲取使用者偏好資訊後，向潛在使用者定向推送廣告。

　　作為世界上最大的社交網路平臺，Facebook 坐擁幾十億使用者，它的主要收入來源是平臺廣告，2019 年其廣告收入突破 600 億美元。如此豐厚的廣告收入與 Facebook 對使用者資料的精準分析配對密不可分。但是最近幾年，Facebook 使用者資料洩露事件卻頻頻發生。

　　中國的「微信」也擁有十幾億使用者。微信官方宣稱，微信絕不會儲存使用者的聊天紀錄，或者靠使用者的聊天內容牟利。但是微信的文章推送是根據好友按讚排序的，微信稱其為「社交推薦」，其實也是變相利用了使用者的社交關係。

　　我們正生活在被社交寡頭壟斷的混沌世界裡。據報導，平均每人每天

在社交媒體上花費約 116 分鐘，而在這之中個人隱私不斷被解碼，資訊接收被控制，平臺透過瞄準需求後投放精準廣告，我們還為「社交龍頭們」賺下高額利潤。

如今，以「去中心化」和「加密算法」著稱的區塊鏈已經逐步在很多行業廣泛應用，於是不少人也將目光放在了「區塊鏈＋社交」上。那麼，使用者隱私及社交資料洩露的問題，能否依靠區塊鏈技術得到有效解決呢？

區塊鏈是分散式資料儲存、點對點傳輸、共識機制及加密算法等電腦技術的新型應用模式。這就意味著區塊鏈在技術上是一個分散式帳本的解決方案，其不可篡改的特性可以保證可信度。而所謂共識機制，是區塊鏈系統中實現不同節點之間建立信任、獲取權益的數學算法。利用區塊鏈分散式技術來建構全新的社交平臺，對於使用者而言，它就是一個無中介化的社交網路平臺，點對點的、可信任的對等社交平臺，在這樣的平臺上，使用者可以自己控制資料。

以色列特拉維夫的塞內雷奧（Synereo）公司就透過區塊鏈技術打造了一個點對點的社交網路平臺。它無法記錄、儲存任何個人資訊，也不會向使用者推送精準廣告。塞內雷奧社交網路平臺讓使用者在自己的設備上運行節點接入網路，點對點即時互連，使用者資訊以加密形式儲存在網路節點上，形成一個分散式雲端，只有掌握了密鑰的人才能查看資料。塞內雷奧的創始人一直強調，要創建一個「不透過收割使用者資訊進行變現的社交網路」。

區塊鏈的內容社交平臺與傳統的網路社交網路平臺在內容形態上並沒有太大不同，唯一值得關注的差異點就在於區塊鏈技術的應用，而這項技

術的應用除了在隱私、安全等方面的保障外，還為使用者引入了通證這一價值憑證，有了通證，使用者的各類操作更多的跟「價值」有了關聯。

上文所提到的塞內雷奧網路，在即時點對點互相交流的同時，便會對做出儲存和算力貢獻的使用者提供補償，也會向創建和維護內容的使用者提供獎勵。這個社交網路中的使用者之間發訊息、發文章、發圖片、發影片，都是點對點進行，使用者還可以發表收費的內容。

還有一家名為 Yours 的去中心化的社交媒體平臺，它專注於做基於比特幣的內容創造者社交媒體平臺。這個平臺的廣告語說明了一切──你負責創造或發現好內容，Yours 負責幫你賺錢變現。Yours 開發者曾寫道：網際網路自身就是網路，Yours 的點對點網路是基於網際網路這個大的網路，它可以讓所有其他網路內容變現。而 Yours 平臺把內容控制權完全交給使用者自己，使用者可以創建頻道，獲得創作收入。

另外，Steemit、幣乎、 QUNQUN、 ONO 等均是目前較受關注的去中心化社交網路平臺。

Steemit 是 Steem 區塊鏈團隊開發的社交媒體平臺，使用者在該平臺發表內容後，根據投票和評論等規則，可得到系統獎勵的 Steem 幣。簡而言之，就是有獎勵機制的 Facebook 或微博。

幣乎更像一個社交部落格，使用者可以透過寫文章來獲取獎勵，讀者的按讚就可以帶來收益。帶頭作者的一篇文章可以賺人民幣 1,000～5,000 元不等，讀者可以透過搶讚賺取人民幣幾元到幾十元不等。

QUNQUN 有點類似百度貼吧，使用者必須加入某個群組才能發文，目前只能透過別人分享的群組邀請碼才能註冊。凡是為 QUNQUN 做出內容貢獻的人都可以得到 QUNQUN 通證，而且它可以自由交易。

　　ONO 類似微博＋微信的結合體，使用者只能發 500 字的內容，同時還有朋友圈的功能。使用者發內容，別人來按讚後，雙方都可以獲得收益。

　　現今，我們生存的時代是一個以資訊和資料為中心的高速運轉的時代，大眾對社交網路的依賴已不可剝離，但與此同時，來自社交網路的資訊安全威脅也在日益上升。正因如此，區塊鏈＋社交平臺的出現才被寄予了解決使用者在隱私、智慧財產權保護和言論自由等方面痛點的期望。

　　總之，由於對等性，區塊鏈社交網路比中心化的平臺更有優勢，使用者可以更自由、更放鬆、更隨心所欲。

　　不過，當前「區塊鏈＋社交」的各類項目應用仍處於萌芽階段，無論在獎懲機制還是運作模式方面都在不斷摸索和進步當中。區塊鏈行業本身也仍在發展的初級階段，如果人們只一味想要從中獲利，用各種投機的手段去騙取代幣，而忽略社交本身及內容本質，那這將會是場「社交平臺區塊鏈化」不得不嚴肅面對的挑戰。

　　借助區塊鏈技術能夠改變過去的節點與節點之間的信任方式，也為新時代的社交帶來新的變革希望。期待未來我們能在真正自由安全的社交網路中真正放飛自我，盡情翱翔。

延伸閱讀：Facebook 使用者資料洩露事件始末

　　2018 年 3 月 17 日

　　有媒體曝光 Facebook 上超 5,000 萬使用者資訊在使用者不知情的情況下，被政治資料公司「劍橋分析」獲取並利用。據稱，一名劍橋大

學講師透過一個性格測試應用程式收集到資料，並賣給了資料分析公司 Cambridge Analytica。受此影響，Facebook 在 19、20 兩日市值蒸發 500 億美元，抹平其今年以來的全部漲幅。

3 月 22 日凌晨

Facebook CEO 祖克柏在洩露醜聞後首次發聲，他承認對 Facebook 資料洩露事件負有責任，並承諾將對開發者們採取更嚴格的資料訪問限制。

3 月 25 日

祖克柏在 6 份英國報紙和 3 份美國報紙上，為 5,000 萬 Facebook 使用者資訊被資料公司「劍橋分析」洩露和利用一事道歉。在信中，祖克柏稱：「這是對信任的違背，我很抱歉我們沒有在當時做得更多。」還稱「我承諾會為你們做得更好。」報紙頁面上還用較大字體寫著：「我們有責任保護你們的資訊。如果做不到，我們就不配提供服務。」

3 月 28 日

Facebook 宣布，今後 6 個月終止與多家大數據企業合作，以更好地保護用戶隱私。「終止合作」清單上 Facebook 列出了九家知名大數據企業，包括安客誠、益百利、甲骨文等。

4 月 4 日

Facebook 公司首席技術官 Mike Schroepfer 在其官網發表聲明，目前共有 8,700 萬 Facebook 使用者的個人資料被洩露給了「劍橋分析」公司，這些使用者主要集中在美國。這個數字大大超出了紐約時報最初爆料的 5,000 萬人。

4 月 9 日

美國國會公布了祖克柏為接下來的國會聽證準備的證詞。證詞中祖克柏稱：「我們先前沒有充分認識到我們的責任，這是一個極大的錯誤。」

4 月 10 日

祖克柏參加美國國會參議院司法委員會和商業、科學及交通委員會聯合舉行的聽證會，表示 Facebook 公司沒有在使用者資料保護方面做出足夠努力，導致出現了「劍橋分析」濫用使用者資料事件。

第 43 講
用數位貨幣重建被燒毀的巴黎聖母院可行嗎？

　　慈善行業一直以來都是一個備受爭議的話題行業。一方面，很多人認為世界上存在很多的不公平，我們需要去幫助那些弱勢族群。但另一方面，很多人也認為現在慈善行業黑幕太多，我們的善意總是被別人利用。

　　慈善行業層出不窮的問題讓這個本來最溫暖的行業慢慢變得冰冷，慈善人士的滿腔熱情逐漸消逝，而真正需要幫助的群體依然在苦難邊緣掙扎。如何解決慈善行業的信任危機？如何讓慈善行為得以有效落實？這是慈善行業目前亟須解決的問題。

　　2011 年 6 月，發生了一起震驚網路的郭美美事件。郭美美在網路上炫耀其奢華生活，並稱自己是中國紅十字會商業總經理，從而在網路上引起軒然大波。儘管紅十字會公開反駁了網路上的流言，郭美美也鋃鐺入獄，但是民眾對紅十字會的信任卻大打折扣。

　　2019 年，巴黎聖母院被一場大火燒塌了屋頂（見圖 5-11），巴黎市長和法國總統都親自到火場指揮救火。法國富豪和各大公司也紛紛慷慨解囊，奢侈品牌 LV 的老闆、法國首富阿爾諾（Bernard Arnault）表示自己會捐贈兩億歐元。但是後來發現，幾個月過去了，阿爾諾連一分錢都沒到帳。

　　同樣，在 2020 年抗擊新冠肺炎的過程中，湖北省紅十字會因物資使用情況屢遭質疑。媒體反映紅十字會接受了社會捐贈的大量物資而醫院還

是缺少物資的問題，紅十字會再次站到了輿論的風口浪尖，連續多天成為社會熱議話題。

▲ 圖 5-11　2019 年 4 月 15 日，法國巴黎聖母院發生火災

　　無論是郭美美事件、巴黎聖母院的捐贈問題，還是抗擊新冠肺炎的捐贈問題，都和慈善息息相關。看到過一組研究資料，超過三分之一的慈善欺詐行為的實施主體就是慈善機構工作人員、受託人或志願者。這項研究指出，治理薄弱、財務控制不善和對關鍵個人的過度信任是造成慈善管理問題的共同因素。

　　基於這一點的考慮，去中心化的區塊鏈系統和加密技術的進步，或許可以有效解決慈善行業目前的困境。

自比特幣問世至今已經十多年了，在這十多年的發展過程中，許多機構開始意識到，區塊鏈技術不僅能應用於金融領域，在其他行業也大有用武之地。

說起區塊鏈技術的初衷，有一點就是在涉及多個參與者的情況下，消除由於機制不透明帶來的腐敗問題。除此之外，這項技術還為審計追蹤提供了便利，使慈善捐贈者可以在整個審計週期內追蹤捐款的去向。

區塊鏈技術對慈善行業帶來的影響會是極大的。區塊鏈技術有可能徹底改變該行業的運作方式，提高該行業各組織的運作效率，從而為真正有需要的人提供切實的幫助。而且，從信任度的角度來看，區塊鏈技術無疑會極大的增強人與人之間的信任，而這正是慈善行業目前最缺少的。

具體來看，區塊鏈技術擁有的去中心化、公開透明、資訊可追溯、透過智慧型合約自動執行四大優勢，正好對應解決了原有的慈善公益項目被人詬病的四個主要問題。

第一，去中心化的特點。區塊鏈可以將慈善公益項目相關的資訊分布在網路各個節點上，目前沒有什麼技術能同時篡改整個網路 51% 以上的節點資料，這樣就杜絕了某一個組織或個人操控一個慈善公益項目為自己謀求利益。

第二，公開透明的特點。因為區塊鏈上所有的資訊都是對全網路公開的，相關人可以對每一筆交易進行查詢和追溯。這樣我們就可以知道所捐助的每一筆款項的對應接收人是誰、是如何使用的、一共發放了幾次、救助效果如何等，可以點對點的查詢和追溯相關的責任人。

第三，資訊可追溯的特點。將捐贈人和受捐項目直接關聯，每筆款項流通都被儲存在鏈上，各方均可進行查看監督，對每一筆捐贈都瞭如指

掌，保證公益項目的公開性和透明性。

第四，區塊鏈智慧型合約的使用解決了傳統慈善公益項目中複雜的流程和暗箱操作等問題。我們只需要把相關的條件和要求設定後，智慧型合約就可以自動執行了。

比如，我們收到一個貧困兒童求助的請求，系統可以自動生成一個智慧型合約，智慧型合約確認請求的真實性後，就能自動給出救助方案。慈善款項的金額、款項的使用步驟以及預期會達到的效果等內容都會在合約中呈現。整個合約從收款到執行都可以自動操作，並將執行情況自動給出反饋。整個過程不需要人工干預，並受所有參與當事人的監督，透過智慧型合約這種全自動的模式確保了項目平穩落實。

在目前具體的應用案例中，比較典型的就是烏干達的兒童救助問題。在烏干達，由於常年受到戰爭、饑荒和愛滋病等問題的影響，當地的生活條件極其惡劣，烏干達有三分之一以上的人生活在貧困線以下，尤其是兒童，他們是這種惡劣生存環境下的主要受害族群。

幣安曾經推出了一套基於區塊鏈技術的解決方案，主要用來解決當地兒童的溫飽和教育問題。在這一計畫中，捐贈者可以用 1 個幣安幣為需要幫助的兒童提供免費的午餐。幣安慈善機構與築夢服務協會達成合作，他們將為貧困地區的兒童選擇合適的學校接受教育，並為他們選擇可靠的食品供應商。捐贈者的捐款將進入兒童父母或其法定監護人的加密錢包，之後他們將把這些加密貨幣轉給食品供應商，從而為這些孩子換取食物。

透過區塊鏈系統，有效的解決了慈善過程中缺乏透明度和難以問責等問題。基金會每月將從學校收集月度報告，並為捐助者提供項目進展情況的最新消息。所有這些都確保了慈善人士的捐贈真正送到了受助者的

手中。

　　不要小看提供食物這個似乎微不足道的解決方案，如果有了這個捐助，很多非洲兒童將不會被迫放棄他們受教育的機會。從幣安的這個兒童慈善計畫中，我們可以看到，區塊鏈技術確實可以為慈善行業帶來革命性的變化。

　　未來，在逐漸完善的區塊鏈技術的加持下，或許公益慈善事業不再存在猜疑、糾紛，讓需要幫助的人得到幫助，讓善良的人不被欺騙。區塊鏈＋慈善所產生的良好效應或許是區塊鏈技術送給社會的一份見面禮，未來隨著區塊鏈技術的不斷成熟，相信它會對人類社會提供更多、更大的助力。

　　最後說個小插曲，在巴黎聖母院被大火燒毀之後，法國數位經濟事務部部長表示，願意接受使用加密資產的方式募捐並重建巴黎聖母院，你覺得這個想法可行嗎？

延伸閱讀：看區塊鏈如何解決慈善業的信任危機

　　針對公益行業在款項管理、資訊紀錄等方面的諸多痛點，方維區塊鏈推出「區塊鏈＋公益慈善」解決方案（見圖 5-12）。基於不可篡改、可溯源的特性，根植於使用者的需求，將捐贈人和受捐項目直接關聯，每筆款項流通都被儲存在鏈上，各方均可進行查看監督，保證公益項目的公開性和透明性。

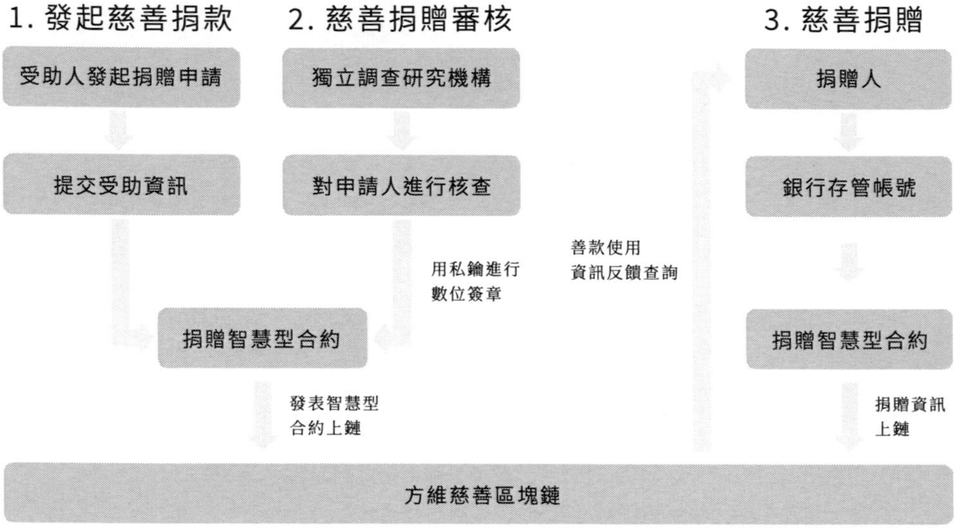

1. 發起慈善捐款　　2. 慈善捐贈審核　　　　　　　　3. 慈善捐贈

受助人發起捐贈申請	獨立調查研究機構	捐贈人
提交受助資訊	對申請人進行核查	銀行存管帳號

用私鑰進行
數位簽章

善款使用
資訊反饋查詢

捐贈智慧型合約		捐贈智慧型合約

發表智慧型
合約上鏈

捐贈資訊
上鏈

方維慈善區塊鏈

▲ 圖 5-12　方維慈善區塊鏈業務流程圖

（圖片節選自方維區塊鏈官方資料）

第 44 講
如何讓「不知知網」的翟博士們別再成漏網之魚？

　　教育作為社會階層流動的重要通道，其公平性關乎的不僅僅是個人的榮譽，還有社會的公正。本講的話題就圍繞教育展開。

　　2019 年春節期間，擁有博士後學位的娛樂圈當紅小生翟天臨在直播回答網友提問「你的博士論文能不能在知網上搜到？」時，他卻回答：「知網是什麼東西？」創立於 1996 年的知網，因為涵蓋外文類、工業類、農業類、醫藥衛生類、經濟類和教育類等多種數字、資料、文獻等，而成為學術論文的重要參考資料庫。知網也是進行論文查詢、閱讀的最一般工具。因為「不知知網」卻又拿到博士學位，這讓很多網友對翟天臨的博士學位真實性質疑，並由此引發了一場全社會對學術造假的深刻反思。很多人相信，翟博士不會是唯一的漏網之魚，「不知知網」的翟博士們應該不在少數。

　　可能是受到翟天臨事件的間接影響，2019 年畢業的大學生和研究生們度過了史上最嚴的畢業季。據說每個人的論文審查都非常嚴格，無處訴苦的學生們在那個畢業季的夏天，又把翟天臨送上了微博的熱門搜尋。

　　近些年來，中國教育事業已經在規模和品質上都獲得了突飛猛進的成果，但是在「開放」和「公信」方面還存在一些短處和問題。

　　教育的開放是全過程的開放，不僅包括教育資源的開放，也包括教育行為紀錄、教育評價結果的開放。隨著現代遠距教育的興起和線上公開課

的推廣，開放教育形式豐富多樣，突破了面授的單一形式，它已經從趨勢變為了共識。

　　但是，現有的教育系統尚未很好的適應這種模式。比如，線下面授以外的學習過程和學習結果，往往不被教育系統和公眾認可，從而產生了信任危機；再比如，在傳統的高等教育領域，學生的學歷信用紀錄體系不完整、不透明，導致政府或者企業無法獲得完整的有效資訊，在求職時，又存在學歷造假、履歷造假等問題，用人單位和相關院校缺乏簡單高效能的驗證方式。

　　為此，我們急需一種新的機制，保障人們在享受教育開放帶來的便利的同時，保障教育應有的公信力，並進一步推動教育走向開放。在此背景下，區塊鏈技術的獨特性也逐漸成為教育領域關注的焦點。

　　2016 年 10 月頒布《中國區塊鏈技術和應用發展白皮書》，指出「區塊鏈系統的透明化、資料不可篡改等特徵，完全適用於學生徵信管理、升學就業、學術、資質證明、產學合作等方面，對教育就業的健康發展具有重要的價值」。2018 年頒布的《教育資訊化 2.0 行動計畫》更是明確指出，要加快面向下一代網路的大學智慧學習體系建設，探索區塊鏈、大數據等新技術在學習效果紀錄、轉移、交換、認證等方面的有效方式，形成智慧化學習體系。

　　區塊鏈是一種把區塊以鏈的方式組合在一起的資料結構，具有去中心化、按時序記錄資料、集體維護、可程式化和安全可信等特點，可以為信用背書、資訊加密、智慧型合約等提供極大的便利，這在當前的教育領域具有很大的應用潛力。

　　首先，透過開發、應用基於區塊鏈技術的學習管理平臺，教學資源和

資訊的管理和控制者將是學習者和教師，而不全部集中在學校。因為基於區塊鏈技術的分散式帳本能夠安全、靈活的管理分散式教學資源和資訊，並能夠透過資料分析技術的應用，在實現大規模學習認證的同時，擴大學習者的受教育機會。

例如，阿里雲雲學院就充分利用網際網路及區塊鏈的特點與優勢，為學習使用者提供雲端運算、大數據等專業的體系化線上課程與實驗環境。進階式的課程內容、闖關式的節點測試與線上認證相結合，培養兼備理論與實作能力的技術人才。

其次，對那些因工作或其他原因而無法完成傳統學校教育的個人學習者來說，透過區塊鏈技術平臺，可以把從不同教育機構修來的學分或學習結果綁定、組合在一起，申請認可此學習模式的教育機構的認證，從而獲得相應畢業或學位證書。

英國的開放大學（The Open University）正在積極實踐這一基於區塊鏈技術的新型學習模式，此外，英國開放大學的「知識與媒體研究中心」已開發出組合「微認證」，或者說徽章的創新技術，以適應基於區塊鏈技術平臺的學習和認證。

最後，區塊鏈技術的發展和應用能夠幫助更多的人獲得學習證明、職業資格證書或學位證書，尤其是最低度開發國家公民，從而有效提高個人在勞動力市場上的競爭力、促進其職業發展，進而促進創業。美國的知名學府麻省理工學院創建了史上第一個區塊鏈文憑平臺 BlockCerts，可以為畢業生頒發基於區塊鏈的學位證書，該證書具備不可篡改性和可驗證特性。

當然，區塊鏈技術還只是處於起步發展階段，較之金融領域，教育領

域具有更強的獨特性和複雜性，以至於區塊鏈技術在教育領域的應用還存在著很多挑戰。

　　一方面，目前全球在區塊鏈技術應用領域尚未普及標準，而且大多數研究聚焦在金融領域，如果在教育領域推廣運行，將面臨缺乏政策保護與實踐經驗兩方面的挑戰；另一方面，區塊鏈的去中心化特徵淡化了教育管理機構的職責，學生資料管理等工作相對弱化，並可能造成學生資料的產權變得模糊，引發教育資料產權的爭議；此外，目前區塊鏈系統網路的容量很難承載教師、學生以及教育管理部門產生的龐大的資料量，甚至會降低資料傳播效率，影響師生對資料獲取即時性的需求。

　　毋庸置疑的是，區塊鏈目前在教育產業中的應用還只是早期的探索，從功能上也只是局限於降低教育成本、保障學習者不脫離生產實踐、解決學歷學位造假等徵信問題、保護教育資訊化資源版權等。

　　但是，正如區塊鏈在金融應用中不只有虛擬數位貨幣一樣，未來區塊鏈技術或許還能帶來教育理念的更新與教育模式的變革，也希望有了區塊鏈的助力，我們能夠更好的回歸教育的本質。

延伸閱讀：基於區塊鏈技術的網際網路＋教育新生態

　　區塊鏈技術有望在網際網路＋教育（見圖5-13）生態的建構上發揮重要作用，其教育應用價值與思路主要展現在六大方面：建立個體學信大數據、打造智慧化教育淘寶平臺、開發學位證書系統、建構開放教育資源新生態、實現網路學習社群的「自組織」運行及開發去中心化的教育系統。

▲ 圖 5-13　基於區塊鏈技術的網際網路＋教育

（圖片及內容節選自〈區塊鏈技術在教育領域的應用模式與現實挑戰〉）

第 45 講
區塊鏈能幫助我們徹底遠離毒奶粉、地溝油和瘦肉精嗎？

　　如今，隨著生活水準的提高，老百姓對於吃這方面越來越重視了。但是層出不窮的食品安全事件讓人很難放心。從「孔雀石綠」事件開始，我們經歷過三聚氰胺毒奶粉、地溝油、瘦肉精、塑化劑、鎘稻米……一度讓人感覺好像沒什麼吃的是安全的了。

　　區塊鏈技術的公開透明、不可篡改等特性，可以有效提升食品及消費品資料的安全性。例如，區塊鏈能讓購物者追蹤商店庫存的來源，從而幫助他們買到安全、高品質的產品；零售商和製造商也可以追蹤單個產品的資訊，如果發現問題產品，可以將其返回到產品的生產廠家，從而防止那些有問題的產品上架。

　　2017 年，雀巢、聯合利華、沃爾瑪等食品業龍頭與 IBM 合作開發了一種名為 Food Trust 的區塊鏈系統。這個系統的理念是，基於區塊鏈技術的共識信任等，讓系統中的合作夥伴都能使用相同的「紀錄保存系統」。早在 2016 年 10 月，沃爾瑪就已經探索使用區塊鏈技術，對進口的豬肉進行資訊追蹤。比如，你只要掃描沃爾瑪賣場裡的中國豬肉包裝上的 QR Code，就能查詢到數位化的、真實的、不可篡改的生產和獸醫檢疫紀錄等資訊。如果豬肉不合格，還能從各個沃爾瑪賣場準確無誤的把有問題的豬肉進行召回。

　　傳統零售體系中，從生產商到加工商、品牌商，再經倉庫、物流到各

第 45 講　區塊鏈能幫助我們徹底遠離毒奶粉、地溝油和瘦肉精嗎？

零售商等，整個過程存在很多資訊漏洞。很多環節的資訊由紙張記錄或者資訊不完整，一旦食品出現安全隱患，想要查明問題來源並做出處理決定，都需要長時間的調查取證。

比如 2017 年的墨西哥，由受汙染的木瓜農場所引發的沙門氏菌疫情，讓監管部門大費周章去尋找疫情線索，並不得不做出大規模產品召回和大量牲畜宰殺的預防措施。如果借助區塊鏈技術，在生產流通的各個環節都已經將資料上鏈，就能將調查過程最快縮短至幾秒，這樣就有可能終止大規模產品召回和大量牲畜宰殺的措施。

2017 年 6 月，京東聯合幾十個知名品牌商開放了「區塊鏈防偽追溯技術平臺」。以生鮮食品為例，使用者在京東點選「一鍵溯源」或直接掃描產品上的溯源碼，就可以溯源資訊。拿牛肉來說，透過所購買牛肉的唯一溯源碼，可以看到所購買牛肉來自哪個養殖場，這頭牛的品種、口齡、餵養的飼料、產地檢疫證號、加工廠的企業資訊、屠宰日期、出廠檢測報告資訊、倉儲的到庫時間和溫度及抽檢報告等，直至最後送達的配送資訊也可以一一追溯展示。

區塊鏈利用分散式、時間戳記、共識機制等技術方法，可以把農產品溯源的上下游產業納入整個系統，實現商品流、資訊流、物流統一。區塊＋鏈式資料結構，把商品流、資訊流、物流等資料儲存在鏈上，透過時間戳記技術可以追溯每一項資料的來龍去脈，讓不法行為無處可逃。圖 5-14 為區塊鏈溯源資訊流轉示例。

利用區塊鏈技術可以建立食品全生命週期的追溯體系，從生產、流通、消費等環節實現全面監管，監管部門可即時監控全生命週期資訊，並實現資訊互通互享。

　　我們再舉個馬鈴薯生產的例子。整個馬鈴薯生產過程的資料將全部上傳到分散式帳本儲存，形成不可篡改帳本內容，提供給消費者、採購商查閱。

▲ 圖 5-14　區塊鏈溯源資訊流轉示例

　　例如，把化肥、農藥的採購過程記錄在冊，從根源上避免重金屬超標和農藥殘留超標的問題；透過大數據分析，建立種植戶、採購商的信用評級參考；利用智慧型合約在種植戶和採購商之間保證公平交易。銷售過程也把分選加工等資訊用分散式帳本儲存起來，保證完整透明的資訊給利益相關方。

　　那麼，在此過程中，區塊鏈最大的特長，即分散式帳本的優勢是如何

展現的呢？在實際中經常會發生這樣的問題：採購商在採購前會派人向馬鈴薯種植者開出一個高價，但是當農民從農地裡把馬鈴薯挖出來後，農民往往就聯絡不上這個人了，這時採購商再派另一個人，利用馬鈴薯在地頭不容易儲存的因素，大幅壓低馬鈴薯價格，這樣就會造成農民的損失。而採用區塊鏈技術之後，每筆交易都是向所有人公開的，採購商的承諾都記錄在鏈上，不能篡改，農民的權益也就可以得到保障。

在 2019 年的國際農業博覽會上，法國總統馬克宏（Emmanuel Macron）倡導使用區塊鏈來創新歐洲農業供應鏈管理方式。馬克宏呼籲歐洲各國團結一致，以應對美國發起的市場競爭，並強調了歐盟共同農業政策在該方面的重要性。馬克宏提出了三大策略，以促進歐洲大陸的農業發展。值得一提的是，其中一大策略就是提倡採用區塊鏈技術。馬克宏呼籲開發基於區塊鏈技術的工具，以追蹤從原料生產、包裝和加工的每一種產品。該技術必須在農業領域得到充分運用。區塊鏈可以提高農業生產和分銷的透明度，以緩解消費者對產品來源的擔憂。

我相信，在不久的未來，基於區塊鏈技術建立起的從田間地頭到百姓餐桌的農業生產流通和銷售體系，一定會讓我們老百姓的餐桌更安全、更放心！

延伸閱讀：天貓國際的商品如何使用區塊鏈做溯源

天貓國際正在全面啟動全球溯源計畫──將利用區塊鏈技術、藥監碼技術及大數據追蹤進口商品全鏈路，匯集生產、運輸、通關、報檢、第三方檢驗等資訊，替每個跨境進口商品打上「身分證」。

　　天貓國際建設了一整套的溯源平臺系統，來聯動供應鏈側以共同完成整個溯源流程。整套系統（見圖 5-15）為三層設計模型。

▲ 圖 5-15　基於區塊鏈的天貓國際商品溯源系統

1. 底層為基礎的資料模型設計

　　基礎模型包括貨品模型、工廠模型、商家模型、統計資訊等，透過結構化的資料設計，將基礎的底層資料建構起來，提供資料支援，資料來源有商品中心和雲梯 ODPS 統計，部分貨品資訊來自於商家自行錄入。

　　溯源模型包括決策模型、溯源結果、質檢模型等，由於溯源的決策規則及質檢規則可能會變化，需要確保溯源模型的可擴展性。

　　基礎配置包括溯源準入配置、決策配置、白名單配置等，如抽檢的命中機率可以隨時配置以適應不同時期的營運需求。

2.　中間層為業務層

業務決策是這套系統最重要的能力建設，包括幾個部分：品類準入規則用來判斷哪些貨品需要做溯源。白名單用於某些貨品或商家特殊情況跳過溯源設置。決策引擎負責判斷貨品命中四項抽檢中的哪幾項，如驗廠規則要求，以貨品層面看，若無驗廠報告或驗廠報告已過期的，一律必須驗廠。

區塊鏈負責資料的上下行及資料查證。

基礎接入層主要負責與外部系統之間的資訊互動、登錄驗證、資料上鏈等。天貓國際平臺更像是一個協調者的角色，做完業務決策後，將具體的溯源任務分發給外部質檢機構，外部質檢機構將結果反饋給天貓國際，天貓國際根據自己的規則再將結果沉澱並反饋給供應鏈側，以通知供應鏈溯源服務已經走完，可以下發 ASN。

3.　最上層是互動層

WEB 服務包括商品溯源基礎資訊錄入平臺及小二溯源配置後臺：商家可以透過基礎資料錄入平臺錄入貨品的基礎資訊，如條碼、原產地、工廠圖片、成分含量圖片、工廠認證圖片等，供質檢使用及最後傳達給消費者。小二溯源配置後臺負責配置溯源參數，如驗廠命中機率、流通命中機率、品質退款率大於多少必須做抽檢等，以免每次業務決策改變必須透過發布實現。

HSF 服務將外化溯源決策結果給供應鏈以使供應鏈判斷是否需要溯源或者貼碼，透過 HSF 介面與其他系統互動。

（以上圖片及文字內容摘自天貓進出口技術官方資料）

第 6 章
區塊鏈和我有什麼關係

第 46 講
為什麼說區塊鏈行業創業是用一輩子的信用去下注？

2018 年，隨著加密數位貨幣市場行情的爆紅，區塊鏈也在最快的時間內成為創業圈炙手可熱的領域。然而，很多所謂的「區塊鏈創業者」卻利用區塊鏈技術做起了投機的生意，到處「割韭菜」、非法集資、搞龐氏騙局……把區塊鏈包裝成高端厲害的數位貨幣，然後空手套白狼，拿後入局者的錢補上第一批投資者的利潤……類似發生在區塊鏈行業的「創業故事」層出不窮，也讓很多人對區塊鏈創業打上了一個大大的問號。

如今，依然有一些所謂的區塊鏈創業項目，並沒有打算真正使用區塊鏈去解決具體問題，它們關心的重點不是區塊鏈到底能做什麼，而是僅停留在口號和幣價上。

硬幣資本聯合創始人老貓在接受《王峰十問》訪談時提到：「對於創業者，沒有真刀真槍就別出來丟人現眼了，區塊鏈行業創業是用一生的信用去下注，一切都是用信用來承載的，如果你下注失敗，可能後面就沒有東山再起的機會了。」

「區塊鏈行業創業是用一輩子的信用去下注」這句話讓我留下了很深的印象。

我認為，許多區塊鏈從業者都抱有非常宏大的商業和社會理想，但距離技術成熟及場景應用大規模實現的來臨還很遙遠。區塊鏈創業已經呈現出與網際網路越來越相似的局面，拿產品說話，而不是拿白皮書說話，創

業者必須有真刀真槍，不能玩花拳繡腿。

其實，無論哪個行業，創業的基礎邏輯都是相通的，特別是「選賽道」這件事情非常關鍵。我們過去比較強調努力、強調勤奮，但近幾年我們會發現，有一個主題不停的出現，就是強調「選擇重於努力」。我們常說一句話──「風口上的豬」，這個風口指的就是賽道、機會。

那麼，在區塊鏈行業創業之前，應該如何選擇自己的賽道？這裡可以給大家四個創業方向作為參考。

第一個方向，基礎資料業務。

在我看來，區塊鏈技術的本質是分散式的帳本，資料是其最重要的基礎部分。區塊鏈技術能為人們解決信用基礎協議的問題。區塊鏈的去中心化模式，使得原來互不合作的、封閉的、孤軍奮戰的、非共享化的、非市場化的行業，未來可以變得可合作、共享化和市場化。

比如，以IPFS為代表的去中心儲存成了眼下最熱門的創業方向之一。

分散式儲存是一種儲存的技術方式，是指把資料分散儲存到多個伺服器上，我們現在用的大部分網路服務都是分散式儲存的，如一篇微信公眾號文章，這篇文章在騰訊的某個伺服器機房裡的某塊硬碟上儲存。但是分散式儲存是受中心控制的，所以有一些公眾號文章發表後可以被刪除。而去中心化儲存＝分散式儲存＋沒有任何中心，去中心化儲存和分散式儲存最大的區別在於，如果沒有私鑰，任何人都不可以刪除系統中的文件。

但是這類數據業務的區塊鏈創業項目對技術實力和資金水平的要求相對較高，而且需要大量的數據作為業務支撐，適合一般創業者的機會還比較少。

第二個方向，與 AI（人工智慧）、 IOT（物聯網）等新型先進技術交

叉融合的業務。

　　區塊鏈可以與其他（如 AI、 IOT 等）新型先進技術共同合作，互相助力，創造更大的價值。

　　以大數據時代下區塊鏈和人工智慧的關係看，從技術演進趨勢看，人工智慧近年來所獲得的技術突破並非一蹴而就，主要得益於網路時代累積的大量資料；而區塊鏈對資料生產、確認及歸屬權等進行重構，可能成為未來大數據世界中最有生命力的來源，將為人工智慧提供重要的基礎資料。

　　有人設想過這樣一個場景：隨著人工智慧技術的發展，有一天大街上跑的是無人駕駛汽車，空中飛的是無人機，工廠裡面是機器人，如果有邪惡勢力讓無人駕駛汽車作惡會出現怎樣的情況？我們需要一個區塊鏈的智慧型合約，透過這個智慧型合約，機器仍然可以按照人類的意識進行有序工作，而不是被某個邪惡勢力控制去作惡。

　　在大數據時代，區塊鏈和人工智慧將會互相融合，創造更大的價值。所以說，能夠有系統結合區塊鏈、人工智慧及物聯網等新型技術的業務，自然是一個很好的創業選擇。

　　第三個方向，區塊鏈能夠有效提升業務體驗和效率的領域。

　　首先，這個領域是否有必要形成大規模共識，以確保資訊真實性。例如，在金融票據交易中，存在「紙票一票多賣、電票轉帳背書不同步」的市場風險。區塊鏈技術憑藉全網公開的特性和不可篡改的時間戳記，能夠有效避免欺詐偽造。所以，在票據交易領域，透過形成共識可以有效降低風險事件帶來的損失。

　　其次，去中心化能否帶來網路整體效益的顯著提高。例如，傳統跨

境支付包括電匯、國際卡組織（VISA、 Master Carcl）等均存在流程煩瑣、結算週期長、手續費高、占用資金大等缺點。Ripple 利用分散式帳本和原生貨幣 XRP（瑞波幣），使參與銀行能在不同網路之間即時跨國付款。參與銀行憑藉區塊鏈點對點交易安全透明、不可篡改的特性實現有效協同，擴大了網路效應。

　　以上兩個領域就是區塊鏈大有可為的領域，有效提升了業務體驗和組織效率。螞蟻金服副總裁劉偉光在「POW' ER 2019 全球開發者大會」上發表了題為「5G、資料智慧、區塊鏈，商業基礎設施變革的歷史機遇」的演講。他認為，區塊鏈將帶來分散式商業變革，改變原有的產業合作關係。以產能合作為例，到 2022 年，35% 的製造企業將透過實施以區塊鏈為中心的平臺創建新的生態系統，從而實現 50% 的流程自動化。區塊鏈的應用對工業流程效率的提升將會非常顯著。

　　第四個方向，上鏈難度和成本低於區塊鏈帶來價值提升的業務。

　　區塊鏈解決的重要問題之一，就是數位資產在不同節點的流通一致性和可追溯性。像比特幣這樣的原生數位資產是直接在鏈上產生的，然而，現實大多數業態涉及線下實物資產，而實物資產需要大量的數位化工作，上鏈真實性需要保證，特定場景下甚至需要鏈上鏈下時刻同步，這些都成為應用區塊鏈的成本和技術難點。

　　如果說應用區塊鏈的成本和難度高於其帶來的價值提升，這樣的業務方向基本可以排除了。

　　當然，需要提醒的是，區塊鏈技術不是萬能解藥，不可能被拿來應用到所有商業問題或社會難題上，就像網際網路也不能解決一切複雜的商業或社會問題一樣。

第 6 章　區塊鏈和我有什麼關係

最後，我想和大家再聊一聊區塊鏈領域的創業大神 BM（Daniel Larimer），他應該算是全世界最成功的區塊鏈連續創業者。BM 非常不簡單，過去短短幾年間，他相繼創立了比特股（BitShares）、Steemit、EOS 三個重磅的區塊鏈項目，雖然很多人批評他有始無終，但從目前市場反饋看，他的幾次創業一次比一次受到矚目。

從這個角度看，僅僅講「code is law」也許已經過時，依照 BM 的創業思路，將技術能力、組織模式創新、新社群、殺手級場景應用以及生態體系建構結合起來，才能在未來區塊鏈的發展中找到存在。我的預感是，中國會出現一批類似 BM 這樣的人進入區塊鏈領域，靠產品說話，勇於不斷磨練。

火星區塊鏈發起人王峰曾經談及自己從替人工作到創業的過程中的最大收穫，他說：「如果你在這個位置上真正經歷過，就會發現，創業是今天和平年代裡一項最好的自我修練，是一次人格上的洗禮和重塑。」

確實，創業就是在學習、修練中不斷完善自我的過程。如果你選擇區塊鏈創業，不管未來向左走，還是向右走，希望你能在這條賽道上成長得更快，奔跑得更遠。

延伸閱讀：創業者如何處理好創業和自己的關係

我是一個反反覆覆思考自己為什麼要創業的人。我發現很多創業者都挺分裂的，因為一方面要鼓勵別人，一方面還得拷問自己，我們做的事對嗎？

大部分創業者都是痛苦的。這個痛苦固然可以跟老婆商量，可以跟投

資者商量，也可以跟朋友、同學商量，但是到最後會發現，自己跟自己商量才有價值。

外面的意見常常為你帶來啟發和安慰，可是最後決定你往前晉級而不僅僅是駐足瞭望的，大部分都與你自己的深夜拷問有關係。「起來獨自繞階行」、「獨自莫憑欄，無限江山，別時容易見時難」，正是創業者多少個夜裡最真實的自我寫照。

我們趕上了改革開放，中國社會穩定，經濟繁榮，不斷融入全球經濟，還趕上了一次空前的變化——網際網路，所以機會非常多。可是你看看自己，在激烈的市場競爭中，其實有著前所未有的孤獨感。

創業者都有孤獨感，孤獨感是你最好的朋友。不斷跟自己內心對話，能讓你第二天變得更加清醒。有時候我也遇到很多困難，我的整個成長史可能比你們想像的困難很多，常常會困惑、絕望、掙扎，總是在問自己為什麼要堅持？所以我開始嘗試跟自己處理好關係，在深夜與自己對話，剖析自己，把自己的問題寫在本子上。

創業過程中，個人和個人的對話真的是一個非常美妙的過程。當你得意的時候，跟自己對話一次。我見過太多的人去融資，大多三句話就被問倒了。其實投資人挺難問倒我的，因為大部分投資人問的問題我早就思索過了。我自己創業，要面對潛在競爭者的威脅，要面對直接競爭者的威脅，要面對即將進入的競爭者的威脅，要面對上游對我的打擊，還要面對銷售能力不足的短處，這些我全都清楚。

我認為自己和自己的關係是最重要的關係。你不用擔心別人覺得你這不懂、那不懂，重要的是你知道自己的好和不好。因為那就是你內心的東西，最終決定一切的就是你的內心有多麼強大，你怎麼面對不利的環境往前走。

可是內心怎麼強大？是別人罵你，你就厚臉皮嗎？其實是內心不斷拷問自己，把與自己的對話記在本子上，反覆自省，再去驗證，這才是不斷自我完善的過程。過去我總覺得，如果做產品，我能找到最好的技術，自己擅長市場行銷，就可以了。最後才發現，能不能帶一個團隊直到上市，能不能讓一批人始終願意跟你一起打拚，很多時候在於你能否不斷的在自我盤問中修身。

「所有失敗的創業者都是執行力不好。」這是劉強東曾經說過的一句話，我很贊同。如果整體方向上沒有大問題，創業其實就是在學習、修練中不斷完善自我的過程。

朋友問我：「王峰，你從替人工作到創業的過程中最大的收穫是什麼？」我說：「如果你在這個位置上真正經歷過，你會發現，創業是今天和平年代裡一項最好的自我修練，是一次人格上的洗禮和重塑。」

（以上內容節選自火星區塊鏈發起人王峰在 2016 新浪創業訓練營上的分享實錄——〈創業者要處理的 10 大關係〉）

第 47 講
區塊鏈投資項目讓人眼花繚亂，我該怎麼選？

很多人在了解區塊鏈行業以後，都向我打聽：有關於區塊鏈的投資項目可以參與的嗎？聽說投資某項目後，一年能賺 100 倍，這可靠嗎？朋友投資了某區塊鏈項目，結果迎來了大熊市，一下子被套牢了，還有機會解套嗎？

從過去幾年來看，如果你很早入場，並在高峰期兌現，單單投資比特幣就可以獲得了不起的報酬。我們似乎很容易看到並且著迷於加密貨幣價格飆高的曲線，卻很少能真實掌握其中的真正價值。

可能有些朋友對 2018 年年初，新東方聯合創始人、真格基金創始人徐小平老師關於區塊鏈的演講還印象很深，他說，區塊鏈是一次偉大的技術革命，並且鼓勵投資者衝到區塊鏈的浪潮中去。在徐老師眼中，區塊鏈革命確確實實已經到來。任何一個新技術浪潮到來的時候，都伴隨著一定的狂熱與泡沫，但到頭來最終勝出的，還是那些提供了實實在在技術和產品、創造了能夠被人類使用的產品的人和公司。

看看你我的身邊，在區塊鏈這個大風口的刺激下，確實有很多人在躍躍欲試，想投資比特幣，投資區塊鏈項目，但更多的人只是在門口觀望，似乎這一切與自己無關，認為這不是自己能抓住的機會。

不過，僅僅以加密數位貨幣這個區塊鏈技術的應用場景看，目前的一個比較尷尬的事實是，絕大部分項目真假難辨，項目方對投資者缺乏足夠

的透明度。甚至，比特幣白皮書發表十多年了，並沒有看見一個比比特幣更加偉大的區塊鏈生物誕生。

從筆者過去的實踐經驗來看，我總結了「兩個要遠離，兩個別錯過」的投資口訣，可以供大家參考。當然，投資都有風險，以下內容並不能作為你進行任何投資理財的建議。

第一個遠離，要遠離那些動不動就要改變世界、但沒有具體業務場景的項目。

在歷史的長河中，比特幣從毫無價值，到 1 美元，再到暴漲至 2 萬美元一枚。因為與財富的擦肩而過，很多人懊悔不已，也有的人不以為然。但正如我們在第 1 章裡提到的，比特幣依靠在交易中產生價值，逐漸形成了全球共識，並借助閃電網路等技術的發展，在日常生活中開始用於一般的消費支付場景。

如今，很多項目希望透過區塊鏈技術與傳統網際網路思維的結合，最終服務於實體經濟。例如，交通軟體、共享單車、美容院、超市都是應用場景，都可以提供源源不斷的消費回饋、點數兌換等。

相對而言，那些動不動就高喊著要改變世界，卻又沒有具體實際應用場景的項目，和空氣幣沒有什麼本質不同，沒有任何投資價值，一定要遠離。

第二個遠離，要遠離團隊不真實或不可靠的項目。

任何項目都是由團隊完成的。尤其在項目初期，投資項目在某種程度上就是在投資人。項目團隊需要首先考查團隊成員是否真實，在確保團隊成員真實有效的基礎上，還需要考查團隊主要成員的過往經歷，團隊在知識、年齡、性別方面的結構，團隊內在凝聚力和磨合完成度等多個層面的

要素。

反觀市面上不可靠的項目，團隊成員專業水準參差不齊，過往經歷與區塊鏈的關聯度微乎其微，創始團隊負責人的具體資訊更是乏善可陳，甚至還有一些團隊成員隨便取了個英文名，堂而皇之的搖身一變，成了業界專業人士，實在經不起推敲。連公開自己的資訊都不敢，怎麼能讓投資者放心投資呢？

以上所說的兩類項目大多會見光死，所以離得越遠越好。接下來的兩類「別錯過」的項目，需要特別重視，你可以更多靠近它、觀察它、思考它，說不定其中就蘊藏著龐大的投資機會。

第一個別錯過，別錯過有良好通證機制設計的項目。

我們在第 2 章第 17 講提到過通證的概念，不知道你還有沒有印象。通證類似於積分，它在不依賴第三方中介的前提下，可以實現權益的確權、分割、流通、定價、交易。區塊鏈項目通證設計的理想是試圖將投融資、消費、權益、激勵等各種要素統一集中在通證上面，透過通證的設計和流轉，建構良好的理想化生態系統。

有人總結過，通證系統有四個方面的表現：首先，通證是項目方融資載體，類似於股票；其次，通證是項目體系內流轉流通的一般等價物，可用於項目生態體系內的產品購買或服務消費；再次，通證是項目生態體系內所有業務節點的激勵和懲罰工具；最後，通證是業務生態體系內利益分配和調整的工具。

以上說法可能聽上去相當專業，但通證設計確實是區塊鏈項目中極其考驗項目設計水準和能力的關鍵環節，也是構成區塊鏈項目商業模式的重要基礎。

第 6 章　區塊鏈和我有什麼關係

　　第二個別錯過，別錯過有廣泛社群組織和活躍社群氛圍的項目。

　　社群本質上是在網路社群基礎上做的進一步的連接：連接人與資訊、連接人與人。社群即共識，社群即價值，社群即傳播，可以說社群價值是龐大的，而且可能說再大都不為過。

　　以「火星財經學習社群」為例，目前已有幾百個子群，這些社群就是為區塊鏈行業的專業人士提供一個共同討論、分享行業現狀和表達觀點、互相切磋的地方，正因為社群中資訊相互流通，甚至資源共享，才使得社群擁有價值。

　　參與區塊鏈項目的社群可以有很多，如投資者社群、研發社群、消費者社群等。在項目不同階段，各個社群發揮的重點功能也有所不同，研發社群是項目前期的中堅和推動力量，投資者社群對項目能否正常推進形成至關重要的作用，而消費者社群是項目長遠持久發展的最重要保證。

　　提出共識、強化共識、凝聚共識是社群的價值所在。如果共識本身缺少認同，不要說項目的可持續發展，項目是否能夠啟動可能都要打問號。

　　上面提到的「兩個要遠離，兩個別錯過」口訣，自然不是什麼靈丹妙藥，只是希望能幫助大家規避一些風險，提供一些思考和啟發。

　　其實說到底，提升自身的認知水準才是對區塊鏈最佳的投資。

　　認知是人與人之間最基礎的差別。有人開玩笑說，人與人之間的差距，比人和狗之間的差別還要大。認知層次的不同就好像是雞同鴨講。

　　想扎根區塊鏈行業的人普遍存在幾個基本認知的缺失，如缺失系統的對區塊鏈知識的學習與認知；缺失判斷是否是價值項目的根本認知與方法論；缺失投資數位資產的本質邏輯的認知與方法論；缺失對自身認知與行為準則的深度思考與計畫等等。然而，真正的高階投資玩家，一定是補齊

了自己基礎認知的缺失後，才逐漸實現了財富的累積。

　　所以，只有能夠融會貫通的對區塊鏈行業的知識有所理解和掌握，再談投資時才會有不一樣的視野。

　　堅持下去，相信你一定會有新的收穫。

　　最後，我還想強調，雖然區塊鏈技術的應用前景是光明的，但現在區塊鏈行業及加密數位貨幣市場還存在太多的泡沫，區塊鏈項目的投資風險依然非常大。如何安全、高報酬的投資區塊鏈項目，如何合理高效能的配置資產，最終拚的還是認知水準和實踐能力。

　　如果你有合適機會，參與到區塊鏈初創公司或項目的投資，真的需要擦亮雙眼，不盲目、不盲從，合理規劃好自己的區塊鏈投資方向。總之，區塊鏈投資天地廣闊，大有可為，願你早日找到屬於自己的一方天地。

延伸閱讀：美圖公司董事長蔡文勝談區塊鏈與網際網路的關係

　　以下節選自 2018 年 5 月 2 日美圖公司董事長蔡文勝做客《王峰十問》對話內容：

　　王峰：在你看來，未來三年，區塊鏈與網際網路之間將會是怎樣一種關係？勉強融合還是逐漸顛覆？在你未來的投資組合裡，區塊鏈和網路創業項目的比例會是怎樣呢？

　　蔡文勝：我覺得，區塊鏈和網際網路會加快融合，可能就不會再分什麼是區塊鏈項目，什麼是網路項目了。比如現在的行動網路跟新零售的結合，像阿里巴巴投了那麼多新零售項目，你很難說阿里的業務是線上還是線下。

第6章 區塊鏈和我有什麼關係

　　未來三年，可能每個網路公司都會有結合區塊鏈的技術；同樣，好的區塊鏈項目一定也要結合網路現有的技術和使用者資源，才能真正做大，這是我的理解。

　　關於我未來投資組合裡區塊鏈項目的占比，其實並沒有設定一個比例，因為我創立的隆領投資，沒有 LP，全部都是我個人的資本。我對任何一個投資項目都沒有時間的要求，也沒有領域的區分，只要我看中了就投。

　　我在 2018 中國天使投資人大會上也說過，每個人投資都有不同路數和打法。總結我個人的投資規則就是：一是不按行業規則，二是敢擁抱新的變化，三是服務於更多的人。

　　第一，不按行業規則。因為規則都沒用，社會進步的速度比規則制定的速度快得多。

　　第二，要能非常快的接受新事物，只要發現新事物，就能快速接受。

　　第三，投的項目能不能服務更多的人？因為所有東西打交道還是跟人有關，服務足夠多的人就是商業模式。在前面十幾年，因為我接觸更多草根，所以我會偏向投資草根，但是其實在最近幾年，不管是從大公司出來的，或者菁英，或者草根，我覺得只要團隊足夠優秀，我都會投資。

第 48 講
「談鏈愛」的上市公司，哪家實際價值更高？

　　如果你平時炒股，在 2018 年年初區塊鏈最火熱的時候，你一定在 A 股市場上聽說過一個新的股票板塊——「區塊鏈概念股」。

　　當時，有不少上市公司紛紛選擇追逐熱門，主動為自己貼上區塊鏈的標籤。在區塊鏈加持之下，這些公司在市場中大放異彩，股價也因此出現不同程度的上漲。2018 年 1 月 9 日，就有 10 支區塊鏈概念股同時出現漲停。

　　雖然投資者對於區塊鏈概念股的熱情高漲，但市場上依然魚龍混雜，在各路游資、機構的「煽風點火」之下，有不少上市公司缺乏相應的業績支持，卻利用區塊鏈概念大肆炒作。深交所在 2018 年 1 月就曾集中約談過 17 家涉及區塊鏈概念的上市公司，並採取過問詢、關注和要求停牌核查等監管措施。

　　其實，借區塊鏈之名炒作，並不是 A 股上市公司的特例。2018 年年初，美國證券交易委員會公開表示，越來越多的公司將「區塊鏈」一詞加入公司名字中，以此來提升股價。

　　這裡，我想跟大家講一個案例，美國的一家飲料公司長島冰茶，看看它是如何拿區塊鏈炒作的。

　　2017 年 12 月，紐約飲料製造商長島冰茶更名為長島區塊鏈集團（Long Blockchain Corp），將向其上市的那斯達克交易所申請啟用新的

股票代碼，並已註冊了官網新域名。

　　長島冰茶當時說，公司還會經營長島品牌的飲料業務，但只是全資持有的一個分公司，今後公司將著重探索利用區塊鏈技術帶來的投資機會。自從更名後，湊上了區塊鏈的熱潮，這家公司股價一飛沖天，公司市值迅速由 2,380 萬美元漲到超過 1 億美元。

　　然而好景不長，2018 年 2 月，長島冰茶從那斯達克退市，並且因為被懷疑違規增持股票，被美國證券交易委員會（SEC）進行核查傳喚。這之後，長島冰茶便再無音訊，消失得乾乾淨淨。

　　我們一般認為，上市公司業務與區塊鏈有某種關聯的股票可以大致歸入區塊鏈概念股。那麼這些區塊鏈概念股們都在區塊鏈領域做了些什麼呢？以 A 股市場為例，我簡單的把它們的區塊鏈業務分為三大類。

　　第一類，真正具備核心技術並已經有區塊鏈業務營運的上市公司。

　　比如，有的上市公司已經研發出基於區塊鏈的新型業務營運平臺，並且已在銀行與保險公司、銀行與政府機構、人才服務等領域落實了多個區塊鏈應用；還有的公司注重發揮供應鏈管理方式在產業鏈縱向整合中的作用，透過供應鏈管理平臺，把產業鏈的上下游客戶緊密結合起來，提升了客戶的競爭力。

　　第二類，參與區塊鏈技術研究的上市公司。

　　比如，有的上市公司布局企業級區塊鏈解決方案服務，探索組建自研聯盟鏈，為私募股權市場和企業債券市場打造基於區塊鏈帳本技術和智慧型合約平臺，為買賣雙方的資產轉移開發更快、更安全的系統，減少交易清算時間，以實現更高效能和簡化的市場。

　　第三類，只涉及區塊鏈相關投資而且投資金額比較小，或者只是做策

略規畫。

這一類的公司，其實你翻一翻它的對外公開資料，很容易就能辨別。需要注意的是，如果公司主營業務或者投資的參股公司裡根本沒有具體的區塊鏈業務，那麼這家公司很大機率是純粹的湊區塊鏈熱鬧的概念股，你一定要高度警覺，這一類概念股的股價很可能會經歷雲霄飛車似的震盪。

2019 年 3 月底，中國公開發表第一批共 197 個區塊鏈資訊服務機構名稱及備案編號，包括百度、金山、騰訊、京東、螞蟻金服等企業旗下區塊鏈產品都在其中。

據非全面調查，以上近 200 家區塊鏈資訊服務背後的主體公司中，共計有 53 家上市或掛牌公司出現在其股東名單之中，其中涉及的 A 股上市公司有 41 家，如中國平安在區塊鏈領域就涉及非常廣泛，有 5 家分別服務於醫療、金融等不同領域的區塊鏈公司背後都出現了中國平安的影子。

百度旗下的網訊科技有三款區塊鏈產品出現在此次名單中；京東旗下共有 3 家公司的 4 個區塊鏈產品在此次名單之中；騰訊分別參股了眾安科技和微眾銀行。

除了布局區塊鏈業務的上市公司值得投資者關心留意外，以區塊鏈為主營業務的上市公司可能是未來可以重點留意的。這裡不得不提兩家公司，一家是嘉楠耘智，一家是比特大陸，它們都是不折不扣的礦機銷售商。

繼 2017 年加密貨幣迎來絕佳行情後，中國礦機業龍頭嘉楠耘智和比特大陸分別於 2018 年 5 月和 9 月申請赴港 IPO，然而 IPO 進程遠沒有想像中順利，原因是港交所方面對礦機及礦業都一直抱有猶豫態度，港交所不願意批准比特幣採礦設備製造商的 IPO 申請，尤其是 2018 年加密貨幣

的大幅度波動，讓港交所對此類礦機商上市更為謹慎。

2019 年 1 月 23 日，在世界經濟論壇上，港交所行政總裁李小加回應稱，礦機商不符合港交所「上市適應性」的核心原則。有業內人士認為，礦機商的業務利潤跟加密貨幣密切相關，且加密貨幣市場監管還不明確，也可能被監管機構定性為非法，並進行打壓，港交所並不想為此冒這麼大的風險。因此，在嘉楠耘智提交招股書後，港交所一直未批准。

嘉楠耘智不得不轉戰海外，投奔美國市場。終於，2019 年 11 月 21 日，被譽為「全球區塊鏈第一股」的嘉楠耘智，正式掛牌那斯達克。這也意味著，嘉楠耘智成為中國三大礦機生產商中第一家正式赴美 IPO 的「礦機龍頭」。

嘉楠耘智是區塊鏈和加密數位貨幣行業的標竿企業，它的成功上市將產生強大的示範效應，也必將會使區塊鏈概念股得到更強有力的背書和支持。隨著區塊鏈行業的發展，這些公司也一定能夠第一批享受到行業的發展紅利，成長性自然被看好。

總之，我想說的是，無論是 A 股、港股還是美股，區塊鏈概念股是個人參與區塊鏈投資的非常好的方向，也是風險相對較小的投資方式。但具體到每一個區塊鏈概念股，區塊鏈只是它的一個標籤，它究竟只是停留在概念上、停留在話題和炒作上，還是實實在在的有良好的業績支持，這需要你對它有更多了解和深入思考後再做判斷。

最後，以股神巴菲特的一句投資箴言作為結尾：如果一個投資者能夠把自己的思想與行為與市場上盛行的、具有超級感染力的情緒隔離開來，形成自己良好的商業判斷，那麼他就必將獲得成功。

延伸閱讀：金沙江創投董事總經理朱嘯虎談區塊鏈投資布局

以下節選自 2018 年 3 月 7 日金沙江創投董事總經理朱嘯虎做客《王峰十問》的對話內容：

王峰：據我所知，IDG 和紅杉等大批 VC 都在布局區塊鏈行業投資，甚至組建了專門投資區塊鏈的項目基金，我想問嘯虎，你們是如何規劃 2018 年的投資策略的？比如 AI、新零售、泛娛樂誰為中心，真的不考慮區塊鏈？

朱嘯虎：就區塊鏈目前狀況來看，不要著急。我們判斷，這是個偽風口的可能性比較大，但即使是個真風口，也不用著急，都是要經歷死亡谷的。

量子鏈的帥初也在講，90% 的虛擬貨幣兩年以後會歸零。我們認為是 99%，不管是 90%，還是 99%，都說明這是極大的風險，真的想在裡面做成事情的，不管是投資還是創業，到死亡谷右側再進入，我覺得都是更合適的。

之前的網際網路也是經歷過死亡谷的。亞馬遜是 1996 年成立的，但即使你 1996 年沒有投它，到了 2000 年網路泡沫破滅的時候入場，也有很大收益。對創業者也是一樣，泡沫之後成立的網路公司後來也跑出了龍頭。

後來的行動網路也是一樣。在智慧型手機出來之前，還有 10 年的功能型手機時代，那時候有創業者做功能型手機時代的微信，做到了幾千萬使用者，現在這些公司都沒有了。

任何科技剛剛發展起來的時候都有一個泡沫期，然後很快會有死亡

谷，我覺得創業和投資都可以在死亡谷的右側進入，千萬不要著急，被焦慮趕著入場！

　　王峰：你是風口論主義者嗎？

　　朱嘯虎：我不關心風口，我一直關心一件事情——到底解決什麼問題，為使用者創造什麼價值。

第 49 講
為什麼中國大媽殺入區塊鏈，卻屢屢被傳銷騙子們盯上？

「中國大媽」這個詞，相信你一定聽說過。大媽們是時髦造富運動最忠實的擁抱者。從 2007 年的基金、2013 年的黃金，到 2014 年至 2015 年的股市、P2P 理財、虛擬貨幣、房市，再到 2016 年的郵幣卡，都少不了中國大媽的熱情參與。

特別是 2013 年，當華爾街的菁英們開始做空黃金、金價暴跌時，中國大媽卻紛紛擠進了金店，狂撒人民幣 1,000 億元，以公斤為單位，像買大白菜一樣隨意，將市場上的 300 噸黃金掃蕩一空。美國《華爾街日報》甚至為大媽們造了個英文單字：「dama」。

然而，近幾年，虛擬貨幣傳銷開始盯上了中國大媽，不少騙子打著「加密數位貨幣」、「區塊鏈」等名義展開傳銷騙局。這類騙局往往經過精心設計，理解門檻較高，一般投資者很容易上當。

比如，媒體曾經報導過一個叫作大唐幣的項目，這個項目在宣傳時提到：「大唐幣持幣生息、儲量增值、複利倍增（日結），持幣量 100 ～ 499 枚，每天生 1%，持幣量 500 ～ 999 枚，每天生 1.5%……持幣量達到 10,000 枚以上，每天生 3%。」我們推算下，如果按照此邏輯，投資者若投入人民幣 3,000 元，45 天後，也就是一個半月後，就能賺人民幣 22,000 元，以此計算，一個半月的收益率竟然可以達到 733% ！

這麼暴利的投資行為，其實是一場不折不扣的騙局。後來根據警方公

開消息，大唐幣涉及全中國 31 個省、市、自治區，涉案資金高達人民幣 8,600 餘萬元。

有業內資深人士分析，「區塊鏈＋詐騙」的傳銷幣能夠輕易得手，確實切中了許多「中國大媽」的三種心態。

第一是「著急上車」的財富渴求。

區塊鏈在缺乏實際應用場景的情況下被過度炒作，常常與「暴富」掛鉤。犯罪集團往往利用「中國大媽」們普遍具有的衝動逐利、斤斤計較但又缺乏遠見、渴望「暴富」的心理，把區塊鏈吹得天花亂墜，對「中國大媽」的迷惑性很強。

第二是「越高調越可信」的思考陷阱。

據警方披露的案件顯示，詐騙傳銷集團往往「高調作案」，甚至頻頻在中國國內外各大高級飯店舉辦「推介會」，透過各類自媒體平臺將集團成員包裝成區塊鏈專家，高調迷惑受害者。

第三是「賺一把就走」的投機心態。

很多「中國大媽」明明知道是騙局，卻仍想在騙局崩盤前「火中取栗」。

聊過了大媽容易上當的心態，再來看看騙子們的具體伎倆。社會任何一種行為都有跡可循，傳銷幣也不例外。即使披上了新技術的外衣，傳銷幣與傳統的傳銷手法也是相差無幾的。仔細分析下「中國大媽」們被騙的經歷，我們不難發現傳銷幣的幾個經典招數。

招數 1：項目收益極度誇大。

傳銷幣往往聲稱有 100% 甚至更多收益，多用「只漲不跌」、「穩賺不賠」、「躺著賺錢」、「實現財務自由」等撩人的字眼進行宣傳。一旦實現騙

錢目的，立刻進行一次收割。

招數 2：宣傳口號過度高亢。

古語說，「師出有名」，否則名不正，言不順。大多數的傳銷幣都會有一個志向遠大、群情激昂並能一下子擊中人心的口號，如「共建均富社群」、「改變數位世界」、「共建美好社群自治」等。

招數 3：交易資料不透明。

眾所周知，區塊鏈技術的一大特點是去中心化，但傳銷類幣種程式碼不開放，貨幣的發行量或轉帳交易紀錄大多是無法查詢和確認的，大機率採用的是中心化記帳的方式，本身極不透明，可以無限發，想要多少就有多少。

招數 4：註冊國外空殼公司。

由項目負責人在中國國內或國外註冊成立空殼公司或交易所，藉著區塊鏈技術的名目自行造幣（即發放平臺幣）。這樣的幣根本沒有任何區塊鏈技術價值，且不具備流通價值。

知道了上面提到的傳銷幣的操作招數，有針對性的找到實作辦法，就能很好的避開傳銷幣的雷區。這裡把論壇網友「碧魯夏山」的一套鑑別傳銷幣的口訣 ——「網、易、會、回、頭」分享給大家。

「網」，是看網站。

傳銷幣網站講不清楚區塊鏈在項目中的運作原理，針對項目的介紹寥寥無幾，卻充斥著洗腦性的文案，什麼「投資人民幣 5,000 元，年賺人民幣 400 萬」、「只要加入行業，人人都能成功」、「一臺電腦、一條網路線，輕鬆創業」、「你的命運將由此改變」、「你還在猶豫什麼」……網站還會在顯眼的位置呈現儲值、購買流程、留下聯絡方式等，等著「魚兒」上鉤。

此外，這類網站要不沒有備案，要不貼的是假資訊。而正規的網站，下拉其網頁至底部，能夠看到政府備案資訊，在政府相關管理系統中可以查詢真偽。

有些區塊鏈項目沒有獨立官網，也未公布白皮書，切勿輕信這類項目，極大機率涉及傳銷或「割韭菜」，如俞凌雄發起的「幸孕鏈」，該項目只在「徒子徒孫」的微信群組中傳播。

「易」，是看交易所。

傳銷幣沒有資格在主流加密貨幣交易所上線。如果某種所謂的「加密貨幣」只在自建平臺或在聞所未聞的雜牌交易平臺上線，又或者接洽人堅持說「國際指數」卻拿不出支持性資訊，這種項目就很有問題，最好不碰。

「會」，看是否交入會費。

新舊傳銷，萬變不離其宗：要想進組織，必須先交入會費，或者透過購買公司商品（變相交會費）才能得到報酬和發展下線的資格。

「回」，看是否承諾高額回報（報酬）。

不管是傳統傳銷，還是新型傳銷，都以高額報酬的承諾誘引投資人。傳銷幣組織者往往承諾只漲不跌，躺著就能實現財富自由。

「頭」，看是否要求拉人頭。

除了要求繳納入會費，傳銷幣組織還會搬出「動態收益」的計算方法，傳授幾千人民幣短期變幾萬人民幣，甚至幾十萬人民幣、幾百萬人民幣的「祕訣」，鼓勵入場者大力發展自己的下線。

對於不幸碰了傳銷幣的朋友，如果認清了傳銷幣的真面目，千萬要及時止損，切勿為了眼前蠅頭小利輸紅了雙眼，最終淪為騙子們口中的一塊肥肉。

第 49 講　為什麼中國大媽殺入區塊鏈，卻屢屢被傳銷騙子們盯上？

我們再把時間回到 2018 年年初，在澳門舉辦的一次區塊鏈大會上，一位「中國大媽」盛裝參會的照片迅速走紅網路。圖中大媽身穿旗袍，戴著價值不菲的首飾，在會場的宣傳看板前忘我的擺著各式各樣的姿勢，驚豔了一大堆圍觀群眾，照片被媒體廣為傳播。

如果拋開傳銷幣的迷局，從長遠來看，中國大媽們參加區塊鏈全球高峰會可能並不是一個笑料，而是應當被看作區塊鏈回歸到尋常百姓家的重要現象。隨著越來越多理性、高知識、具備獨立分析判斷能力的中國大媽不斷參與到區塊鏈行業當中，她們也會成為未來推動區塊鏈發展的一支不可忽視的力量。

延伸閱讀：現階段區塊鏈最大的應用竟然是開會？

以下節選自 2018 年 5 月 10 日硬幣資本聯合創始人老貓做客《王峰十問》的對話內容。

王峰：有人開玩笑說，區塊鏈最大的應用是開會。現在我每天都有很多會議邀請，今天中國，下週新加坡，接下來是杜拜和普吉島，後面還有柬埔寨和馬爾他等。我很感激，但大部分我都拒絕了，確實是有些不堪其擾。在前不久澳門的區塊鏈高峰會，有人發照片黑「大媽上牆」，我跟發起人玉紅說，這恐怕是最好的一次區塊鏈普及宣傳了。縱觀整個行業，我有點困惑，我們需要這麼高密度的帶著一群人去全球各地開會嗎？

老貓：我認為，全球各地的會議是行業泡沫的表現。之前是行業上升期，很多公司和個人賺錢太容易了，根本不在乎那些會議的成本，這才會什麼會議都有人去，而一些靠收高額門票盈利的主辦方也是看中這一點，

找幾個網路名人過來，就可以弄出一個高峰會。會議過程不重要，重要的是湊一個局，互相見個面，以此找到存在感。有些參會者以為去的次數多了，就能把自己衝出名氣來了。

2018 年，我聽說過的各種高峰會超過數十場了，誰能告訴我，有哪個會議出了重要的成果？有哪個會議對行業的趨勢有重要作用？我們一個小公司開會都會追求一個會議成果，但幣圈高峰會只追求熱鬧的感覺，追求參加會議的存在感。其實這個需求和大媽去跳廣場舞是一樣的，所以在各個會場上見到大媽一點都不意外。這句裡面有重點，會議＝廣場舞。

我對開會本身並不反感，但不會參加任何看不到成果的會議。群眾需要會議，這個我同意，大媽也需要廣場舞，我也同意。

第 50 講
拿每月收入的 1% 買比特幣，比存養老金更可靠？

　　對於任何進入區塊鏈行業的人來說，比特幣的話題似乎是繞不過去的。有人甚至說今天的數位貨幣市場上，最大的應用就是比特幣，比特幣就是數位黃金的概念更是被越來越多的人所認同。

　　在 2018 年年初，CSDN 創始人蔣濤做客《王峰十問》線上訪談，王峰問道：「你打算對一位沒有任何技術背景的人如何解釋比特幣？」蔣濤說：「在區塊鏈上，未來會形成一個數位資產的世界，它們在區塊鏈上的錨定價值就是數位黃金，也就是比特幣。就像全球經濟中的貨幣是由美元來背書的，數位貨幣經濟的基礎本位幣就是比特幣。對非技術人員來說，告訴他，要配置數位資產，就像要買房升值一樣，否則未來在加密貨幣經濟體裡他就是窮人或者零資產。」

　　當時蔣濤還為我們提供了一個思路：最好的方法是把每月收入的 1% 拿來買比特幣，比存養老金更可靠。拿比特幣和養老金做對比，這個觀點讓很多人眼前一亮。

　　我們在第 1 章曾經講過一個真實的案例，就是很多委內瑞拉人開始放棄本國法幣，越來越多的購買比特幣。對於委內瑞拉這樣法幣大量濫發導致貶值的國家，資產避險和價值儲存可能就是比特幣最大的應用了。

　　比特幣省去了人們對政府和銀行的需求，並讓生活在亂世之中的人能把控制權掌握在自己手中。不誇張的說，比特幣在人類歷史上第一次用技

術方式保證了私有財產神聖不可侵犯。而且，走到世界任何一個地方，比特幣都可以隨身攜帶，隨時使用。

如今，全球有數十億人依靠養老金來維持退休生活，但是各國的養老金計畫卻並沒有想像中那麼美好。史丹佛大學胡佛研究所 2017 年發表研究報告稱，美國養老金體系的赤字已經上升至 3.85 萬億美元。一位教授甚至認為，養老金赤字將成為下一場金融危機的導火線。事實上，美國的「汽車之城」底特律早就被養老金「拖垮」而破產，美國的海外屬地波多黎各日前也因為高達 1,230 億美元的債務而啟動了破產程序。城市破產後，養老金由誰來承擔呢？

例如，早在 2015 年，中國東北三省就已經出現城鎮職工養老保險金當期收不抵支的現象。黑龍江省赤字 183 億人民幣，遼寧省、吉林省分別是 105 億人民幣和 41 億人民幣。要知道，當年黑龍江全年財政收入才 1,165 億人民幣，只養老金虧損就占了財政收入的 15.7%。養老金的吃緊程度可想而知。

從全國範圍來說，2014 年中國城鎮職工基本養老保險虧空 1,321 億人民幣，2015 年放大為 2,797 億人民幣，2016 年直接攀升至 5,086 億人民幣，而 2017 年突破了 7,000 億人民幣。

有人算過一筆帳，如果沒有財政補貼，中國的養老金可以支撐多久？按 2017 年養老金累計結存 4.4 萬億人民幣計算，以年均虧損 7,000 億人民幣的速度，答案是 6 年。也就是說，最晚 2023 年，中國的養老金將消耗殆盡。

整體來說，這場全球範圍的養老金虧空，主要是由勞動力與退休人員的比率推動的，而較低的出生率和「嬰兒潮」一代人的老齡化，更是進一步導致了養老基金的費用增加。

第 50 講　拿每月收入的 1% 買比特幣，比存養老金更可靠？

就目前而言，個人養老金問題有很多解決方案，如增加勞動者的養老金繳款或增加資金報酬收益。但透過本講，你可能會接受這樣的觀點：比特幣似乎比養老金更可靠些。

很多分析師認為，在過去的 10 年，比特幣一直是表現最佳的資產。它的價值從 0.003 美元增加到今天的上萬美元。它在過去 10 年、過去 5 年和過去 2 年中，擊敗了標準普爾 500 指數。而且隨著需求的持續增長，比特幣收益率可能會在未來繼續超越傳統資產。

在我看來，把比特幣作為養老金來看待，其實只是比特幣作為個人及家庭數位資產配置的一種途徑。

前不久，我讀到過凱捷管理顧問公司發表的《2018 年世界財富報告》。這份報告首次加入了全球高淨值人士對數位資產態度的調查。結果顯示：近三成的高淨值人士對購買和持有數位貨幣表現出非常濃厚的興趣；超過兩成的人認為數位貨幣可成為財富保值的新選擇；超過七成的年輕高淨值人士非常關心留意從財富管理公司那裡獲取的數位貨幣資訊。

這裡簡單介紹下量化管理。量化交易是指借助現代統計學和數學的方法，利用電腦技術來進行交易的投資方式。過去的股票市場都是靠交易員手動敲鍵盤來操作的，難免「一失手成千古恨」，這種行為被戲稱為「胖手指」，相比之下，量化交易則如同點石成金的「仙人指」。量化裡最美的童話就是「保證獲利」，牛市也好，熊市也罷，都不影響收益。

在國外的期貨交易市場，程序化漸漸的成為主流。簡單看一組數字，中國國內量化投資在整個數位貨幣市場估算只有 5% ～ 10% 的占比，而在華爾街的傳統投資市場裡，量化投資則占據高達 70% 的交易量。

在我看來，量化投資相比傳統投資的最大優勢，可能就是量化投資極

大的減少了投資者情緒波動的影響，有效避免了投資者在市場極度狂熱或悲觀的情況下做出非理性的投資決策。畢竟，恐懼與貪婪是人性中無法克服的弱點，依靠自身的修練無法做到，只能透過機器交易來完成。

　　總之，無論是比特幣投資還是量化投資，無論是熊市還是牛市，我們都堅定的長期看好數位資產管理市場的發展。未來 3 ～ 5 年，數位資產市場還有 10 倍的成長空間，隨著市場規模的進一步擴大，將會出現更多的專業投資者，他們對專業的資產管理軟體的需求將會更強烈，所投資行業的發展也將會隨數位資產市場一起成長。

　　年輕人擁有數位資產是件很酷的事情。

　　數位資產的新世界，歡迎你來！

延伸閱讀：比特幣漲幅跑贏 2019 年全球主要股票指數

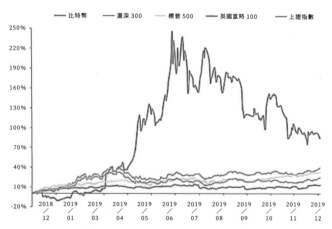

▲ 圖 6-1　2019 年度全球主要股價指數及比特幣價格走勢圖

（摘自中國通證通研究院 2020 年 1 月編制的〈2019 年全球大類資產回顧〉）

參考文獻

參考文獻

[1] Satoshi Nakamoto. Bitcoin: a peer- to- peer electronic cash system[EB/OL]. [2020-10-25].

[2] Buterin V. A next- generation smart contract and decentralized application platform[EB/OL]. [2020-10-25].

[3] 凌清· 比特幣的技術：原理與經濟學分析 [D/OL]· 上海：復旦大學，2014 [2020-10-25].

[4] 賈麗平· 比特幣的理論、實踐與影響 [J]· 國際金融研究，2016(12)：14-16.

[5] 滿幣研究院· 比特幣與騰訊 Q 幣性質一樣嗎 [EB/OL].(2019-11-05)[2020-10-25].

[6] 網易科技· 在惡性通脹的委內瑞拉，比特幣如何成「硬通貨」[EB/OL].(2018-03-26) [2020-10-25].

[7] 德雷舍· 區塊鏈基礎知識 25 講 [M]· 馬丹，王扶桑，張初陽，譯· 北京：人民郵電出版社，2018.

[8] 方軍· 區塊鏈超入門 [M]· 北京：機械工業出版社，2019.

[9] 裡吉門納姆，等· 區塊鏈藍圖：區塊鏈的六大應用場景 [M]· 李瑋，譯· 天津：天津科學技術出版社，2020.

[10] 王峰· 尖峰對話區塊鏈 [M]· 北京：中信出版集團，2019.

[11] 羅金海· 人人都懂區塊鏈 [M]· 北京：北京大學出版社，2018.

[12] 蔣勇，文延，嘉文· 白話區塊鏈 [M]· 北京：機械工業出版社，2017.

[13] 貝爾 .「礦霸」決鬥？淺析吳忌寒與澳本聰掀起的 BCH 算力大戰 [EB/OL].(2018-11-15)[2020-10-25].

[14] 納拉亞南，貝努，等· 區塊鏈技術驅動金融：數字貨幣與智能合約技術 [M]· 林華，王勇，帥初，等譯· 北京：中信出版集團，2016.

[15] 深圳前海瀚德互聯網金融研究院· 區塊鏈金融 [M]· 北京：中信出版集團，2016.

[16] 趙增奎，宋俊典，龐引明，等· 區塊鏈：重塑新金融 [M]· 北京：清華大學出版社，2017·

[17] 唐塔普斯科特，塔普斯科特· 區塊鏈革命：比特幣底層技術如何改變貨幣、商業和世界 [M]· 凱爾，孫銘，周沁圜，譯· 北京：中信出版集團，2016·

[18] 王陽雯· FinTech+：金融科技的創新、創業與案例 [M]· 北京：經濟管理出版社，2018·

[19] 鄒傳偉· 區塊鏈與金融基礎設施——兼論 Libra 項目的風險與監管 [J]· 金融監管研究，2019(91):18-22·

[20] 王哲· Libra 的技術體系和影響研究 [J]· 中國電腦報，2019, 8(5):15.

[21] 京東數字科技研究院· 數字金融：數字科技創造金融服務新價值 [M]· 北京：中信出版集團，2019·

[22] 黃益平，黃卓· 中國的數字金融發展：現在與未來 [J]· 北京大學經濟學（季刊），

2018, 17(4):1490-1495.

[23] 貝斯特 · 數字化金融：人工智慧、區塊鏈、雲計算、大數據與數字文化 [M] · 王勇，等譯 · 北京：人民郵電出版社，2019 ·

[24] 劉洋 · 區塊鏈金融：技術變革重塑金融未來 [M] · 北京：北京大學出版社，2019 ·

[25] 巴曙松 · 區塊鏈新時代：賦能金融場景 [M] · 北京：科學出版社，2019 ·

[26] 長鋏，韓鋒，楊濤 · 區塊鏈：從數字貨幣到信用社會 [M] · 北京：中信出版社，2016 ·

[27] 趙剛 · 數字化信任——區塊鏈的本質與應用 [M] · 北京：電子工業出版社，2020 ·

[28] 楊燕青，周徐 · 金融基礎設施、科技創新與政策響應——周小川有關講座彙編 [M] · 北京：中國金融出版社，2019 ·

[29] 西南財經大學互聯網金融研究中心 · 中國數字金融發展報告 [R] · 2018:1-5.

[30] 法伊基什彼得 · 鼓勵金融科技創新的監管工具：國際實踐中的創新中心與監管沙盒 [J] · 金融與經濟評論，2019, 18(2):51-72 ·

[31] 段偉常 · 區塊鏈供應鏈金融 [M] · 北京：電子工業出版社，2018 ·

[32] 賀海武，等 · 基於區塊鏈的智能合約技術與應用綜述 [J] · 電腦研究與發展，2018, 55(11):2452-2458.

區塊鏈通識課 50 講（修訂版）：
大數據 × 比特幣 × 通證經濟 × 去中心化金融，克服「知識的詛咒」，掌握關鍵概念，凡人也能走近區塊鏈！

編　　　著：王峰，鄧鵬，沈沖
發 行 人：黃振庭
出 版 者：崧燁文化事業有限公司
發 行 者：崧燁文化事業有限公司
E-mail：sonbookservice@gmail.
　　　　　com
粉 絲 頁：https://www.facebook.
　　　　　com/sonbookss/
網　　　址：https://sonbook.net/
地　　　址：台北市中正區重慶南路一段
　　　　　61 號 8 樓
8F., No.61, Sec. 1, Chongqing S. Rd.,
Zhongzheng Dist., Taipei City 100, Taiwan

電　　　話：(02)2370-3310
傳　　　真：(02)2388-1990
印　　　刷：京峯數位服務有限公司
律師顧問：廣華律師事務所 張珮琦律師

-版權聲明-

定　　　價：399 元
發行日期：2024 年 05 月修訂一版
◎本書以 POD 印製

國家圖書館出版品預行編目資料

區塊鏈通識課 50 講（修訂版）：大
數據 × 比特幣 × 通證經濟 × 去中
心化金融，克服「知識的詛咒」，
掌握關鍵概念，凡人也能走近區塊
鏈！/ 王峰，鄧鵬，沈沖 編著 .--
修訂一版 . -- 臺北市：崧燁文化事業
有限公司 , 2024.05
面；　公分
POD 版
ISBN 978-626-394-310-0(平裝)
1.CST: 電子貨幣 2.CST: 電子商務
563.146　113006606

電子書購買

爽讀 APP

臉書